# 제국의 소녀들

경성제일공립고등여학교생의
식민지 경험

**지은이**

**히로세 레이코** 広瀬玲子, Hirose Reiko
일본 니가타현 출신. 와세다대학 대학원 문학연구과에서 박사학위를 취득했으며 현재 홋카이도정보대학 명예교수이다. 여성의 전쟁 협력, 식민지 지배와 여성의 역할에 대해 주로 연구하고 있다. 『제국의 소녀들-경성제일고등여학교생의 식민지 경험』, 『제국과 식민지의 주변인-재조 일본인의 역사적 전개』(한국어, 공저), 『제국 일본의 이동과 동원』(공저) 등의 저서를 출간했다.

**옮긴이**

**서재길** 徐在吉, Seo Jaekil
울산 출신. 서울대 국어국문학과에서 박사학위를 취득하고 현재 국민대학교 한국어문학부 교수로 재직 중이다. 식민지 시기 미디어와 대중문화를 주로 연구하고 있다. 『만주, 경계에서 읽는 한국문학』(공저), 『조선 사람의 세계 여행』(편저) 등의 저서와 『전쟁과 성폭력의 비교사』, 『사할린 잔류자들』 등의 번역서를 출간했다.

**송혜경** 宋惠敬, Song Hyekyung
서울 출신. 고려대 일어일문학과에서 박사학위를 취득하고 현재 고려대학교 글로벌일본연구원 연구교수로 재직 중이다. 식민지 조선에 살았던 일본인 여성을 주로 연구하고 있다. 『연애와 문명-메이지시대 일본의 연애표상』, 『제국의 이동과 식민지조선의 일본인들』(공저) 등의 저서와 『〈식민지〉일본어문학론』(공역) 등의 번역서를 출간했다.

**제국의 소녀들** 경성제일공립고등여학교생의 식민지 경험

**초판 1쇄 발행** 2023년 2월 25일
**초판 2쇄 발행** 2023년 5월 20일
**지은이** 히로세 레이코 **옮긴이** 서재길·송혜경
**펴낸이** 박성모 **펴낸곳** 소명출판 **출판등록** 제1998-000017호
**주소** 서울시 서초구 사임당로14길 15 서광빌딩 2층
**전화** 02-585-7840 **팩스** 02-585-7848
**전자우편** somyungbooks@daum.net **홈페이지** www.somyong.co.kr

값 20,000원
ISBN 979-11-5905-768-7 03910
ⓒ 소명출판, 2023

# 제국의
# 소녀들

경성제일공립고등여학교생의
식민지 경험

히로세 레이코 지음

서재길
송혜경 옮김

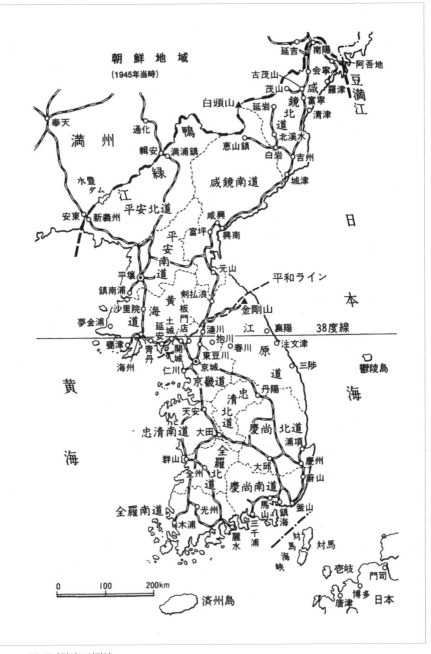

〈1945년 당시 조선지역〉
출전은 이와쓰기 야스오(岩槻泰雄)의 『전후 인양의 기록』(時事通信社, 1995年)이다.

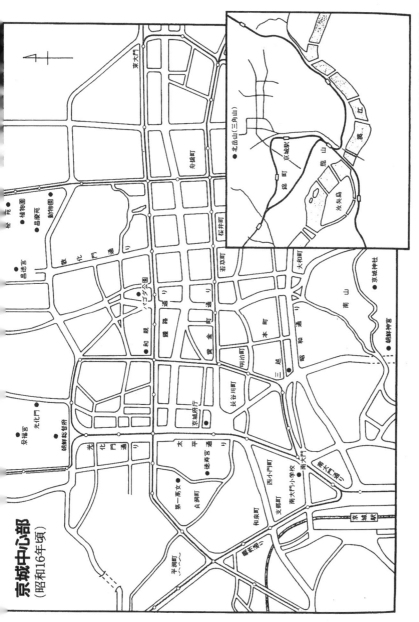

京城中心部
(昭和16年頃)

출전은 사와이 리에(沢井理惠)의 『엄마의 "게이조" 나의 서울』(草風館, 1996年)이다.
*현재 서울 지도에 경성 당시의 길 이름과 지명을 올린 것이다.

〈1941년 당시 경성중심부〉

## 저자 범례

◎ 인용사료 중 해독 불가능한 경우 □□로 표기했다.
◎ 인용문에서 오자가 분명한 경우 수정했다.
◎ 인용문을 생략한 경우 (…중략…)이라 표기했다.
◎ 인용문 중에서 괄호( )는 원문에 대한 보충설명이고 [ ]는 필자의 보충설명이다.
◎ 현재 시점에서 문제가 되는 표현이지만 역사적으로 사용된 용어를 살렸다.
◎ 주석에서 '1회'란 제1회 졸업생을 '재1'이란 폐교 당시 1학년이었음을 의미한다.

## 역자 범례

◎ 인용문 속 괄호( )는 괄호 혹은 위첨자로 처리했고, 저자가 가필한 부분은 모두 [ ]
로 표기했다. 다만 일본식 연호 표시는 모두 서력으로 수정하고 별도 표시는 하지 않
았다.
◎ 역사용어와 관련하여 인터뷰 등의 직접 인용인 경우 사료적 가치를 살리기 위해 일본
인의 관점에서 사용된 역사 용어나 오늘날의 시점에서 다소 불편할 수도 있는 표현을
그대로 사용한 경우가 있다. (예 : 일청전쟁, 일한병합, 조선병합, 일로전쟁, 조선해
협, 북선(北鮮), 조센징, 지나인, 짱코로, 반도인 등)
◎ 일본인들이 여성 고용인을 일컫던 '오모니(オモニ)'의 경우 '모친'을 뜻하는 '어머니'와
구별하기 위해 일본식 발음을 그대로 사용하기로 한다. 마찬가지로 미혼의 여성 고용인
을 부르던 '기지배'라는 표현도 역사적인 의미를 드러내기 위해 그대로 사용하였다.
◎ 인포먼트(informant)의 발언을 인용한 경우, 최근의 구술사 연구의 경향을 따라, 어법
적으로 정확하지 않은 문장이 사용된 경우에도 가급적 발언 그대로 번역하여 구술성을
살리려 했다.
◎ 원서의 미주는 마찬가지로 본문 뒤에 미주로 처리했고, 역자 주석은 각주로 처리했다.

## 한국어판 서문

이번에 졸저인『제국에 살았던 소녀들—경성제일공립고등여학교생의 식민지 경험帝国に生きた少女たち—京城第一公立高等女学校生の植民地経験』이 한국어로 번역·출간되어 더할 나위 없이 기쁘다. 이 책은 일본의 식민지였던 조선에서 태어나서 자란 일본인 소녀들, 그중에서도 경성공립고등여학교를 배움의 터로 했던 소녀들의 식민지 경험을 기록한 것이다. 내가 이 테마에 주목하게 된 경위에 대해서는 이 책의「서문」에 언급했고, 그 외 한국여성사학회지인『여성과 역사』31집2019.12에「내 책을 말한다自著を語る」라는 제목으로 썼다.

눈에 보이는 것이 전부는 아니다. 눈에 보이는 것에서 사물의 본질, 진정한 의미를 파악하는 것은 실로 어렵다. 식민지에서 자란 소녀들은 진실을 감추는 두꺼운 벽에 둘러싸여 성장했다. 여학교에서의 교육과 교우관계, 가족과의 생활 속에서 소녀들의 눈에 식민지는 어떻게 비춰졌는지 분명히 하고자 했다. 식민지 지배를 새의 눈으로 조감한 것이 아니라 벌레의 눈으로 조사照射하고자 했다. 이것이 제1장에서 제3장에 해당한다.

두꺼운 벽 안에서 소녀들은 조선민족에 대한 우월의식을 내면화한 식민지주의를 몸으로 체득했다. 때로 두꺼운 벽은 그 왜곡으로부터 진실의 일부가 모습을 드러냈다. 그것을 엿보았던 소녀들도 있었다. 이에 대해서는 제4장에 썼다.

식민지주의가 완전히 동요되고 인식의 전환이 강요당하는 계기는 일본의 패전이었다. 권력관계의 역전, 180도 바뀐 조선 사람들의 태도에서 자신들이 지배자로서, 억압자로서 살아왔다는 사실을 받아들여야만 했다. 인양 체험도 여기에 가세했다. 제5장과 제6장이 여기에 해당한다.

식민자로서 살았던 조선에서의 경험은 쉽게 잊을 수 없었다. 전후의 생활 속에서도 그녀들은 경험을 반추하면서 살아간다. 이 책의 또 하나의 목적은 식민자가 내면화한 식민지주의에 대해 어떻게 대응하고 자성했는지 그려내는 것이었다. 제7장이 바로 그것이다. 식민자=가해자도 아무런 상처 없이 전후를 살아갈 수는 없었던 것이다.

독자 여러분은 서문을 뒤로 돌리고 제1장부터 읽기 시작해도 상관없다. 당시 지배자의 위치에 있던 소녀가 식민지를 어떻게 보았고 경험했는지에 대한 사사로운 경험이지만, 피지배자의 위치에 있던 조선민족 분들도 알았으면 좋겠다고 생각한다. 식민지주의에 자성하고 있던 사람들을 분명하게 보여줌으로써 식민지 지배에 대해 면죄를 요구하려는 것은 결코 아니다. 오히려 식민지주의적 사고가 팽배하게 보이는 일본 속에서 이러한 자성적인 사고를 하는 사람들의 존재 의의를 생각하고 싶었다.

이 책은 다음과 같은 신문과 학술지에 서평이 게재되었다. 『아사히신문』2019.10.26, 『역사지리교육』2020.5, 『역사학연구』2020.10, 『민중사연구』2021.2와 그 외 몇 개의 학술지에 소개되었다.

이 책이 한국에서 어떻게 읽히고 받아들일지는 상상의 영역을 넘어서는 부분이지만, 많은 분들이 읽게 되기를 희망한다.

마지막으로 번역을 해주신 서재길 선생님, 송혜경 선생님과 출판을 허락해 주신 소명출판에 마음으로부터 감사의 인사를 드리고 싶다.

2023년 1월

지은이 히로세 레이코

필자가 식민지 조선에서 태어나 일본이 패전할 때까지 살았던 여성들을 인터뷰하기 시작한 것은 2008년의 일이었다. 여성사를 전공하고 전쟁과 여성이라는 주제를 탐구하던 필자는 두 차례 한국에서 연수할 기회를 얻어 식민지 조선에서 살던 일본인 여성들을 조사하기로 했다. 처음에는 좀 헤매었는데, 얼마 지나지 않아 사와이 리에沢井理恵의『엄마의 '게이조', 나의 서울母の「京城」·私のソウル』1996이라는 책을 접하게 되었다. 이 책은 식민자 2세를 어머니로 둔 사와이가 경성에서 태어나고 자란 어머니 가족의 생활을 그리는 한편으로 자신이 체험한 한국과의 교류를 묘사함으로써 식민지 체험과 현재의 교차를 기록한 것이다. 여기에는 당시 경성에서 살던 식민자 가족의 체험과 여학교라는 공간에서 있었던 소녀의 체험이 상세하고 풍부하게 그려지고 있다.

식민지에서 살았던 일본 여성에 대한 연구를 진행하던 저자에게 자못 흥미로운 내용을 풍부하게 담고 있는 이 책에 나오는 저자의 어머니를 한번 만나보고 싶다는 생각으로 연락을 취했다. 이렇게 해서 만난 사람이 K 씨였다. 그는 저자의 인터뷰에 흔쾌히 응해주었다. 첫 번째 방문이었지만 이야기가 길어지면서 저녁식사 제안까지 받았는데, 이를 사양하고 나왔을 때는 이미 해가 기울어 있었다. 그 뒤 K 씨와 몇 차례에 걸쳐 만나거나 연락을 취하면서 다양한 이야기를 들을 수 있었고, 본 연구를 진행하는 데 매우 귀중한 정보를 얻을 수 있었다.

첫째, 경성제일공립고등여학교 동창회가 있어 연 1회의 모임을 가지고 있다는 것(이 모임은 2008년이 마지막이었다). 동창회 명부가 작성되어 있고 300여 명의 회원이 존재한다는 것.

둘째, 다른 인포먼트informant*를 적극적으로 소개해 주었다는 점이다. 그 외에도 필자와의 상담에 응해 준 분들이 많았지만, K 씨와의 만남이 없었다면 본 연구는 매우 어려웠으리라 생각한다.

이렇게 해서 설문조사와 인터뷰를 시작했다. 설문조사는 2009 년부터 2011년 사이에 32명에게 의뢰하여 21명으로부터 회답을 얻었다. 같은 기간에 16명을 대상으로 인터뷰를 할 수 있었다. 그 가운데에서도 저자의 인상에 남은 것은 J 씨를 방문했을 때의 일이다.

J 씨는 저자가 인터뷰를 위해 방문했을 때, "웬일인지 최근 조선의 이야기를 하게 되었어요. 무서워서 말할 수 없었거든요[이전에는 무서워서 식민지 조선 시기의 일을 말할 수 없었다]. 조선 사람이 오지 않을까 해서요"라는 말로 입을 뗐다. 패전 후 인양**할 때 소유한 토지와 가옥의 처분을 둘러싸고 매수자였던 조선인과 남편 사이에 문제가 발생하여 한때 남편이 몸을 숨겨야 했다. 그때 "야쿠자 같은" 조선인이

---

* 정보제공자. 여기에서는 대면 및 우편 인터뷰나 설문조사에 응해준 경성고녀 출신 인양자들을 뜻한다.
** 일본의 외지나 점령지 등에서 생활하던 일본인이 패전 이후 국가 정책에 따라 일본 본토로 돌아오는 것. 식민지인의 '귀환'이나 강제성의 의미가 강한 '송환' 과는 구별되어 사용된다. 예를 들어 소설가 이회성의 경우 사할린(가라후토) 에서 밀항선을 타고 일본으로 '인양'했지만, 조선으로 '귀환'하지 못했다.

J 씨에게 뻔질나게 찾아왔던 것이 공포의 원인이었다. 지금도 그 꿈을 꾼다고 했다.

패전과 인양으로부터 60년 이상 지난 지금도 공포를 느끼고 그 사건에 대한 꿈을 꾸게 된다는 것. 식민자로서의 역사는 풍화하지 않고 식민자 개인에게 새겨져 있다는 것을 느낀 순간이었다.

C 씨는 필자의 인터뷰에 담담하게 대답해 주었지만, "여학교 시절의 일을 말할 수 있어서 너무도 즐거웠어요"라고 이야기했다. 자식은 물론 손자에게도 이러한 이야기를 한 적이 없었다고 한다. 많은 인포먼트들이 비슷한 이야기를 했다. 식민지에서 있었던 일을 가슴속에 고이 묻고 있었던 것이다. 또한 몇몇은 자신이 식민자로서 경험한 것에 대하여 문장을 통해 세상에 질문을 던지고 있었다. 이것들은 귀중한 자료로서 본문에서 사용되고 있다.

설문조사와 인터뷰에 응해준 이들은 저자의 사소한 질문에도 상세하게 답변을 해 주었다. 그렇지만 그것이 전부는 아니다. 그들 중에서는 "조선에 대해서는 별로 이야기하고 싶지 않다"라고 말하는 이들도 있었다. "이야기하고 싶지 않다"는 그 침묵의 의미를 알아차릴 필요가 있다고 생각한다. 이 책의 의도는 식민지 조선에서 태어나 자란 여성들, 곧 일본인 여성 식민자 2세의 경험을 현재와 결부된 역사로 엮어내는 것이었다. 인포먼트의 회답과 이야기를 얼마나 담아낼 수 있었을까. 이에 대해서는 독자의 판단에 맡기는 수밖에 없을 터이지만, 저자에게 회답을 보내 준 인포먼트들에 대한 저자 나름의 대답이 이 책이라는 점을 밝혀 둔다.

# 차례

들어가며

# 문제의식과 방법

## 식민지 책임

최근 역사학계에서 제기된 개념 중 '식민지 책임'이라는 개념이 있다. 식민지 지배 책임이라는 용어는 극동국제군사재판(이하 '도쿄 재판'이라 함)에서 일본의 전쟁범죄를 논할 때 등장한 것이다. 그러나 도쿄 재판에서는 식민지 지배에 관한 죄와 인도적 죄에 대해서는 충분한 추궁이 이루어지지 못했다. 그 결과 1951년 샌프란시스코에서 조인된 대일강화조약에는 일본의 식민지 지배 책임이 어디에도 명기되지 않았다. 승자인 연합국이 패자인 추축국을 재판한다는 구도(승자인 연합국 역시 식민지 지배 책임을 안고 있었다)와 냉전개시라고 하는 세계정세 속에서 이 문제는 불문에 부쳐졌다.[1]

변화를 가져온 것은 냉전의 종결이었다. 미즈노 나오키水野直樹는 다음과 같이 지적한다.

식민지 지배의 역사를 되돌아보고 식민지 지배의 청산이라는 과제를 널리 인식하게 된 것은 최근 20년의 일이다. 냉전의 종결에 따라 전쟁과 식민지 통치로 지배를 받았던 사람들이 보상을 요구하는 목소리를 내기 시작하고 그것이 사회적인 논의의 대상이 되면서 일본의 식민지 지배 역사나 식민지주의에 대해 관심을 가지게 된 것이다.[2]

한편에서는 서구 열강의 식민지 지배에 대한 추궁도 시작되었다. 2001년 8월 31일부터 9월 8일[9·11 사건 사흘 전]까지 남아프리카의 더반Durban에서 개최된 '인종주의, 인종차별, 외국인 배척 및 이와 관련된 불관용에 반대하는 세계회의'[이른바 '더반회의']에서 아프리카와 카리브해 각국의 대표들에 의해 식민지주의의 책임을 추궁하는 목소리가 강력하게 제기되었다. 그 결과 "식민지주의가 인종주의, 인종차별, 외국인 배척 및 이와 관련된 불관용을 가져왔고""그 제도와 관행의 영향과 존속이 오늘날 세계 각지에서 일어나는 사회경제적 불평등을 지속시키는 요인이 되고 있다"라는 문구가 정부 간 선언에 가까스로 포함될 수 있었다.[3] 미국 및 이스라엘 대표는 이 문구가 채택되기 전 자리를 박차고 회의장을 나가버렸고, 이 문제와 관련된 배상 및 보상 관련 문구는 일본을 포함한 '선진' 각국의 대표들에 의해 삭제되었다. 그럼에도 불구하고 나가하라 요코永原陽子가 지적했듯 "이 회의와 그 결과에 이르는 과정에서 식민지주의의 '책임'과 '죄'에 대한 논의가 이루어졌다는 것 자체가 획기적"이었다.[4]

이처럼 식민지 지배에 대한 책임이 지금 다양한 각도에서 제기되고 있다. 법정이라는 공간에서 법을 통해 그 죄를 묻는 방식이 그 중 하나라면, 두 번째는 이와 겹치는 것으로, 사죄와 보상을 요구하는 운동이라 할 수 있다. 나아가 역사학이 이를 어떻게 수용할 것인가 하는 문제를 세 번째로 들 수 있다. 여기에서는 세 번째 문제 즉 역사학이 이 문제를 어떻게 논의해 왔는가에 초점을 두고 이 문제가 여성사 연구 속에서 어떠한 위치를 점하는지 고찰해 보려 한다.

## '식민지 지배 책임'이라는 방법적 개념

'식민지 지배 책임'이라는 용어를 제시한 이타가키 류타板垣竜太는 조선에 대한 일본의 식민지 지배에 대해 "교전국 사이의 전쟁 책임으로는 환원되지 않는 개념을 상정한다"면서, 의병 투쟁에 대한 탄압, 3·1운동 탄압, 헌병대의 무력 탄압과 고문 등 비인도적 행위를 "모두 교전 행위"로 간주하는 것은 곤란하지만 "그럼에도 불구하고 이러한 폭력 행위는 식민지 지배라고 하는 거대한 구조 속에서 발생한 것"이므로 "이러한 폭력을 내재화한 식민지 지배에 의해 발생한 피해에 입각하여 오늘날의 식민지 지배 책임이라는 개념을 정립할 필요가 있다"고 지적한다.[5] 이타가키의 의도는 "식민지 지배 책임이라는 개념을 오늘날의 명확한 국제법적 언어로 만들어 나갈 필요가 있다"는 데에 있으며, "그 출발점은 식민지 지배라는 거대한 구조 위에서 일어난 개별적이고 구체적인 피해의 경험(크

나쁜 손해와 고통!)에 있다는 사실. 여기에서 출발하여 이러한 폭력을 야기한 구조가 어떠한 것인지를 또한 개별적이고 구체적인 책임을 지닌 주체의 해명을 통해 명확히 하는 것"이라고 말한다.[6]

여기에서 출발점이 되는 "식민지 지배라는 거대한 구조 위에서 일어난 개별적이고 구체적인 피해의 경험"과 그것을 "야기한 구조"에 대한 해명은 응당 역사학의 과제로서 인정되어야 할 것이다. 여기에서 '가해자로서의 일본인'이라는 관점을 받아들일 경우, 식민지 지배라는 거대한 구조 속에서 행해진 개별적이고 구체적인 가해의 경험과 그 구조에 대한 해명이 요구된다.

나가하라 요코는 나미비아Namibia의 헤레로Herero 보상 문제를 단서로 한 논문에서 식민지주의의 '책임'을 묻는 일의 역사적인 의미를 고찰한 바 있다. 여기에서 제기되는 문제는 두 가지이다. 첫째로, "역사학이 기여할 수 있는 것은, 조직된 보상 요구 등의 움직임에 감춰진 풀뿌리 역사의식, 가령 사람들의 '토지'나 '경계'에 대한 의식 등을 발견하는 것이며, 또한 이를 다룰 때 '인종' '민족' '에스닉 그룹' 등의 카테고리를 비판적으로 그 역사성 속에서 바라보려는 노력을 기울이는 것"이다. 두 번째는 "일상생활 구석구석에 스며든 식민지주의의 억압에 의한 '피해'", "현재의 국제법의 범주에 들어 있지 않은 식민지 체제하의 강제와 폭력의 구조나 내용을 밝히는 것"이다. 나아가 "일상화된 체제로서의 식민지주의를 정면에서 문제시한 경우는 아직 없다고 할 것이다. 식민지주의의 역사에 대해 그 유산이나 지속을 극복하려는 입장에서 다루게 될 문제 영

역을 '식민지 책임론'이라 한다면 그것은 '평시의 식민지주의'까지 염두에 두어야 할 것이다".[7]

나가하라는 '식민지 책임론'을 "식민지주의의 역사에 대해 그 유산이나 지속을 극복하려는 입장에서 다루게 될 문제 영역"이라고 명확히 정의했다. 나아가 '평시의 식민지주의'라는 개념도 제기했다. '평시의 식민지주의'에 대응하는 것이 무엇인지는 명확하지 않지만, 아마도 '전시의 식민지주의'가 아닐까 한다. 어쨌든 그 함의는 '일상화한 체제로서의 식민지주의'라는 말로 명확히 드러나고 있다.[8]

이 같은 맥락에서 보면 "식민지주의를 피지배자의 생활에 근거해서 고찰"한 미즈노 나오키 등의 연구는 중요하다.[9] 나아가 피지배자의 입장에서는 물론 지배자 쪽의 식민지주의에 대해서도 물어볼 필요가 있다.[10] 즉 식민지주의가 지배자와 피지배자 사이에 어떠한 권력관계를 가져왔는가를 해명하기 위해서는 양방향을 아우르는 연구가 필요하다.


## 여성사 연구에서의 식민지 책임 연구

지금까지 살펴본 '식민지 책임'이라는 개념을 여성사 연구의 맥락에서 살펴보면 어떻게 될까. '식민지 책임'이라는 용어가 사용되지는 않았지만, 여성사 연구에서는 사실 이러한 문제가 일찍이 제기된 바 있다. 1978년 임전혜任展慧는 "대부분의 일본 여성사에는 1945년 이전 일본의 구식민지 국가와 일본 여성들과의 관련성에 관한 부분이 빠져 있다"면서 "1945년 이전에 조선으로 건너간 일본 여성들의 다양한 분야에 걸친 활동 상황과 그 수, 그리고 이 같은 조선 체험에 대한 종합적인 고찰 등은 우리에게 놓여 있는 과제 중 하나라 할 수 있다"고 이미 지적했다.[11]

다카사키 쇼지高崎宗司는 식민지 지배에 적극적으로 협력한 단체 녹기연맹綠旗連盟의 간부였던 쓰다 세쓰코津田節子의 행동을 분석했다.[12] 또한 협의의 여성사 범주에는 들어가지 않지만, 모리사키 가즈에森崎和江는 『경주는 어머니가 부르는 소리慶州は母の呼び声－わが原鄉』에서 자신의 식민지 경험을 깊은 통찰과 함께 기록하면서 "지금은 지구상에서 사라져 버렸지만, 여전히 대대손손 부정해야 하는 식민지주의와 그곳에서의 나의 나날들을 이 책에 정리하였습니다" 라고 썼다.[13] 식민지주의를 완전히 부정해야 할 것으로 보고, 자신의 식민지 경험과 대면하면서 고통을 동반한 자책감을 숨기려 하지 않고 토로한 문장은 중후하고 그 감성의 예민함은 감복할 만하다.

모리사키의 저작을 전후로 한 시기 여성사 연구에서는 여성의 전쟁 협력 및 전쟁 책임에 대한 연구가 진전되고 있었다.[14] 해외에 식민지를 가진 일본에서 내지의 전쟁 수행 체제를 뒷받침한 것은 남성만이 아니었고, 여성도 그 일익을 담당했다는 사실이 밝혀졌다. 반면 '식민자로서의 일본 여성'이라는 생각은 약했던 것도 사실이다. 이는 전쟁 책임을 논하면서도 그 시야가 일본 국내에 한정되기 일쑤였다는 사실에서 기인한다.

이 같은 일국적 시야로부터의 탈각은 1990년대에 이르러서야 가능해졌다. 일본 근대사를 동아시아 및 동남아시아와의 관련성 속에서 재구성하려는 방법이 도입되기 시작한 것이다. 그 상징이 된 것이 일본군 '위안부' 문제를 둘러싼 행동이다. 아시아 지역 혹은 동아시아 지역 여성들의 공동행동을 촉구하고 이 문제를 해결하는 데 식민지 연구가 불가결하다는 사실을 자각하게 된 것이다. 이와나미岩波 강좌 『근대 일본과 식민지』 시리즈에서는 다양한 각도에서 일본의 식민지 지배의 양상이 밝혀지고 문제시되었다. 가노 미키요加納実紀代는 "근대 일본의 해외 팽창 정책에서 여성이 담당한 역할을 검토"하면서 "여성들은 대부분 자신의 특권적 상황을 의심하지 않고, 식민지의 유지 및 안정에 자신들이 담당한 역할을 자각하지 못한 채로 패전을 맞이했다"고 지적했다.[15] 이시이 지에미石井智惠美는 식민지 조선의 교육자이자 "'내선융화'의 중요한 담당자였던" 지도자 후치자와 노에淵沢能惠에 대해 분석한 바 있다.[16]

1990년대 후반에는 연구가 더욱 진전되었다. 1996년에는 '아시아 여성사 국제 심포지엄'이 개최되었으며 아시아 각지에서 여성사 연구가 진전되고 식민지 연구의 대상도 확대되었다. 필자는 엘리트 여성들의 만주 인식을 탐구하여 "만주는 식민지가 아니다"라는 인식과 "왕도낙토의 건설"에 대한 깊은 공명이 여성들을 식민지 지배에 가담하도록 했음을 밝혔다. 또한 "대륙의 신부" 송출 과정에 대한 분석을 통해서, 겹겹으로 교묘히 던져진 그물 속에서 압도적인 무지와 무권리 상태에 놓인 여성들이 만주가 식민지라는 사실도 모른 채 신부 되기를 지원한 결과 식민지 지배에 가담했다는 사실을 지적한 바 있다.[17]

다바타 가야田端かや는 몇 명의 여성들에 대한 인터뷰를 통해 식민지 조선에 살던 일본 여성들의 식민지 경험에 대한 연구를 진행했다.[18] 사키모토 가즈코咲本和子는 경성여자사범학교를 졸업한 뒤 식민지 조선에서 교사가 된 여성들에 대한 설문조사와 인터뷰를 통해 이들이 양심적으로 직무에 충실할수록 조선 아동을 '황국신민화'로 이끄는 데 큰 힘이 되었다는 패러독스를 지적했다.[19] 고 이쿠조洪郁如는 식민지 타이완 애국부인회의 역할을 분석하면서 이 단체가 "정부와 긴밀한 부인단체라는 성격에서 훨씬 벗어났으며" "일본의 식민지 통치기구의 비정규 부문의 하나였다"고 결론지었다.[20]

이렇듯 식민지 지배와 여성의 역할에 대한 연구의 실마리가 풀리면서 2000년대에 들어서 이 같은 연구의 흐름이 가속화된다. 일본에서 여성사 연구의 견인차 역할을 한 『역사평론』은 2년 연속으로 "특집 '제국'·식민지의 여성"2001, "특집 동아시아 여성의 '제국' 관과 식민지 인식"2002이라는 특집을 구성했다. 2001년 「특집을 꾸미면서」에는 다음과 같이 서술하고 있다.

기존 일본 여성사 연구에서는 식민지와 일본 여성의 관련성에 대한 해명이 불충분했다. (…중략…) 식민지 지배와 식민지 여성을 시야에 넣은 연구를 목표로 하는 새로운 모색이 시작되고 있다. '제국'과 식민지에서의 여성의 생활은 생산노동, 사회진출, 성과 생식, 전쟁 협력 그 어느 하나도 개별적으로는 완결되지 않고 상호 보완의 관계 속에 놓여 있다. 또한 식민지에서는 민족과 젠더에 관련된 문제, 즉 '제국'·식민지의 민족 차별 문제와 남녀차별 문제가 복잡하게 얽혀 표출된다. 게다가 식민지에서 '제국 여성'의 활동, '제국' 지배에 대한 식민지 여성의 협력 문제 등 해명해야 할 문제가 많다. 이러한 문제를 해명하기 위해 지금 '제국'과 식민지 양방향으로부터 연구가 필요한 단계에 와 있다고 할 수 있다.[21]

가와 가오루河かおる는 총력전하의 조선 여성은 어머니, 아내, 주부의 역할에 더해 생산노동까지 담당해야 했던 까닭에 일본 여성과는 다른 역할이 요구되었다는 사실을 밝힘으로써 억압구조의 민족 차별 및 상호 보완관계를 밝혀냈다. 또한 조선 여성의 전쟁 협력은 '해방' 환상과는 무관하며 고통으로 가득 차 있었다는 점에서 일본 여성의 그것과 전혀 달랐다고 보았다.[22] 아와야 도시에粟屋利江는 인도 지배와 영국 여성에 관한 연구 동향을 소개하면서 제국주의 지배와 백인 여성들의 '공범' 관계, 본국의 페미니스트가 가진 '제국주의 페미니즘'성을 지적했다.[23]

2002년의 「특집을 꾸미면서」에는 다음과 같이 서술하고 있다.

'제국' 여성의 경우, 젠더적 관점을 앞세우게 되면 식민지 지배구조에 휩쓸리거나 침략전쟁과 식민지 지배를 비판할 수 없게 되는 함정에

빠졌다. 특히 '제국' 여성이 식민지 지배와 관계할 경우의 정신 구조에 대한 분석은 앞으로 그 결과가 기대되는 중요한 연구과제이다. (…중략…) 한편 모든 식민지 여성의 삶은 식민지 지배라는 큰 틀 속에서 규정될 수밖에 없었기에 '제국'과의 관계는 저항 혹은 협력·타협이라는 형태를 취하면서 구체화되었다. '제국'의 지배에 저항한 사례에 대한 연구는 꾸준히 진척되고 있지만, 협력·타협에 대한 사례 연구는 그 수가 적고 그 결론도 비판적·단죄적으로 흐르는 경향이 강하다. 협력의 사례까지 포함하여 식민지 여성과 '제국'의 관련성을 총체적·구체적으로 구명하고, 나아가 그 배후에 놓인 의식을 고찰할 필요가 있다.[24]

요네다 사요코米田佐代子는 '권력사회'를 부정하고 '평등 구상'을 묘사했던 히라쓰카 라이초平塚らいてう, 요사노 아키코与謝野晶子, 다카무레 이쓰에高群逸枝들이 일본에 의해 침략당한 아시아를 '식민지'로서 거의 인식하지 못한 이유에 대해 질문을 던지면서, '통치 주체'와 관련된 생각이 부족한 결과 일본의 국가주의에 동조하게 되었다고 지적했다.[25] 김경일은 식민지하에서 자아가 형성된 세 조선 여성들에게 민족주의와 페미니즘은 대립·모순되는 것이었고 식민지하에서 그들의 삶은 굴절·좌절되었다는 사실을 통해 식민지 지배의 폭력을 지적했다.[26]

이후 식민지 지배와 여성을 둘러싼 연구는 진전되어 오늘에 이르렀다.[27] 즉 여성사 연구는 '전쟁 책임'을 바라보는 관점을 일국적 시야에서 벗어나도록 하여 식민지에서의 전쟁 책임, 그리고 식민지 책임이라는 관점·방법을 스스로 찾을 수 있게 되었다고 할 수 있다. 그리고 이러한 연구를 앞에서 말한 나가하라 요코의 정의대로 '식민지 책임'론이라 부르는 것에는 이견이 없을 것이다.


## 식민지 책임의 고유성

여기에서는 여성의 '식민지 책임' 특히 일본 여성의 '식민지 책임'을 논의함에 있어 저자의 생각을 말하려 한다.

첫 번째로, 남성과 여성의 차이를 지적할 필요가 있다. 당시 일본 여성에게는 정치 참여의 권리가 없었다. 이 점에서 식민지 지배를 수행했던 지도자나 그 지도자를 선택한 남성들과는 결정적으로 달랐다. 반면에 여성 역시 대일본제국의 공민신민이었고 공민으로서 전쟁에 협력하고 식민지 지배에 참여했다. 이 점은 부정할 수 없는 사실이다.

두 번째로, '식민지 책임'과 관련하여 개개의 여성이 같은 무게의 죄를 짊어지고 있다고 말할 수 있는가 하는 문제를 생각해야 한다. 저자는 엘리트 여성지식인 여성, 이 경우 고등여학교 이상의 교육을 받고 어른이 된 경우를 상정하고 있다과 이른바 서민 여성소학교 정도의 학력만 있음. 압도적 다수는 농민이나 미성년 여성이 짊어진 죄의 무게는 다르다고 생각한다. 엘리트 여성은 식민지 지배를 선도하면서 적극적으로 그 지배를 추진하는 행동의 리더인 경우가 많다. 이와 달리 서민 여성이나 미성년 여성은 무지로 인해서 그에 따라 행동하면서 식민지 지배에 가담했다고 볼 수 있다. 이 점에서 두 경우 책임의 무게는 다르다고 할 것이다. 엘리트 여성과 서민 여성은 저마다 고유한 책임을 져야 한다고 할 것이다.[28] 역사자료에 근거하거나, 문학작품의 도움을 받거나, 혹은 수기나 인터뷰를 통해서 그 고유한 책임의 내용을 명확히 하는 것이 여성의 '식민지 책임' 연구의 과제이다.

앞에서 밝혔듯이 엘리트 여성이 어떤 논리로 식민지 지배에 가담하게 되는가에 대해서는 연구성과가 발표되고 있다. 그러나 식민지로 건너가 식민자로서 그곳에서 생활한 여성이나 식민지에서 태어나고 자란 식민자 2세에 대해서는 많은 공백이 남아 있다. 그들이 식민자로서 어떻게 생활했고 어떤 의식을 가졌으며 피식민자와 어떻게 접촉하고 어떤 시선으로 이들을 바라보았는가를 밝힐 필요가 있다. 저자의 의견으로는 여성 교사에 관한 연구는 시작되었지만 여성단체나 식민자의 일상생활에 관한 연구는 겨우 단서를 포착한 수준에 불과하다. 식민자로서 식민지에서 생활하는 것 자체가 식민지 지배를 뒷받침했다. 이렇게 생각하면 그야말로 식민자의 생활 그 자체를 밝히는 것이 중요하다.

## 재조 일본인 여성 연구 속에서 본서의 위치

재조 일본인에 대해서는 기무라 겐지木村健二의『재조 일본인의 사회사』1989를 필두로 1990년대에 활발한 연구가 이루어졌다.[29] 재조 일본인 연구 전반을 언급하는 것은 저자의 능력 밖의 일이므로, 여기에서는 재조 일본인 여성 연구를 개관하면서 본서의 위치를 살펴보려 한다. 앞서 말한 것처럼 이시이 지에미, 사키모토 가즈코, 다바다 가야 들에 의해 재조 일본인 여성에 관한 연구가 시작된 후, 최근까지의 연구는 크게 세 가지 방면에서 진행되고 있다.

첫 번째는 민족, 젠더, 계급을 변수로 하여 재조 일본인 여성의 위상을 밝힌 것으로 그 분석 대상은 아주 다양하다. 권숙인은 피식민자인 조선인과 조선으로 건너간 일본인의 만남과 식민지주의의 형성,[30] 식민자의 학교문화,[31] 조선으로 건너간 한 게이샤의 생애,[32] 잡지의 여성 관계 기사에 나타난 재조 일본인 여성의 모습[33] 등을 밝혔다. 송혜경은 잡지 기사와 문학 속에 등장하는 가정에서 벗어난 '한처韓妻'라는 존재를 다루는 한편,[34] 1915년에 개최된 가정박람회를 소재로 하여 식민권력이 가정을 통치에 이용하여 식민지주의의 형성을 재촉했다는 점을 밝히고 있다.[35]

두 번째는 재조 일본인 여성의 인양 체험에 초점을 맞춘 연구이다. 이연식은 일본인 여성의 조선으로부터의 인양 체험을 여성과 지역이라는 변수를 설정하며 그려내고 있다.[36]

세 번째는 여성 식민자 2세에 초점을 맞춘 연구이다. 가지무라

히데키梶村秀樹 · 윤건차는 여성 식민자 2세인 모리사키 가즈에에 대해 식민자로서의 자신을 "완전히 부정"한 뒤 "자기의 재생"을 발견했다고 지적했다.[37] 비록 여성에 한정된 연구는 아니지만 우치다 준內田じゅん은 가족과 학교에 초점을 맞춰 식민지에서 생활하는 식민자 2세의 일상을 밝히고 있다.[38] 권숙인은 일본인 여성이 식민지 조선에서 경험한 근대화의 모습을 '은혜'와 '제약'이라는 면에 초점을 맞춰 해명했다.[39] 오성숙은 식민자로서 조선에서 자란 '조센코朝鮮っ児'와 '조센무스메朝鮮娘'의 정체성을 분석했다.[40] 송혜경은 호리우치 스미코堀內純子라는 한 여성 식민자 2세의 작품을 소재로 식민지에서의 경험과 기억에 대해 밝히고 있다.[41] 이상이 세 가지 동향이다.

저자는 식민지 조선에서 조직된 애국부인회에 관한 일련의 연구를 통해 재조 일본인 여성을 조직한 유력 관제 부인단체를 분석하면서 식민 통치에 있어서 여성의 힘이 불가결했다는 사실을 밝힌 바 있다.[42] 식민지를 지배의 구조라는 관점에서 보려 한 것이다. 이와 더불어 여성 식민자 2세에 관한 연구도 진행했다. 식민지 여학교 중 하나인 경성제일공립고등여학교 동창생에 대한 설문조사를 바탕으로 식민자 2세의 눈에 식민지에서의 생활이 어떻게 비춰졌는가를 살피고[43] 여성 식민자 2세의 정체성 형성에 대해 고찰했다.[44] 개인의 경험을 통해 식민지를 투사하는 방법이었다. 재조 여성 식민자의 위상을 밝히고 재조 여성 식민자 2세의 실상에 다가서고자 했던 앞서 언급한 연구와 궤를 같이하는 것이었다.

나아가 필자가 밝히고자 하는 또 한 가지는 여성 식민자 2세가 어떠한 과정을 거치면서 내면화한 식민지주의를 극복·해체하려 하는가이다. 여성 식민자 2세가 식민지주의를 어떻게 극복하는가에 대해서는 위에서 말한 모리사키 가즈에, 호리우치 스미코가 언급되는 수준에 머물러 있다. 보다 많은 사례를 발굴하고 이를 통해 식민지주의를 극복·해체하는 다양한 방도를 밝히고 싶다.

이 과제와 관련하여 저자는 인포먼트의 한 사람인 호리우치 스미코가 식민지 경험을 반추하면서 전후에 어떻게 식민지주의와 마주하여 이를 극복하려 했는지를 그녀의 작품을 통해 고찰했다.[45] 전술한 송혜경의 연구와 겹치는 부분이다. 나아가 식민자 2세인 경성제일공립고등여학교 동창생을 대상으로 한 설문조사와 인터뷰를 자료로 하여 식민지주의의 내면화 과정을 살피고, 패전·인양을 거치면서 그들이 내적 식민지주의와 어떻게 마주하고 이를 어떻게 극복하려 했는지를 그려냈다.[46]

본서는 이상의 세 가지 연구 동향과 결을 같이 하는 것으로서, 여성 식민자 2세의 식민지에서의 생활을 밝히는 한편으로 여성 식민자 2세가 식민지주의를 어떻게 극복·해체하는가를 해명하고자 했다.

## 여성 식민자의 경험으로 식민지를 투사하다

식민지 지배에 관한 연구는 방대하게 이루어지고 있으며, 제도, 기구, 문화, 교육 등 다방면에서의 접근이 가능하다. 식민지 권력의 장치가 어떻게 펼쳐져 있는지가 고찰되었고, 그 구조 속에서 살아가는 식민자와 피식민자의 관계가 억압·피억압으로 간단히 정리되지 않는다는 사실도 밝혀져 왔다.[47] 이를 바탕으로 이 책은 식민지 생활이 그곳에서 살아가던 식민자에게 어떠한 것이었는지, 식민지 혹은 피식민자는 식민자의 눈에 어떻게 비치고 있었는지를 개인의 경험으로부터 읽어나가려 한다. 개인의 경험은 개별적이지만 그 경험은 전체 역사와 개인사가 만나는 지점이다. "개별적인 것을 전체적인 것의 계기들이 특수하게 통합된 것"으로 간주하고 "개별적인 것들의 모습을 통해서 역사적 전체성을 파악한다"는 방법[48]을 받아들인다면 이 같은 시도는 중요하다고 할 수 있다.

그렇다면 개인의 경험, 식민지 경험을 어떻게 알 수 있을까. 자료로는 회상, 수기, 인터뷰 기록 등 여러 종류가 존재한다. 이 책에서는 식민지에서 살았던 여성들을 대상으로 한 설문조사와 인터뷰, 그리고 이들의 저작을 자료로 사용한다. 이 같은 소재를 역사 자료로 사용할 경우 1차 사료가 아니라는 점에서 비판이 있을 수 있다. 그러나 남성과 달리 문자 자료를 남길 기회가 압도적으로 적었던 (빼앗기고 있던) 여성의 경험을 밝히려면 이 같은 방법이 유효하다. 이는 구술사 연구 속에서도 확인되고 있다.[49]

당사자의 이야기를 어떻게 해석할 것인가와 관련하여 체험과 경험의 구별이 중요하다. "경험은 주체가 체험을 '반성적으로 통합하고 회고적으로 그 의미를 부여하는 매개'에 의해 성립한다"는 시각이 있다.[50] 구술사는 "바깥을 향해 말을 건네는 등장인물의 행위가 동반되면서 내러티브가 만들어지는" 이 같은 "경험적 이야기"를 대상으로 해야만 한다는 지적[51]은 시사하는 바가 많다. 인터뷰에 응해 준 인포먼트들 역시 식민지에서의 체험을 경험으로서 이야기해 주었다. 그 목소리에 귀를 기울이면서 식민지에서의 체험이 각각의 인포먼트들에게 어떤 의미를 지녔는가를 살펴보고 이를 바탕으로 식민지에서의 생활을 밝히려 한다.

## 식민자~인양자 __ 식민지 주체 해체의 가능성

이 책이 취한 또 하나의 방법은 식민지 경험을 전후戰後에 당사자가 어떻게 파악하고 곱씹는지를, 식민자의 인양에서 현재에 이르기까지의 긴 기간을 따라가면서 밝히는 것이다. 식민지에서의 체험은 일본제국의 붕괴를 계기로 단절된다. 식민지 지배의 역사는 여기에서 단절되지만, 식민자들은 그 체험을 반추하면서 전후를 살아가게 된다. 지배의 역사가 끝나도 인포먼트들의 식민자로서의 정신사는 끝나지 않는다. 앞에서도 말했듯 저자는 이 같은 사실을 인터뷰 과정에서 통감했다.

만주로부터 인양한 이들에 대한 인터뷰를 거듭해 온 아라라기 신조蘭信三는 "오히려 그 다음의 인생에서 그들이 자신의 그러한 체험을 어떻게 해석하고 의미화하고 인생의 경험으로서 받아들여 왔는지가 포인트이다" "이러한 다양한 역사적 체험을 거친 서민이 어떻게 그 곤란 속에서 살아남아 그 체험을 자기 인생 속에 경험으로서 어떻게 여과하고 있는가, 즉 서민이 역사적 체험을 어떻게 역사로서 경험하면서 인생을 살아가고 있는지를 밝히는 것이 중요하다"고 날카롭게 지적한 바 있는데, 이는 시사하는 바가 크다.[52]

인포먼트가 식민지 체험과 어떻게 대면해 왔는지에 대해서 설문조사나 인터뷰, 그리고 이들이 남긴 저작에서 드러나는 단편들을 연결하고 읽어내는 것을 통해 밝히고자 한다. 또한 식민자의 전후란 어떠한 것이었으며, 전후의 삶을 살아가는 가운데 자신의 내적 식민지주의를 어떻게 자각·자성하고 해체해 나가는지를 탐색하려 한다. 인포먼트들 중에는 자신의 식민지 체험과 그 의미를 다음 세대에게 전하기 위해 저작을 남긴 사람도 있다. 이는 "식민지에서의 생활이 행복했다"라는 정도에 머무르지 않고 개인의 식민지 책임을 응시하려는 태도라 할 수 있다. 전후의 국제정치 속에서 일본의 식민지 책임을 묻는 목소리는 감쪽같이 사라져 버렸고, 일본 국가·사회는 그 책임을 자각하고 반성하거나 사죄하려 하지 않았다.[53] 식민지 지배를 반성하지 않았던 일본 국가·사회에 대해 이의를 제기하는 식민자들의 자성적인 이야기라는 행위가 담고 있는 의미는 결코 작지 않다고 생각한다.[54] 이러한 인포먼트의 존재는 사회를 바꾸어 나가는 힘을 가졌기 때문이다.

인포먼트는 22명이다. 설문조사에 응한 사람과 인터뷰를 실시한 사람에 대해서는 〈표 1〉과 〈표 2〉에 정리했다. 또한 경성제일공립고등여학교 동창생의 식민지 경험이 서술되어 있는 동창회지 『백양』[55]의 경우 보충자료로 활용했다.

〈표 1〉 설문조사 응답자 일람

| | 이름 | 기수 | 생년월 | | 재학 시기 | 고용인 유무 | 출생지(일본 내지) | 조선의 경우 | 인양 |
|---|---|---|---|---|---|---|---|---|---|
| 1 | A | 24 | 1915 | 2월 | 1927.4~ 1932.3 | ○ | 후쿠오카현 (야메시오부치촌) | | 밀항선 |
| 2 | B | 28 | 1918 | 6월 | 1931.4~ 1936.3 | ○ | | 경성부 운니동 | 부산 |
| 3 | C | 31 | 1921 | 11월 | 1934.4~ 1939.3 | ○ | | 경성부 명치정 | 부산 |
| 4 | D | 32 | 1922 | 12월 | 1935.4~ 1940.3 | ○ | | 경성부 명치정 | 북조선 |
| 5 | E | 33 | 1923 | 5월 | 1936.4~ 1941.3 | × | | 경성부 약초정 71번지 | 불명 |
| 6 | F | 33 | 1923 | 10월 | 1936.4~ 1941.3 | ○ | 사가현 | | 이미 내지에서 생활 |
| 7 | G | 33 | 1923 | 10월 | 1936.4~ 1941.3 | ○ | | 경성 | 이미 내지에서 생활 |
| 8 | H | 34 | 1924 | 5월 | 1937.4~ 1942.3 | ○ | | 경성 천정(泉町) | 중국 뤼순(旅順) 에서 |
| 9 | I | 34 | 1924 | 4월 | 1937.4~ 1942.3 | ○ | | 북조선, 황해도, 개성 | 부산 |
| 10 | J | 34 | 1923 | 10월 | 1937.4~ 1942.3 | ○ | | 경성부 욱정 3정목 6번지 | 부산 |
| 11 | K | 35 | 1925 | 7월 | 1938.4~ 1943.3 | × | | 경성부 황금정 | 부산 |
| 12 | L | 35 | 1925 | 11월 | 1938.4~ 1940.3 | ○ | | 경성부 욱정 | 이미 내지에서 생활 |
| 13 | M | 35 | 1925 | 12월 | 1938.4~ 1943.3 | ○ | | 경성 | 불명 |
| 14 | N | 35 | 1925 | 9월 | 1938.4~ 1943.3 | ○ | | 경성부 황금정1정목 | 불명 |

| | 이름 | 기수 | 생년월 | | 재학 시기 | 고용인 유무 | 출생지(일본 내지) | 조선의 경우 | 인양 |
|---|---|---|---|---|---|---|---|---|---|
| 15 | O | 35 | 1925 | 12월 | 1938.4~ 1943.3 | ○ | | 경성부 본정2정목1번지 | 진해 |
| 16 | P | 35 | 1926 | 3월 | 1938.4~ 1943.3 | × | 홋카이도 삿포로시 | | 부산 |
| 17 | Q | 36 | 1926 | 1월 | 1939.4~ 1944.3 | ○ | | 경기도 경성 인의정61 | 부산 |
| 18 | R | 36 | 1925 | 8월 | 1939.4~ 1944.3 | ○ | | 경성 명치정 2 정목32번지 | 진해 |
| 19 | S | 37 (A) | 1927 | 12월 | 1940.4~ 1944.3 | × | | 대구시 | 밀항선 |
| 20 | T | 37 (b) | 1929 | 2월 | 1941.4~ 1945.3 | × | | 경성부 합동(蛤洞) 22번지 | 진해 |
| 21 | U | 38 | 1930 | 1월 | 1942.4~ 1945.9 | × | | 대구시 | 밀항선 |

① 37(A)는 1940년 입학, 1945년 3월 졸업(단 4년만에 졸업하고 상급학교로 진학할 수 있었다).
② 37(B)는 1941년에 입학하여 전시하 특별조치로 1945년 3월에 조기 졸업하게 되었다.
③ 38 역시 전시하 특별조치로 1945년 9월에 조기 졸업했다. C와 D, S와 U는 자매이다.

〈표 2〉 인터뷰 실시자 일람

| | 가명 | 기수 | 생년월 | 재학 시기 | 졸업 후에서 패전까지 | 고용인 유무 | 인터뷰 실시일 | 비고 |
|---|---|---|---|---|---|---|---|---|
| 1 | A | 24 | 1915.2 | 1927.4~ 1932.3 | 관립경성사범학교여자연습과 → 소학교훈도 → 결혼 후에도 교사 | ○ | 2010.6.28 | 소학교 1년 때 조선의 조부모를 따라 감. 경성보통소학교 교사가 와서 조선어를 가르치는 수업이 있었음. 조선신궁 참배는 없었음. |
| 2 | B | 28 | 1918.6 | 1931.4~ 1936.3 | 계성여학원 → 양재학교 → 총독부체신국전기과 → 미쓰이물산 | ○ | 2010.8.24 | 부산에서 8 · 15를 맞이함. |
| 3 | C | 31 | 1921.11 | 1934.4~ 1939.3 | 조선미국창고(米国倉庫)(주) 총무과 | ○ | 2010.5.23 | 이 기수까지는 4년차부터 영어과와 가정과로 나뉨. 조선신궁 참배 시작. '황국신민의 서사'를 외운 기억. 약혼자 전사 |
| 4 | D | 32 | 1922.12 | 1935.4~ 1940.3 | 이화여자전문학교문과 → 국민총력조선연맹 → 결혼 → 함흥고등여학교 교사 | ○ | 2009.11.22 | 유골 마중. 군복 수선. 함흥고등학교 교사로서 8.15를 맞이함. 애국반을 기억. |
| 5 | G | 33 | 1923.10 | 1936.4~ 1941.3 | 여자학습원고등과문과 | ○ | 2010.3.30 | 흰옷을 만듦. 패전 전에 내지에 돌아옴. |

| 가명 | 기수 | 생년월 | 재학 시기 | 졸업 후에서 패전까지 | 고용인 유무 | 인터뷰 실시일 | 비고 |
|---|---|---|---|---|---|---|---|
| 6 H | 34 | 1924.5 | 1937.4~1942.3 | 세이와여숙 → 경성의학전문학교 의화학교실 부수(副手) → 결혼 | ○ | 2011.11.5 | 강당에 모여 위문대 작성. 애국자녀단 발족식을 기억(『동아일보』 기사 있음. 1937.12.21) 쓰지(辻) 교장 부임, 중간체조 개시, 34회부터 육군장교의 강연을 듣고 3명이 종군간호부가 됨. 뤼순에서 8·15를 맞음→다롄(大連)에서 마이즈루(舞鶴)로 인양. |
| 7 I | 34 | 1924.4 | 1937.4~1942.3 | 세이와여숙 → 여자통신대(군속) | ○ | 2009.11.23 | '황국신민의 서사'를 외운 기억. 군복 수선. 34기생부터 3명이 종군 간호부가 됨. |
| 8 J | 34 | 1923.10 | 1937.4~1942.3 | 압록강수전(水電) → 결혼 | ○ | 2009.8.23 | 34기생부터 3명이 종군 간호부가 됨. |
| 9 K | 35 | 1925.7 | 1938.4~1943.3 | 청화여숙 → 조선총독부관방인사과에서 회계 업무. 급여 54엔 → 58엔 | × | 2008.4.28 2009.10.4 | 수업료 월 7엔(월세는 월 37엔). 35기생부터 근로봉사 시작됨. 수학여행도 근로봉사로 대체. 1942.3.31. 가지야마 교장 부임. 이 때부터 중간체조가 없어짐. 경성에서 인천까지 40킬로 행군. |
| 10 L | 35 | 1925.11 | 1938.4~1940.3 | 일본여자대학교 국어과 | ○ | 2008.9.13 | '황국신민의 서사'를 외운 기억. 1940.4부터 내지의 고등여학교로 전학 |
| 11 O | 35 | 1925.12 | 1938.4~1943.3 | 창덕고녀 연구과 → 해군무관부 | ○ | 2011.6.18 | |
| 12 P | 35 | 1926.3 | 1938.4~1943.3 | 동경가정학원 → 정내회(町內会) → 육군해행사 | × | 2009.7.12 | 소학생 때 조선으로. 애국반을 기억. |
| 13 V | 35 | 1926.3 | 1938.4~1943.3 | 동경여자대학 | ○ | 2008.11.29 | 부산에서 인양 |
| 14 Q | 36 | 1926.1 | 1939.4~1944.3 | 총독부중앙시험소전기화학부 고용원. 급여 19엔. 비행기 재료인 알루미나를 분석. | ○ | 2009.6.14 | |
| 15 R | 36 | 1925.8 | 1939.4~1944.3 | 육군 병기창. 급여 30~40엔 정도. | ○ | 2010.1.24 | |
| 16 S | 37 (A) | 1927.12 | 1940.4~1944.3 | 경성여자의학전문학교 | × | 2009.5.24 | 가지야마 교장에 의한 진혼. 학적 변경에 따라 4년 만에 졸업. 1942부터 플레어 스커트. 1943부터 몸뻬. 4년 만에 졸업하여 상급학교로. |

V는 인터뷰만 실시했다.

제1장

# 조선에서의 생활

## 1. 부모 세대는 왜 조선으로 건너갔나

일본인은 메이지 초기부터 조선으로 이주했다. 한국을 병합하기 직전인 1909년에는 남성 79,947명, 여성 66,200명의 일본인이 조선에 거주한 사실이 확인된다.[1] 병합 이후 재조 일본인은 증가 일로여서 1942년에 정점에 달했다. 남성 385,325명, 여성 367,498명, 합계 752,823명에 이르렀다.[2]

그렇다면 이 책에 등장하는 인포먼트들은 어떤 이유로 조선에서 태어나거나, 어린 시절에 조선으로 건너간 것일까. 필자가 아는 범위에서 이를 살펴보려 한다. 우선 조부 대부터 조선에 살았던 사람은 3명이다.

J 씨의 조부는 미야자키현宮崎県 구시마초患間町, 현재의 구시마시의 영주였는데, 세이난西南[*] 전쟁 당시 사이고 다카모리西郷隆盛[**] 편에 섰

---

[*] 1877년 일본 규슈의 사족들이 메이지 신정부에 맞서 사이고 다카모리를 옹립하면서 일으킨 내전.

[**] 에도 막부를 타도하고 메이지 유신을 이끈 일본 사쓰마(薩摩) 출신의 정치인. 정한론을 주장하면서 정부와 맞서 세이난 전쟁을 일으켰다 패배한 후 자결했다.

다. "사이고가, 아무래도 10대 애들이 죽으면 안 되니까 도망가라고 해서" 조부는 미야자키로 돌아왔다. 그러나 무사라는 계급도 없어지고 "그런 시골에서는 아무것도 할 수 없다"고 해서 몇 명이서 부산으로 건너갔다고 한다. "일청전쟁 즈음에는 이미 경성에 있었다." 조부를 따라갔던 조모 역시 가고시마鹿児島의 사족士族 집안으로 "사족의 딸이라서 가슴에 칼을 품고서 작은 배로 조선해협을 건넜다"고 한다. 아버지 대에 일가는 광대한 토지를 소유한 지주가 되었다.

K 씨의 조부는 하카타博多 출신으로 "후쿠오카福岡, 하카타에서 외국인을 상대로 양품점을 하고 있었던 듯하다". "할아버지는 장사 체질이 아니었던 것 같아요. 지인의 보증을 섰는데 그가 파산하면서 보증인으로서 모든 책임을 떠안았고 그 결과 파산해버렸습니다." 이처럼 장사에 실패하자 조선으로 건너가게 되었다. 친척들도 조선으로 건너갔다고 한다. 아버지는 조선총독부의 관리였다. 철들 무렵에 친모를 여의었고, 나중에 온 계모는 산파 자격을 가지고 있었다.

Q 씨의 조부는 총독부 관리로 조선으로 건너갔다. 아버지는 건축 청부 관련 사업을 광범위하게 하고 있었다. 어머니도 "10살 때 할아버지에 이끌려 건너갔다"고 한다.

한편, 대부분의 경우는 아버지 대부터 조선에 살게 된 경우로 모두 11명이다.

B 씨의 아버지는 이왕직[3]에서 근무하던 누님의 권유로 조선으

로 건너갔다. "우리 고모가 이왕직에서 일을 했는데, 관리가 살던 곳 같았어요. 아버지가 그 집을 사서 나는 거기에서 태어났어요"라고 이야기한다.

C 씨와 D 씨는 자매인데, 히로시마広島 출신인 어머니가 경성에 있는 언니의 권유로 조선으로 건너갔다. "어머니는 간호부 자격을 가지고 있었거든요. 총독부의 의무실 같은 곳이 있었던 것 같은데, 그곳에서 일한 듯해요. 아버지가 총독부에서 일하고 있었는데, 그 의무실에서 알게 되어 결혼했습니다"라고 두 사람은 말한다.

G 씨의 아버지는 조선총독부에서 근무하게 되어, 어머니와 결혼하고 조선으로 건너갔다. "아버지가 조선총독부에서 근무해서 결혼과 동시에 경성에 부임했어요." "그곳에서 도청 소재지로 수시로 전근을 했습니다."

H 씨의 아버지는 군마群馬 사범학교를 졸업한 뒤 교사로서 조선으로 건너갔다. 어머니도 교사였다.

I 씨의 경우 아버지가 아키타현秋田県에서 경찰관을 하고 있었는데, 1919년 3·1 독립운동이 일어나자 이를 진압하기 위해 조선으로 건너갔다는 사정을 어렴풋하게나마 들었다고 한다. "아키타에서 경찰관을 지냈어요. 1918년경[실제는 1919년]에 조선에서 독립운동이 있었잖아요." "그 독립운동을 진압하기 위해 일본 경관이 북선北鮮으로 건너갔다는 것을 들었던 적이 있어요." "확실히는 모르겠어요. 아버지도 그런 이야기를 자세히 말하고 싶지는 않았던 것이 아닐까요"라고 말한다. 아버지는 개성 경찰서장을 거쳐 경성의 영등

포 경찰서장을 지낸 뒤 민간회사로 옮겼다.

L 씨의 아버지는 니가타현新潟県 출신, 조선총독부의 초빙으로 "결혼하고 조선으로 건너간 것이 1904년". 나중에 경성제국대학 교수가 된다.

O 씨의 아버지는 사이타마현埼玉県 지치부秩父 출신으로 "지금의 긴자銀座, 예전의 고비키초木挽町"에서 포목상을 했다. "아버지 고향이 사이타마현의 지치부입니다. 지치부 명선秩父銘仙* 할 때의. 그래서 옷감이나 기모노를 조선반도에도 보급하려는 꿈을 크게 가졌던 것 같아요." "생사生絲 쪽이랍니다." 지치부 명선을 조선에 널리 알리는 사업을 하려고 경성에 와서 지점을 열었다. "처음은 이불감용 명선을 주로 했어요. 하지만 명선뿐만 아니라 교토의 옷감도 매입해서 포목점을 했답니다."

R 씨의 아버지는 에히메愛媛 출신으로 "고등과를 나온 뒤 시계[장인]의 제자로 들어갔다". "구레県에서 어례봉공御礼奉公** 까지 하면서 6년을 보내다가, 아버지의 의붓누이가 이미 조선에 건너가 있었던 까닭에 아버지도 불려 갔던 거예요." 시계상을 운영하며 군을 상대로 사업을 했다. 어머니는 어렸을 때 부모와 함께 나고야名古屋에서 조선으로 건너갔다. 다른 친척들도 조선에서 살고 있었다.

S 씨의 아버지는 오키隠岐섬 출신인데 숙부의 연줄로 러일전쟁

---

* 사이타마현 지치부 지역에서 생산되는 명선(비단)으로 전국적으로 유명하다.
** 주인에게 고용되어 일하는 사람이 계약기간이 끝난 뒤에도 보은의 뜻으로 일정 기간 일을 더하는 것.

이후 현금 수입을 찾아 포항으로 건너갔다. 그곳에서 어업조합의 직원이 되었고 나중에는 경상북도 도청 직원이 되었다. 그 이야기를 들어 보자.

아버지에 대해 말씀드리면요, 오키섬이 본적이에요. 오키섬에서는요, 메이지 시대가 끝날 무렵부터 그야말로 반농반어의 섬에서는 이제 생활을 할 수 없게 되어버렸어요. 어르신들 말씀에 따르면, 메이지 초기에는 자급자족하면서 세금도 없는 그런 살림살이였대요. 그런데 메이지 말기에 일로전쟁이 끝날 무렵부터 세금이니 뭐니 해서 현금이 많이 필요하게 되었다고 해요. 때문에 숙모들은 오카야마의 제사공장 같은 데에 가든가 해야 했어요.

당시 아버지는 혼자 몸이기도 해서 어떻게든 [생계를 유지하려] 밥벌이를 하려고 조선으로 갔던 거랍니다. 아버지는 그 당시로는 가장 학력이 높았어요. 남자는 혼자였기 때문에 하마다시浜田市에 있던 수산학교를 졸업하고 조선의 포항으로 갔어요. 여기는 아직 항구마을이고 어업을 하고 있어서 그곳에서 어업조합의 직원이 된 거랍니다.

저도 자세히는 모르지만, 어쨌든 그 전부터 오키 섬과 반도는 이러저러한 왕래가 있었다고 해요. 일찍이 왕래가 있었고, 오키에서는 장남이외에는 토지를 물려받을 수 없어서 아버지의 숙부들은 여기저기 돈을 벌러 갔어요. 그래서 넷째 숙부가 포항에 있었는데, 그곳에서 어떤일을 했는지는 모르겠지만, 수상한 장사(?)인지 뭔지를 했대요. 아버지가 가겠다고 말했을 때는 여관이나 정미소를 하고 있었던 것 같아요.

그래요, 숙부를 의지해서 갔대요. 아버지는 그곳에서 우선 어업조합의 서기를 했는데, 마을을 돌아다니면서 어업 지도를 하기도 하고 잡은 고기를 저장하는 기술 등 수산학교에서 배운 것을 가르치기도 했어요. 아버지로서는 여러 사람들을 가르치고 있다는 생각을 했을 거예요.

그때 필요에 따라 조선어를 배우거나 시골 순회를 했답니다. 어떤 까닭에서인지 관리들과 접촉할 기회가 있었는데, 아버지도 그런 의미에서는 수완가였는지 모르겠습니다만, 경상북도에 취직하게 되었다고 해요.

오키섬과 조선과의 역사적 관련성, 섬의 가난, 거기서 탈출하기 위해 친척의 연줄로 조선으로 건너가게 된 경위가 생생하게 이야기되고 있다.

V 씨의 아버지는 사가현佐賀県 출신으로 "아버지의 아버지가 일찍 돌아가셨는데, 그래도 아버지 학비만큼은 남겨둬서" "덕분에 의사 학교에 갈 학비는 있어서 의사가 될 수 있었다". 그러나 "그 아래[동생들]까지는 힘들었다. 아버지의 어머니는 공부를 시켜줄 여력이 없었다". 의사가 되고 결혼한 후 동생들의 학비를 대주려는 생각도 있고 해서 "젊은 부부가 경성이라는 신천지로 간 것이 아닐까요?" 조선으로 건너와 경성에서 의원산부인과, 내과을 개업했다. "그러니까 [동생들에게] 미안하다고 생각했던지, 저는 아무것도 몰랐지만요, 경성에서 일하면서 꽤 오랫동안 동생들의 뒷바라지를 해 줬던 것 같아요." "지금 생각해 보면 웬만한 각오로는 어림없을 거라

고 생각해요."

내지에서 조선으로 건너간 경우는 3명이다.

A 씨의 아버지는 니콜라옙스크*에서 꽤 큰 규모의 장사를 하면서 가족과 함께 살았다. 아버지를 제외한 가족들이 나가사키長崎에 와 있을 때, 니콜라옙스크 사건[4]이 발생하여 아버지는 사망했다. 남은 형제자매를 친척들이 돌보게 되었는데, 소학교에 입학하기 전에 경성에 있는 외가에 맡겨졌다. "너무도 기구한 운명이었어요" 라고 말한다.

P 씨의 경우는 다음과 같은 상황이었다. "아버지가 사업을 했는데, [그 전에는] 관리를 지냈던 까닭에 수완이 없어서인지 일이 뜻대로 잘 안 되어서 사업을 잠시 그만둔 적도 있었어요." 그 뒤 지인으로부터 개성의 과수원 관련 일을 소개받았다. "과수원에 관련해서는 이런저런 기자재가 있는데, 사과를 감싸는 종이봉투라든지 약품 같은 것, 저울이나 이런저런 농기구 같은 게 있잖아요. 관련된 일을 좀 해주지 않겠느냐는 의뢰를 받았던 것 같아요." "친구의 권유가 있었던 데다 그다지 어려운 사업 같지도 않고 해서" 소학교 4학년 때 조선의 개성으로 건너갔다.

이상에서 살펴보듯, 당시 일본의 정치에 휘말리거나 경제적 곤궁을 벗어나기 위해서, 또는 관리로서 일자리를 찾거나 장사를 하기 위해서 등 다양한 동기가 있었음을 알 수 있다. 일본이 조선을

---

\*   러시아 볼고그라드주에 있는 도시. 사할린과 접해 있는 도시로 니콜라옙스크 사건의 무대가 되었다.

식민지로 만든 이후에 건너간 사람들만 있던 것은 아니었다. 그 이동의 대부분은 친척이나 지인의 연줄을 통해서 이루어졌다. 그리고 이 책의 주인공들은 대부분 이 같은 부모님 슬하에서 태어났다.


## 2. 풍요로운 삶 __ 구조적 강자로서

식민지에서의 삶은 대체로 풍요로웠다. 인포먼트의 이야기를 통해 이를 살펴보자.

A 씨의 할아버지는 안암리安岩里에 산을 소유하고 있었다. 그중에 밤나무가 많은 '밤산'이 있어서 A 씨는 1년에 한 번 밤을 따러 갔다며 즐거운 듯 이야기한다. 근처에 사는 지게꾼을 고용한 뒤 산속 오두막에 살며 야경꾼 노릇을 하게 했다. 그 지게꾼이 1년에 한 번 가마니에 밤을 넣어 가지고 오곤 했다.

G 씨는 소풍에 대해 말하면서 "바나나나 캐러멜 같은 걸 가지고 갔어요. 바나나 같은 고급품을 먹을 수 있어서 너무 좋았어요"라고 했다. 또 소학교 1학년의 크리스마스에는 가족 모두 부산의 호텔에 갔다. "보이들이 모두 산타클로스 차림을 하고 나란히 서서 환영해 줬어요. 그리고 커다란 구멍 같은 게 있어서 그 속에 선물이 가득 들어 있었는데, 그것을 꺼내곤 했어요"라고 추억한다.

전술한 바와 같이 J 씨의 가족은 아버지 세대에는 막대한 땅을 갖고 있어서 그곳을 관리하는 조선인을 몇 사람 고용하고 있었다.

자택의 정원이 400평이나 되어 "2~3년에 한 번 정원사가 와서 사나흘 동안 가위질을 할 정도로 사치를 누렸어요"라고 한다. 옷 같은 경우에도 어머니와 언니랑 함께 미쓰코시三越* 백화점에 가서 "깔맞춤으로 재단을 했어요. 그걸 어머니가 [미싱으로] 재봉했어요. [어머니는] 솜씨가 좋았거든요", "혼마치本町**에 일류의 전문점이 가득해서 그중에 나카무라라는 모자 가게에서 오거나 와타나베라는 구둣방에서 오거나 해서 입는 것을 모두 해 주었어요"라며 맞춤복을 몸에 걸쳤던 과거를 회상했다. 이처럼 최고급의 사치를 누리면서 자랐다.

L 씨는 스스로 '붉은 벽돌집'이라고 부르는 커다란 집에서 자랐다. 3층집이었는데 아버지의 서재, 오빠 4명의 방, 자신의 방, 그리고 베란다, 응접실, 식당, 다다미방, 여기에 두 개의 온돌방과 식모 방이 있었다. 삼사백 평 정도의 마당이 있었는데 "소나무로 살짝 멋을 낸, 쓰키야마築山***까지는 아니지만 나무를 심어놓은 장소가 있었고" "베란다 앞에 등나무 목책이 있는데, 그 앞에는 큰 쓰키야마가 있었어요. 쓰키야마가 있는 곳에는 연못도 있었지요. 그 정원에는 밤나무, 살구나무 같은 나무들이 있었고, 커다란 포플러도 있었답니다"라고 한다. 오빠는 바이올린을 배웠고, 사진 찍는 것이 취미였다.

---

\* 일본의 백화점 브랜드. 이상의 소설 「날개」의 무대가 되기도 한 미쓰코시 경성 분점이 현재 신세계백화점 본점 위치에 있었다.
\** 식민지 시기 일본인 거주지로 지금의 충무로 명동 일대이다.
\*** 일본식 정원의 인공산.

O 씨의 아버지는 모던한 것을 좋아해서 적극적으로 집 안에 들여놓았다. "아버지는 무엇이든 맘대로 하고 싶어해서 새로운 것이라면 모두 받아들이는 사람이었어요. 그 시절에도 집의 화장실이 수세식이었어요. 미쓰코시나 미나카이三中井,* 조지야丁子屋** 같은 백화점이나 수세식이었지, 개인 집으로는 우리 집이 최고였죠." 게다가 청소기, 세탁기도 구입했다. "오모니***라 부르는 식모들이 모두 그걸 사용하고 있었는데, 제대로 쓰지를 못해서⋯⋯." 춤과 나가우타長唄****는 어릴 때부터 배웠다. "소학교 1학년쯤 되었을까. 작았으니까. 그래서 샤미센*****도 어린아이용으로 만들어 준 것을 썼어요. 어릴 때는, 어린아이용 채도 있었어요. 거기에는 그림도 그려져 있었어요." 또 인천의 월미도에 별장을 갖고 있었는데, "우리 별장에다 친구들의 별장이 몇 채가 여기저기 있어서 여름방학이 되면 월미도에서 살고는 했어요. 옛날에는 참 여유가 있었어요". 또 은방울꽃 장수에 대해서 다음과 같이 이야기한다. "오월이면 은방울, 은방울 외치며 은방울 장수가 왔어요. 물론이죠. 제가 늘 애

---

\* 대구에서 출발한 일본 자본의 백화점. 충무로 부근에 경성본점이 있었으며, 부산, 평양, 원산은 물론 만주국까지 지점을 확장했다.

\*\* 경성에서 출발한 일본 자본의 백화점. 옛 미도파 백화점(지금의 롯데 영플라자) 자리에 있었다.

\*\*\* '어머니'를 일본어(オモニ)로 발음한 것으로 기혼의 여성 고용인을 뜻한다. 식민지 시기 문화 연구에서 두루 사용되고 있는 용어로서 '모친'을 뜻하는 '어머니'와 구별하기 위해 일본식 발음을 그대로 사용하기로 한다.

\*\*\*\* 샤미센 음악의 일종으로 가부키 등 무용에 반주 음악으로 사용되다가 독자음악으로 발전했다.

\*\*\*\*\*3줄로 소리를 내는 일본의 전통 현악기.

타게 기다리고 있었기 때문에, 그걸 알고 있어서, 항상 우리 가게로 들르곤 했어요. 그리고는 은방울, 은방울 하는 거예요. 우와 왔다, 라고. 그러면 가게 점원이 알려주는 거예요. 아가씨! 은방울꽃 장수가 왔어요 라고 말이에요."

R 씨 역시 인천의 해수욕을 추억하면서 "소학교 때였어요. 모두 장사를 하고 있었기 때문에, 아이들이 있으면 방해가 돼서 그런지 인천 같은 곳에 텐트를 만들곤 했어요. 아이들이 모두 쫓겨난 셈이지요."라고 이야기했다.

S 씨는 "불편한 게 없었어요."라며 자신을 포함한 친구들의 삶을 이야기한다. 아버지는 평관리였지만, 어머니가 무언가 배우러 다닐 정도의 여유가 있었다. "술도가를 하는 친구 집에 가면 창고에 큰 술통이 있고, 쌀 창고도 있었습니다. 넓은 저택에 살면서 조선인 식모를 부리며 집안일을 시켰습니다", "제빙회사 집에 가면, 여름에는 '화빙花氷'이라 해서 꽃을 제빙 캔 속에 넣고, 캔 속에 넣어둔 꽃을 얼음으로 얼린 게 거실에 놓여 있었어요. 이렇게 해서 녹은 물이 제대로 흐르게 되어 있었어요. 그런 게 거실에 놓여 있었지요. 거기에 가면 이른바 상류층 따님들이라서 모두 원피스로 갈아입고 놀곤 했어요. 나는 늘 소학교 교복을 입고 있었지만, 아무렇지 않게 함께 놀았어요"라며 친구 집에 놀러 갔을 때의 모습에 대해 말한다. 마쓰리お祭り는 즐거웠다. "멋을 부렸어요. 전부 긴소매로 해서 머리에는 장식을 달았어요. 시고키[여아의 성장(盛裝) 같은 데서 허리띠 아래에 감는 장식]를 늘어뜨리고, 갓포리[옻칠을 한 게다]를 신었지요. 어

렸을 때는 그런 이벤트가 너무도 즐거웠어요." 한편 연말에는 떡집 사람을 불러 떡을 만들었다. "정원 입구나 현관 입구의 조금 넓은 데서 나무찜통에 밥을 찐 뒤에 절구에 휙 넣고서는 세 명 정도의 사람이 떡을 찧었어요. 떡이 완성되어 크고 흰 떡을 현관 입구에 꺼내 놓으면, 우리도 그곳에 줄을 섰고 어머니가 그 앞에서 팥고물로 속을 만들어 두곤 했어요. 콩을 넣을 경우에는 콩을 준비해 놓든가 파래 같은 것도 준비해 놓았지요. 쭈욱 찧어진 떡을 함께 주무르며 떡을 만들어 모로부타[평평한 나무 상자]에 넣어 쌓아 둡니다. 지금과 달리 날씨가 몹시 추웠기에 썩지는 않았어요." 평관리인 아버지가 지은 집은 아버지의 고향 오키 섬 사람들에게는 "대궐 같은 집"이라고 불렸다. 내부에는 객간客間, 응접실, 거실, 온돌방, 타일을 붙인 욕탕, 식모가 쓰는 방 등이 있었다.

일부이기는 하지만, 식민지 조선에서 겪은 삶에 대한 인포먼트들의 기억은 풍요로움이 뒷받침되는 '행복한 생활'로 가득했다. 그 이유는 분명하다. 식민지 관리에게는 수당이 있어서[5] 내지에 비해 수입이 월등히 좋았기 때문이다. 자영업의 경우에도 저렴한 임금으로 조선인을 고용할 수 있었다. 이런 것들이 풍족함을 뒷받침했다.

20세대[자매도 있기 때문에 세대로 계산함]의 인포먼트 가운데 15세대가 한 사람 이상의 고용인을 두고 있었다. 고용인의 대장 격으로 내지에서 불러온 일본인을 둔 가구도 있었다. Q 씨는 다음과 같이 이야기한다. "부자들은 식모를 일본에서 데려와요. 우리 같은 중류층이나 그 이하의 경우 조선 사람을 부렸어요. 오모니, 오모니 하고 불렀지요. 월급이 싸서 8엔 정도였던 것으로 알고 있어요." "그러니까 급료가 쌌거든요. 일본인 식모의 경우는 12엔 정도였어요."

고용인을 고유명사로 부르는 경우는 거의 없었고, 기혼 여성은 오모니, 미혼 여성은 기지배<sup>*</sup>라 불렀다.[6] 그중에 '하나짱'ㅣ씨, '하나양'ㅇ씨처럼 일본식 호칭으로 부른 집도 있었다. 이는 주인이 조선인 고용인을 하나의 인격체로 인정하지 않았다는 것을 의미한다. 이에 대해서는 제4장에서 살펴볼 것이다.

"식민지는 천국이었다"[7]라는 말이 있는데, 인포먼트들의 삶이야말로 그러했다고 말할 수 있을 것이다. 이들은 식민지에서 구조적 강자로서 풍요로운 삶을 누리고 있었다.

---

* 식민지 시기 일본인들이 미혼의 여성 고용인을 부르던 말. '계집애'에서 비롯된 말.

# 제2장

# 식민지 여학교

## 경성제일공립고등여학교의 연혁[1]

## 1. 식민지 여성의 지도자 육성

경성제일공립고등여학교의 전사前史를 먼저 언급해두고자 한다. 1897년 무렵 재한일본공사였던 가토 마스오加藤增雄의 부인인 에이코栄子의 주창으로 조직된 경성부인회는 1906년에 부속고등여학교를 설립하는데, 이는 사적 교육기관으로서 활동하고 있었다.

1908년 3월에 경성거류민회의 결의를 거쳐 고등여학교의 설립이 결정되고, 곧바로 교사의 건설에 착수하여 4월 20일에 준공되었다. 4월 25일에 입학시험을 실시하여 84명이 합격하고, 1학년부터 4학년까지 총 4학급으로 편성하여 다음 날 26일부터 수업을 시작했다.* 끊임없이 증가하는 일본인 거류민 사이에서 높아지는 자녀교육의 요구에 대한 대응이라고 할 수 있다. 5월 23일에 개교식

---

* 전 학년이 갖추어진 상태에서 곧바로 수업을 시작할 수 있었던 것은 이미 히노데(日の出) 소학교 근처에서 운영되던 여학생을 위한 사설기관(塾)이 그대로 옮겨왔기 때문이다.

을 거행했는데, 〈개교식 노래〉는 다음과 같다.

〈개교식 노래〉

나리타 다다요시成田忠良 작사

1. 한韓의 거친 들판에 심어 물들인 패랭이꽃 풀들이 가는 앞날이

아아, 영원하기를 기도하노라, 오늘 모인 자리의 즐거움이여

2. 초목이 무성하여 짙은 남산의 푸르른 소나무를 올려보면서

변하지 않는 색이 영원하기를, 뿌리 흔들림 없는 주춧돌이여

3. 유유히 흘러가는 맑은 한강의 여울을 멀찌가니 바라보면서

마르지 않는 물이 팔천 대까지, 빛나며 번성하길 가르침이여

4. 아아, 오늘부터는 봄가을 날의 단풍으로 장식한 예쁜 옷처럼

마음을 비단으로 장식하면서 나라國의 번성함을 축복하노라.

개교식에는 초대 통감인 이토 히로부미伊藤博文가 참석했다. 통감
이 참석했다는 것은 이 여학교에 다니는 여학생에게 기대하는 바가
있었기 때문이다. 이토가 무슨 말을 했는지는 남아있지 않지만, 다
음 해『부녀신문婦女新聞』에는 다음과 같은 기사가 게재되었다.

남대문 주변, 흰옷에 검은 모자를 쓴 한인 사이를 활기차게 오가는 경
성고녀 생도, 자감색 하카마袴*에 물색, 홍색 우산. 내 욕심인지 모르겠

---

* 일본에서 하의로 착용하는 옷의 일종이다.

지만 이들이 미래 경성부인계의 꽃이 될 현모양처*의 후보자구나 생각하니, 늠름하기도 하고 또한 기특하기도 하다.8월 30일 밤, 재경성특설통신원[2]

경성고녀생은 "미래 경성부인계의 꽃"이자 "현모양처의 후보자"로서 기대를 받았다. "거류민이 증가함에 따라 지망자가 격증"[3]하게 되자 1910년에는 정원을 500명으로 늘리고 신축 교사로 이전했다. 신문은 이때의 상황을 다음과 같이 보도하고 있다.

경성에만 500명의 여학생을 보유한 활기 넘치는 일본인 거류민단, 진정으로 의기충천한 모습, 마땅히 살펴주시기 바랍니다. 재외동포가 어떻게 가족적 발전을 이루어 가는지도 이로써 판단해 주실 것을 청함과 동시에, 앞으로도 모쪼록 더욱 성원해 주실 것을 바랍니다.[4]

여학생의 증가는 "재외 동포의" "가족적 발전"으로서 환영받았다. 교장인 미우라 나오시三浦直는 제2회 졸업생을 19명 배출하면서 "새로운 천지에서는 새로운 부인의 활동을 기대"한다고 말했다.[5] 또한 경성고녀에 대한 교장의 교육방침은 『부녀신문』에 게재된 기사를 통해서도 확인할 수 있다.

---

* 현재 현모양처에 대응하는 일본어는 양처현모이다. 본문의 '현모양처'는 원문을 그대로 번역한 것으로 현모양처와 양처현모가 혼재된 과도기적 성격을 보여주고 있다. 이하 인용문에서는 원문대로 번역했다.

동교同校가 개별훈련으로써 생도 개개인의 가정 상황에 맞추고 성적을 고려하여 특별한 교육을 실시할 때도, 교장이 솔선해서 훈련의 임무를 맡아 과거를 돌아보고 현재를 거울삼아 장래를 지도하는 것은 아주 가치 있는 방법이라고 생각합니다. 종주국의 자녀가 해외 수백 리 천지에서 모국의 국민교육을 받고 제국의 영기靈氣를 접할 뿐 아니라, 게다가 교장이 솔선해서 특별훈련의 임무를 맡아 나아갈 바를 보여주니, 진실로 기뻐할 만한 이야기입니다.[6]

이처럼 경성고녀생은 "종주국" 일본의 해외 발전을 담당하는 존재로서 주목받아 그 역할이 기대되었다.

인포먼트 중에는 모친이나, 백모, 숙모가 경성고등여학교가 창립될 무렵에 입학했다는 사람도 있다. Q 씨, R 씨이다. T 씨의 어머니는 3회 졸업생이었다. 딸들은 여학교 선배인 모친의 슬하에서 자라, 경성고등여학교를 지향하고 있었던 셈이다.

〈표3〉 경성제일공립고등여학교 연혁

| 연도 | 사항 | 비고 | 세계·일본의 정세 |
|---|---|---|---|
| 1908 | 3월 고등여학교 설립에 관한 경성거류민회 의결, 남대문 서쪽 성벽 안쪽 지역에 교사 건설에 착수, 4월 20일 준공. 4월 1일 미우라 나오시 학교장으로 취임. 4월 25일 입학시험 실시하여 84명 입학. 1학년에서 4학년을 4학급으로 편성, 26일 수업 시작. 5월 23일 개교식, 이토 히로부미 참석. | 9월 5일, 「재외지정학교 직원퇴은료 및 유족부조료법」 제1조*에 의해 지정. | |

* 조선이나 타이완 등 '외지'의 일본인 학교에 재직하고 있는 교원에게 일본 공립학교 교원에 준하는 처우를 한다는 법령으로 1905년부터 시행되었다.

| 연도 | 사항 | 비고 | 세계·일본의 정세 |
|---|---|---|---|
| 1910 | 2월 18일 생도정원을 500명으로 변경.<br>12월 1일 남산정 2정목의 신축교사로 이전. | | 8월 22일<br>한국병합 |
| 1911 | 6월 2일, 보습과 설치의 건 인가. | 5월 25일, 메이지(明治) 천황의 진영(眞影) 하사 받음. | |
| 1912 | 4월 1일,「조선공립고등여학교규칙」에 의해 경성공립고등여학교로 개칭. | 5월 20일, 조선총독으로부터 교육에 관한 칙어의 등본을 받음. | |
| 1913 | 학칙을 생도정원 600명으로 변경.<br>9월19일, 학교장 미우라 나오시 퇴임, 교유인 나리타 다다요시(成田忠良)가 학교장 업무 대행. | | |
| 1914 | 3월 12일, 교유인 나리타 다다요시, 학교장에 취임.<br>3월 학과과정표를 변경하여 보습과를 1부와 2부로 나눔. | | 제1차 세계대전<br>(~1918) |
| 1915 | | 10월 18일, 다이쇼(大正) 천황의 진영 하사받음. | |
| 1916 | 2월, 생도정원을 700명으로 변경.<br>4월, 2학년 1개 학급 증가, 보습과의 정원은 감소시킴. | | |
| 1918 | 11월 17일, 학교장 나리타 다다요시 사망하여 18일, 교유 쓰보우치 다카시(坪内孝)가 학교장 업무 대행. | | |
| 1919 | 3월 25일, 하시모토 지타카(橋本千鷹) 교장에 취임. | | 3·1운동 |
| 1920 | 2월, 생도정원을 900명으로 변경. | | 니항(尼港)사건 |
| 1921 | 2월, 생도정원을 1,050명으로 변경.<br>2월 23일, 학교장 하시모토 지타카가 전근. 교유인 쓰보우치 다카시 학교장에 취임. | | |
| 1922 | 2월, 생도정원을 1,300명으로 변경.<br>4월 1일, 신축교사 정동1번지 8로 이전, 대화정 분교장을 남산정 2정목의 구(舊)교사로 이전.<br>4월, 보습과 40명 모집.<br>5월 13일, 경성제일고등여학교로 개칭. 남산분교장를 분리해서 경성제이고등학교 신설.<br>5월, 학칙을 변경하여 생도정원 본과 800명 보습과 40명으로 함.<br>10월 14일, 신축교사 낙성식 거행. | | |
| 1923 | 11월1일, 보습과 폐지하고, 수업연한을 5년으로, 생도정원을 850명으로 변경. | | 관동대지진<br>11월,「국민정신작흥에 관한 조서」발포. |
| 1925 | 3월 30일, 학교장 쓰보우치 다카시 퇴임, 오가타 도모스케(尾形友助) 학교장에 취임. | | |
| 1926 | 12월, 학칙 변경하여 하계휴업 단축하고 동계휴업 연장. | | |

| 연도 | 사항 | 비고 | 세계·일본의 정세 |
|---|---|---|---|
| 1927 | 2월 28일, 학칙을 변경해서 1927년도 입학생부터는 수업연한 4년 과정만을 두기로 함. 생도정원 1,000명, 20개 학급으로 변경. | 교복제정,<br>4월 입학생부터 착용. | |
| 1928 | 5월 23일, 개교 20주년 기념식 거행. | 9월 27일, 메이지 천황과 황태후, 다이쇼 천황과 황태후의 진영 봉환.<br>10월 11일 쇼와 천황, 황후 진영을 받음. | |
| 1929 | 10월 8일, 특별교실 증축. | 11월 28일, 진영봉안소 신축. | |
| 1930 | 2월, 수업연한 5년으로 변경.<br>11월 1일, 학교장 오가타 도모스케 전근, 모리타 야스지로(森田安次郎) 학교장에 취임. | 12월 18일, 진영 봉환하고 20일 새로운 진영 봉재(奉載). | |
| 1931 | 9월, 운동장 600평 확장. | 7월『백양회지』제27호 발행 | 만주사변 |
| 1933 | 5월 23일, 개교 25주년 기념식 및 전람회 거행. | | |
| 1934 | 4월, 교정 남쪽에 스탠드 건설.<br>7월, 일부 증축 중인 교사 준공. | | |
| 1936 | 3월 31일, 교장 모리타 야스지로 전근, 노노무라 슈에이(野〃村修贏) 학교장에 취임. | | |
| 1937 | 3월 27일, 학과과정 일부 변경의 건 허가받음.<br>3월 31일, 학교장 노노무라 슈에이 전근, 쓰지 도초(辻董重) 학교장에 취임. | '중간체조' 시작.<br>12월 23일, 애국자녀단 발족. | 중일전쟁 |
| 1938 | 4월, 조선교육령 개정에 의한 학칙 변경.<br>5월 22, 23일, 개교 30주년 기념식 거행.<br>11월 26일, 방공연습시찰 위해 미나미 지로(南次郎) 총독 내교. | | |
| 1939 | 11월 10일, 기원 2600년 봉축식 거행. | 조선 여학생과 차 모임.<br>9월 9일, 청소년 학도를 위한 칙어등본 받음. | |
| 1940 | | 8월, 도보통학 '걷기운동' 개시. | |
| 1941 | 4월, 학교 부지 500평 확장.<br>7월, 수영장 건설. | 6월 10일, 4학년생 200명 모내기 봉사.(『경성일보』, 6월 11일)<br>9월부터 '걷기운동' 범위 2킬로 이내로 완화. | 태평양전쟁 |

| 연도 | 사항 | 비고 | 세계·일본의 정세 |
|---|---|---|---|
| 1942 | 3월 31일, 쓰지 도초 학교장 퇴임, 가지하라 우메지로(梶原梅次郞) 학교장에 취임. | '진혼' 이 해 입학생부터 교복이 없어지고, 통일된 여학생복(플레어 스커트) 착용. 하얀 선을 가슴에 붙임. 이 해 중반부터 스커트 금지. 오버올의 몸뻬 바지, 어깨까지 늘어진 방공두건 착용. 흰옷 금지, 내지로의 수학여행 금지, 부어로 근로동원. | |
| 1943 | 3월 27일, 「고등여학교규정」이 개정.(4년 수료로 진학 가능하게 됨) 영어는 선택과목이 되어 사실상 폐지. | 몸뻬 바지 착용. 5학년부터 학도근로동원으로 배속, 수업 없음. 단, 진학반 1개 반 편성. 이 해에만 해당. | |
| 1944 | 4월 7일, 학교장 가지하라 우메지로 전근. 이시카와 요리히코(石川賴彦) 학교장에 취임. 2학기부터 교내외에서 생도 근로동원작업 개시. | '운모(雲母)깎기' 세대 | |
| 1945 | 3월 20일, 제37회 졸업식 거행, 5학년 수료자 198명과 함께 수업연한의 임시단축으로 4학년 수료자 229명 졸업. 4월 이후에도 주로 근로동원사업에 종사, 정규 수업은 상급생이 1주 수 시간, 하급생이 1일 2시간 정도 진행. 8월 15일, 정오 옥음방송 들음. 8월 17일부터 당국의 지시에 따라 수업 및 동원작업 정지. 생도는 등교하지 않고 직원만 출근하여 업무. 학교로서의 교육활동 사실상 종료. 9월 2일, 1945년 7월 15일 현재 본교 4학년 재학생 229명, 1945년 9월 2일부로 졸업. 이를 38회 졸업생으로 함. 9월 11일, 본교 사무소를 경성제이공립고등여학교 1개 교실로 이전. 교사는 미군이 접수. 9월 18일, 본교 사무소를 학교장 관사로 이전, 재학생의 학적부와 집무용 중요서류, 용구만 반출. 10월 5일, 이시카와 학교장이 경성부 학무과장에게 일체의 사무인계. 교지, 교사, 비품, 교구, 학적부 등을 경성부에 인도, 본교의 역사 막을 내림. | | 8·15 옥음방송 |
| 1946 | 5월 31일, 1946년 칙령 제287호에 의해 학교장 외 직원일동 퇴관. | | |

출전「모교의 연혁」(백양회『백양회 회원명부 창립100주년기념』, 2008, 4~6면), 설문조사와 인터뷰로부터 작성.

1910년 8월 22일, 한국병합에 관한 조약이 체결되고 8월 29일 시행되었다. 이로써 조선은 명실공히 일본의 식민지가 되었다. 10월 2일에 열린 경성고등여학교와 남대문소학교의 연합운동회에는 조선 총독의 부인인 데라우치 다키코寺內多喜子와 그의 딸, 그리고 고다마 겐타로児玉源太郎 백작 부부가 참관했다. 총독 부인인 다키코는 50엔을 기부했다. 이때의 모습에 대해서는 "부인이 공公으로 사私로 경성 천지에 힘을 뻗치고 있는 이때, 아주 크게 유쾌하여 이를 지켜보고 동시에 그 성공을 기원한다"[7]고 보도되었다. 여성의 진출에 기대가 모아지고 있었다.

경성고등여학교는 1911년에 메이지 천황의 진영을 하사받았다. 또한 보습과 설치 허가를 얻어 총독부로부터 5,000엔을 받았다.[8] 1912년 4월 1일에는 「조선공립고등여학교규칙」에 의거하여 학교 이름을 경성공립고등여학교로 바꾸고, 같은 해 5월 20일에 조선총독으로부터 교육에 관한 칙어의 등본을 받았다. 「조선공립고등여학교규칙」을 보면 다음과 같다.

제1조 고등여학교는 내지인 여자에게 필요한 고등보통교육을 실시하는 것을 목적으로 한다.

제2조 고등여학교는 거류민단 또는 학교조합 내에 설치하도록 한다.

(…중략…)

제7조 고등여학교에서는 생도 교육상 특히 다음 사항에 유의할 필요가 있다.

남산 교사 시절의 기념사진(1915년 혹은 1916년 봄이라고 생각된다. 『백양』 58호, 2007.10)

1. 정숙의 덕을 기르고 동정同情이 풍부하고 근검을 중시하는 미풍을 키우며, 특히 언어동작이 온아해지는 것에 주의한다.

2. 헛되이 다식多識을 추구하여 고상으로 치우쳐서 실용을 멀리하고 가업을 기피하는 폐해에 빠지지 않도록 주의하고, 특히 주부로서 필요한 사항은 적절하게 가르친다.

3. 체육은 덕육, 지육과 더불어 우열이 없도록 하며 항상 이를 장려하도록 힘쓴다.

위에서 인용한 "정숙의 덕", "근검을 중시하는 미풍", "언어 동작의 온아"라는 표현에는 내지에서 실시했던 고등여학교의 교육과 공통되는 요소가 담겨 있어, 내지 교육의 연장이라는 색채를 확인할 수 있다.

여학교에 다니는 여학생의 "부형父兄"에 대해서 교장 미우라 나오시는 "식민적인 인종이라거나 이주한 국민이라는 이름을 붙여야 할 것"이라고 지적하면서, 그들의 자녀에 대해서는 이른바 식민지적 기질이 있다고 하여 다음과 같이 언급하고 있다.

그러한 사람의 가정에서 자란 자녀는 기질에 있어서도 성격에 있어서도 자연스럽게 부형의 감화를 받기 때문에 쾌활하다든지, 담백하다든지, 작은 일에 개의치 않는다는 등 이러한 일종의 흥미로운 공통적인 기풍이 있다.

교훈은 교육칙어와 무신조서戊申詔書를 핵심으로 하는 "청결, 정돈, 운동, 우애, 공검, 순종" 등의 덕목을 들고 있다. 그뿐만 아니라, "내지 여학교에서는 사용하지 않는 특별한 가르침이 있다"고 하면서, "그대들에게는 신부新附의 동포를 지도해야 할 큰 책임이 있다"라고 진술했다.[9] 즉, 여학생들에게 피식민자를 지도하는 역할이 기대되었던 것이다. 1918년 교장으로 재임한 나리타 다다요시는 경성고등여학교 창립 10주년을 기념해서 동창회지에 졸업생에 대한 기대를 다음과 같이 언급하고 있다.

본 회원도 이미 7백여 명에 달했다. 그중 내지로 귀환한 사람은 140명이고, 경성과 그 외의 조선에 거주하는 사람은 5백여 명이다. 또한 타이완과 지나 그 외에 거주하는 사람이 약 60명이다. 대체로 일본국 안에 흩어져 있다고 해도 좋을 것이다. 따라서 현재는 아직 사회에서 인정받을 정도의 세력은 아니지만, 앞으로 회원이 점차 증가함에 따라 조선에서 부인계의 중견이 되어 내지는 물론이고 지나, 타이완 각 신영토에 걸친 광범한 지역에서 활동할 기운은 결코 멀지 않았다. (…중략…) 경성 아니, 조선 개발의 일면은 부인의 힘에 의지해야만 한다. 여러분들이 이러한 대임을 완수해야 할 시대가 왔다.[10]

이처럼 당시의 교장은 졸업생들이 각 영토나 지역에서 "부인계의 중견"이 되어 식민지 개발이라는 "대임"을 완수하도록 기대했다.

1930년부터 1936년에 걸쳐서 교장을 역임한 모리타 야스지로도 졸업한 동창생에게 "제일선에 선 부인"으로서 "국가에 봉사"할 것을 촉구했다.[11] 즉, 식민지 조선 개발에 있어서 부인층이 중핵을 담당하도록 기대했던 것이다.

경성공립고등여학교의 입학생은 계속해서 증가해서, 정원은 1913년에 600명, 1916년에 700명, 1920년에 900명, 1921년에 1,050명, 1922년에 1,300명으로 늘어갔다.

## 2. 여학교 교육에 대한 비판적인 시선

당시 여학교가 이처럼 주목을 받았기 때문에, 뭔가 문제가 발생하면 잡지 등에서 비판받는 경우도 있었다. 1915년에는 생도와 활

교사 전경(『백양회지』36호, 1941.12)

동사진 변사의 추문이 보도되어 풍기, 품행을 중시하도록 비판받았다.[12] 1922년에도 쓰보우치 다카시 교장에 대한 불신과 함께, 생도와 교육 그리고 학교의 운영에 대한 비판적인 기사가 게재되었다.

이 학교 생도는 대체로 화려한 풍습이 있다. 그리고 건방지다. 이 점에 대해서는 적어도 선생들 자신도 상당히 중대한 책임이 있다는 것을 자각했으면 한다. 이번에 개최된 음악회는 순전히 돈벌이 목적으로 시행된 것이라고 볼 수 있다. 도서관이 창설될 때도 승산 없는 일을 약장사처럼 서두르니까 나중에 이런저런 고통을 맛보았다. 또 강제로 기부금을 탄원, 모집하는 등의 추태까지 보였다. 이번 사건 등, 본지에 게재된 것은 단순히 표면적인 사실에 불과하다. 그 이면에는 어떠한 사건이 잠재하고 있는지 가늠하기도 어렵다.[13]

건방진 여학생론, 타락한 여학생론은 내지에 여학교가 생겨날 때도 다수 확인된다.[14] 여성이 지식을 익혀서 자립했다는 사고를 갖는 것에 대한 두려움이 추문을 빙자하여 비난으로 표출됐다고 할 수 있다. 위의 인용에서 언급한 도서관 창설은 동창회인 백양회가 재학생들이 보다 높은 수준의 지식을 갖기를 바라는 마음에서 제안하여 실현된 것이었다. 아마도 자금의 일부를 모으기 위해서 1922년 11월 26일 개최된 '백양회도서관 개관기념 음악연주회'[15]에 대한 비판을 말하는 것이다.

쓰보우치 교장의 교육에 대한 포부는 "메이지 시대의 양처현모가 아니라 소위 신시대의 양처현모를 만들어"내는 것이었다. 그리고 그 내용은 "여자의 생명은 제봉도 아니고, 요리도 아니다. 여자만이 할 수 있는 육아가 여자의 생명이고, 이를 위해서는 앞으로 어머니로서의 두뇌를 갖는 것이 긴요"하다는 것이었다.[16] 이를 위해서는 수업연한을 4년으로 끝내는 것이 아니라 5년이 필요하고, 도서관 창설도 그 일환이었다.

쓰보우치의 의도는 당시 내지에서 검토되었던 여학교의 수업연한의 문제와 관련되었다고 생각되는데,[17] 여학교 교육의 쇄신을 도모하고자 한 것으로 보인다. "어머니로서의 두뇌" 형성이라고 하여 여자의 역할을 어머니로 한정하고 있기는 하지만, 여자에게 보다 높은 지식을 부여하고자 했던 것이다.

그 이후에도 추문 보도는 있었지만, 1925년 3월에 쓰보우치가 교장직에서 퇴임함으로써 이러한 추문은 매듭지어졌다.[18]

이야기가 앞으로 돌아가지만, 생도 수가 증가하면서 학교가 분리되어 1922년 5월 13일 경성고등여학교는 경성제일공립고등여학교와 경성제이공립고등여학교로 각각 새로운 출발을 하게 되었다. 경성제일공립고등여학교는 정동 1번지 8의 신축 교사로 이전하고, 학칙을 변경하여 생도 정원 800명, 보습과 정원 40명이 되었다. 다음 해인 1923년에는 보습과가 폐지되고 수업연한이 5년으로 변경되었으며 정원은 850명으로 증원되었다. 5년제 고등여학교는 내지의 경우 1920년 당시 관립, 공립, 사립 모두 합하여 33개였는데, 이는 전체 고등여학교의 7퍼센트에 불과한 수치였다.[19] 이러한 점에서 식민지 조선에서 수준 높은 교육을 지향하고 있었음을 알 수 있다.

1922년에는 조선총독부령 제10호의 「고등여학교규정」이 제정되었다.⁴월1일 실행

> 제1조 고등여학교는 여자에게 필요한 고등보통교육을 실시하는 것을 목적으로 한다. 특히 국민도덕의 양성에 힘쓰고 부덕婦德의 함양에 유의하도록 한다.

이는 1920년에 개정된 내지의 「고등여학교령」에서 가져온 것이었다. 경성제일고등여학교이하 제일고녀는 1927년에 정원이 1,000명이 되었다.

제3장

# 소녀들에게 있어
# 경성제일공립고등여학교

## 1. 제일고녀 합격을 위한 관문

인포먼트들은 어떠한 마음으로 제일고녀를 목표로 했을까. 응답자의 대부분은 자신의 의사에 따라 제일고녀에 진학했다. 진학하는 것을 당연하게 생각했다고 인포먼트 전원은 대답했다. 내지와 비교해서 이 점에 식민지의 특수성이 있다. 소학교에서 상급학교로 진학하지 않는 사람이 거의 없을 정도로 생활환경이 압도적으로 윤택했다. 앞서 언급한 것처럼, 한 집안 여성 모두가 제일고녀 출신인 경우도 있었다.Q, R씨 혹은 자매가 함께 제일고녀를 나온 사람B, C, H, T, V씨도 있었다. 하지만 합격은 간단하지 않아서 22명 대부분이 진학을 위해 소학교에서 보충수업을 받았다. 이른 아침에는 한자 받아쓰기, 방과 후에는 국어, 산수를 보충했고, 개중에는 테스트 성적에 따라 매일 자리를 바꾸는 규칙도 있었다.I씨 Q 씨는 저녁 6시 전에 집에 돌아간 적이 없었다. 또한 연말연시에 가족 모두가 여행을 갈 때도 자신은 집에 남아 공부했다. 이러한 환경에서 인포먼트는 필사적으로 공부에 전념했다. 소학교 교사도 제일고녀에 몇 명을 합격시키는지가 자신의 근무평가와 직결되기 때문에 열과 성의를 다해서 지도했다. 인포먼트는 1927년부터 1942년 사이에 제일고녀에 입학한 사람으로 구성되어 있는데, 1920년대부터 30년대의 경성은 수험전쟁지대였다.[1]

1931년에 남산소학교에서 입학한 여성은 다음과 같은 기록을 남기고 있다.

> 5학년 후반이 되자 진학 준비가 시작됐습니다. 당시 내지인이 진학할 수 있는 여자학교는 제일고녀, 제이고녀, 용곡고녀, 여자실업학교 이렇게 4개 학교뿐이어서, 지망하는 학교에 들어가기 위해서는 나름의 경쟁이 있었습니다. (…중략…) 촌음을 아껴서 저녁때까지 지도를 받았습니다.[2]

개성에서 지원한 P 씨와 대구에서 지원한 S 씨는 보충학습을 받았던 경험이 없지만, 경성의 소학교에서는 보충수업을 받는 게 당연했다.

시험은 이틀에 걸쳐서 진행되었다. 첫째 날에는 학과시험, 둘째 날에는 신체검사와 구두시험이었다. 구두로 진행된 시험에서 V 씨는 앞에 놓인 중국 지도에 일본군이 점령한 곳을 찾아 깃발을 꽂으라는 질문을 받았다고 한다.

35회 졸업생의 경우 라디오에서 합격자의 수험번호와 이름을

인포먼트 O 씨가 작성한 경성제일공립고등여학교 교복을 입은 종이인형.
스커트에 장식된 하얀 선이 인상적이다.(O 씨 제공)

불러줬다고 한다. K 씨는 라디오에서 자신의 이름이 불렸을 때 "엄마가 (기뻐서) 와락 울음을 터뜨렸다"라고 기록하고 있다.[3] K 씨는 동경의 눈으로 제일고녀생을 보고 있었다.

소학교 때 매일 아침 덕수궁 담장 주변에서 제일고녀 생도와 마주치곤 했어요. 흰 선이 한 줄 들어간 교복 스커트를 입고 쾌활하게 걸어오는 것을 보면서 여학생이 되면 저 교복을 입고 싶다고 남몰래 동경하고 있었지요.[4]

제일고녀는 조선 제일의 엘리트 여학교였다. 1927년 4월에 제정된 교복은 주름 점퍼스커트에 흰 블라우스, 그리고 단추 두 개에 칼라가 달린 재킷이었다. 스커트 끝에 파도 모양의 흰 세로 선이 그려진 독특한 디자인은 소녀들에게 동경의 대상이었다. 학업에 자신이 있고 향학열에 불타는 소녀들이 조선 각지에서 모여 들었던 것이다.

## 2. 학교생활

이렇게 해서 인포먼트는 제일고녀에 입학했다. 한 학년에 4개 반이 있어서 각각 송, 죽, 매, 국이라는 반명이 붙었다. 매일 아침 수업을 시작하기 전에는 조례를 거행했다. 그 모습을 S 씨는 다음과 같이 언급하고 있다.

학교의 하루는 조례로 시작한다. 아무리 추운 날에도 예외는 없다. 체조 교사인 혼고本鄉 선생님의 높은 코 아래의 커다란 입에서 나오는 호령은 부드럽지만, 실로 잘 들렸다. 여학교에 딱 맞았다. 반마다 정렬하고 주번이 선생님께 출석부를 가져온다. 지각한 사람은 책가방을 교문 옆이나 신발장 위에 내버려두고 뛰어들어와야만 했다. 쓰지 교장 선생님의 말씀이 있고, 그러고 나서 체조를 하고 끝났다.[5]

또한 조례에서는 노래를 불렀다. 〈금강석·물은 그릇〉과 〈교가〉

이다. 〈금강석·물은 그릇〉은 아키노리昭憲 황태후가 1887년 화족 여학교이후 여자 학습원에 하사한 것이었다. 여기에 궁내성宮內省의 악 사인 오쿠 요시이사奧好義가 곡을 붙여 같은 해 5월에 발표했다. 그 후 1896년에 편찬된 『신편 교육 창가집』제4집에 수록될 때 5학년용 「심상소학창가」의 권두에 게재되면서 일반에게 불리게 되었다. 가사는 다음과 같다.

〈금강석·물은 그릇〉


금강석도 열심히 갈지 않으면 보석의 빛나는 빛 발할 수 없네.
사람도 배워야지 나중에 가서 진정으로 참된 덕 드러나구나.
시계바늘이 끊임이 없이 돌아가는 것처럼 틈나는 대로
가는 세월 아껴서 정진한다면 어떻게 성공하지 아니하겠나.


물은 담겨져 있는 그릇에 따라 여러 모양으로다 바뀌게 되네.
사람은 어울리는 친구에 따라 좋게도 나쁘게도 바뀌게 되네.
나보다 더 훌륭한 좋은 친구를 애써 찾아다녀서 함께 하면서
산란해진 마음을 채찍질하여 배움의 길을 향해 정진합시다.


〈교가〉는 다음과 같다.

〈교가〉

쓰보우치 다카시 작사

오바 유노스케 작곡

1. 남산 위 소나무가 드리운 그늘 비추며 흘러가는 한강이어라

   맑고도 정직함을 본을 받아서 매일매일 아침에 모여듭니다.

2. 달마다 날마다 발전해가는 천황 치세의 번영 우러러보며

   옳고 바른 길에서 어긋남 없이 다듬어야지 나의 배움과 덕을

3. 아아, 진정한 소녀라는 이름에 어울리도록 애써 힘을 쓴다면

   천황 다스리는 나라 영광의 빛이 그 빛을 영원토록 더할 것일세.

위의 두 곡은 전후 동창회 모임이 있을 때마다 반드시 불렸다. 동창생들의 기억에 강하게 새겨져 있는 것이다.

입학한 생도에게는 『생도수첩』이 배포되었다. 1921년 입학한 생도의 수첩 내용을 살펴보자. 목차는 학훈 10조, 출결일람, 생도의 마음가짐, 학업성적표, 직원이름, 신체검사표, 연중행사, 연중시간표로 구성되어 있다. 「학훈 10조」는 다음과 같다.

「학훈 10조」

1. 학습 태도는 적극적으로 하라. 진지하게 공부하라. 모르는 것은 알 때까지 질문하라. 자학자습은 진지眞知에 도달하는 지름길이

다. 일에 쫓기지 마라. 그날그날 예습하고 복습하라.

2. 시간을 활용하라. 꾸물거려서 기회를 놓치지 마라. 지각하지 마라. 늦잠이나 밤샘은 게으름의 근원이다. 잘 배우고 잘 놀라. 망념에 미혹되어 아깝게 시간을 낭비하지 마라. 분초의 시간에도 의외로 일을 할 수 있다.

3. 정리정돈을 잘하라. 하카마를 개고, 보자기의 주름을 피라. 신발을 가지런히 놓으라. 바늘을 세라. 소지품에 이름을 쓰라. 이름이 없으면 타인에게 큰 폐를 끼칠 수 있다. 몇 학년, 몇 반, 아무개라고 한눈에 봐서 알 수 있게 분명하게 써 두라. 좌측통행에 힘쓰라.

4. 몸을 소중히 하라. 아름다운 체격을 만들고 장시간의 일에도 견딜 수 있는 체력을 키우라. 교실에서도 길거리에서도 자세를 바르게 하라. 건강은 행복의 어머니, 가능한 일광을 즐겨라. 항상 마음을 쾌활하게 하고 운동에 힘쓰라.

5. 가사에 힘쓰라. 가정사는 여자의 임무이다. 학과와 마찬가지로 중요다고 마음에 새기고, 청소, 세탁, 요리로 부지런히 일하라.

6. 검소검약을 존중하라. 의복, 소지품에서 학용품에 이르기까지 소중하게 다루라. 사치는 개인의 적賊, 부화浮華는 나라의 원수. 갱지, 실오라기라도 쓸모 있게 사용하라. 하늘로부터 받은 것은 하나라도 우리가 함부로 해서는 안 된다.

7. 타인에게 물건을 빌리지 마라. 타인의 물건을 사용하는 것은 친한 사이라도 피하라. 늦게 돌려주어 의리가 상하는 경우가 있다. 불편하더라도 자기 물건이 아니면 사용하지 않는다고 정하라.

8. 예는 정중하게 하라. 태도는 바르게 하고 말투는 상냥하고 분명하게 하라. 행동은 정숙하게 하라. 경애의 마음은 예의 근본이고 인격의 바탕이다.

9. 공명정대하라. 편지의 왕래, 밤에 홀로 걷기, 그 외 타인의 의심을 살만한 것은 물론, 등하굣길에 함부로 다른 곳에 들르지 마라. 타인의 소문을 함부로 내지 마라. 생각지 않게 타인의 명예를 손상시킬 수 있다.

10. 의무를 수행하기 위해서는 용기를 가지라. 당번에 임하여 행여 시시하다고 생각하지 마라. 타인을 위해서는 기꺼이 일하라. 공덕도 공동일치共同一致도 여기에서 생긴다. 화내지 마라. '원수도 사랑하라'는 마음을 느끼라.[6]


이어서 『생도수첩』에 게재된 생도의 마음가짐은 다음과 같다.


「복장」


1. 옷은 통소매 혹은 반소매, 검소함을 우선으로 하고, 지나치게 화려하거나 혹은 지나치게 촌스럽지 않게 할 것.

2. 하카마에 정해진 휘장(옆선에 다는 하얀 테이프)을 달아 등교할 때는 물론 그 외 외출할 때도 가능한 입을 것.

3. 머리는 3, 4학년은 속발*, 1, 2학년은 속발, 내린 머리 자유. 속발에는 속발 망을 쓰고 장식 핀은 사용하지 않을 것.

4. 목도리, 견장, 장갑 그 외 소지품은 모두 검소하고 견실한 것을 선택할 것.

5. 양산은 견을 사용하지 말 것.

6. 통학용 신발은 조리 선택 가능, 교내용으로는 규정된 헝겊신발을 실내외 공용으로 하든지 혹은 실내에서는 피혁 조리를 사용하고, 체조용으로는 지카타비** 혹은 실외화를 신을 것.


이상에서 보는 바와 같이 제일고녀생에게는 검소한 복장이 강조되었다. 엄격한 규정이기는 하지만, 이러한 가운데서도 생도들은 여학교 생활을 구가했다. 여학생들의 학교생활을 인포먼트가 재현한 수업이나 행사와의 관련 속에서 살펴보자.


### 1) 수업내용

어떤 수업이 진행되었는지 그녀들의 경험을 통하여 재현해 보자.

수신修身 시간에는 교육칙어 정신을 중심으로 숙녀로서의 지성과 품격 있는 현모양처가 될 것, 정조관념(순결은 목숨을 걸고 지켜야 한다)을 가질 것 등에 대한 설명을 들었다.A씨 "따분한 시간"M씨이었

---

\* 19세기 말 서양 머리스타일의 영향으로 일본에서 유행한 여자 머리스타일. 머리손질이 간단하여 널리 보급되었다.

\*\* 발바닥이 고무로 된 일본의 전통적인 버선으로 농사, 건설 등의 작업시 주로 착용한다.

다고 말하는 사람도 있고, 친구가 "천손강림天孫降臨이야기에 대한 의문"을 교사에게 질문했던 것을 기억하는 사람도 있었다.ˢ씨 중일 전쟁이 발발한 이후인 1938년에 입학한 35회 졸업생부터는 전쟁에 대한 협력, 필승의 신념ᴸ씨, 국가에 진력할 것ᵁ씨 등이 강조되었다. 다만 개인이 받아들이는 방법에는 차이가 있어서 10명은 내용을 거의 기억하고 못하고 있었다.

국어 시간에는 독서가 권장되었다.ᴷ씨 또한 상용한자표가 배포되어 여름방학과 겨울방학이 끝나면 50문제 100자의 일제 고사가 시행되었고, 만점자의 이름은 강당에 게시되었다.ᴬ씨 A 씨는 그때의 상용한자표를 지금까지도 보관하고 있었다. 습자 시간에는 교육칙어를 쓰게 했다. 한 글자 한 구절이라도 틀리면 다시 써야 해서 아주 힘들었다.ᴶ씨 1942년 입학한 U 씨는 작문 시간에 군인에게 위문편지를 썼다. 어떤 교사는 "세계의 공통어는 일본어가 될 거다"라고 말했다.ᴶ씨

역사 시간에는 천손강림 신화부터 설명이 시작되었다.ᵀ씨 천황 중심의 황국사관이었다. 프랑스 혁명으로 마리 앙투아네트가 참수되었다는 부분에 이르러서 "왕비를 단두대에 세우다니 이 무슨 일인가", "프랑스 혁명이라도 이런 일은 용서할 수 없다"라고 격노하는 교사가 있었다.ᵠ씨

지리 수업에서는 조선반도 지도를 중심으로 학습했다. 어떤 교사가 "세계 최고는 아메리카 합중국입니다"라고 했던 발언을 선명하게 기억하는 사람도 있었다.ᴮ씨 이 발언은 물론 태평양전쟁이 시

작되기 이전의 일이다. 교실에는 커다란 중국 지도가 걸려 있었고, 일본군이 점령한 지명에 히노마루 깃발을 세웠다고 한다.[I, J 씨] 동양사 선생님이 삼국지를 가르치는 데에 제갈공명이나 유비를 소설과 섞어가면서 설명하기도 했다.[S 씨]

외국어 시간에는 영어수업이 진행되었다. 외국 경험이 있는 교사가 발음의 기본을 가르치고, 한 학기에 한 번 정도 홍백으로 팀을 나누어 스펠링 시합을 했다.[A 씨] 영어는 1943년 이후 3학년부터 수의과목으로 분류되어 선택과목이 되면서 사실상 폐지되었다. 다만 상급학교를 지망하는 수험반에서는 영어수업이 보충학습으로 실시되었다. 또 영어 시간은 가끔 근로봉사로 대체되기도 했다. 1940년 이후 입학해서 영어를 충분히 배우지 못했던 것을 안타깝게 생각하는 사람도 있었다.[S 씨]

수학 시간에는 대수와 기하를 배웠다.

이학에서는 식물, 동물, 생리위생, 화학, 물리 수업이 실시되었다.[S 씨] 곤충채집을 하기도 했다. 전시하인 1942년에 입학한 학생은 "실험은 도구와 재료가 부족해서 불충분"[U 씨]했다고 증언하고 있다.

〈표 4〉 수업편성
1922년 고등여학교 규정

| 학과목 | 수신 | 국어 | 외국어 | 역사지리 | 수학 | 이과 | 도화 | 가사 | 재봉 | 음악 | 체조 | 계 |
|---|---|---|---|---|---|---|---|---|---|---|---|---|
| 1학년 | 2 | 6 | 3 | 3 | 2 | 2 | 1 | 0 | 4 | 2 | 3 | 28 |
| 2학년 | 2 | 6 | 3 | 3 | 2 | 2 | 1 | 0 | 4 | 2 | 3 | 28 |
| 3학년 | 2 | 6 | 3 | 2 | 3 | 3 | 1 | 0 | 4 | 1 | 3 | 28 |
| 4학년 | 1 | 5 | 3 | 2 | 3 | 3 | 1 | 2 | 4 | 1 | 3 | 28 |
| 5학년 | 1 | 5 | 3 | 2 | 3 | 3 | 0 | 4 | 4 | 0 | 3 | 28 |

**1938년 개정고등여학교 규정**

| 학과목 | 수신 | 공민과 | 교육 | 국어 | 조선어 | 역사지리 | 외국어 | 수학 | 이과 | 실업 | 도화 | 가사 | 재봉 | 음악 | 체조 | 계 |
|---|---|---|---|---|---|---|---|---|---|---|---|---|---|---|---|---|
| 1학년 | 2 |  |  | 6 | 2 | 3 | 3 | 2 | 2 | 1 | 1 | 1 | 4 | 2 | 3 | 32 |
| 2학년 | 2 |  |  | 6 | 2 | 3 | 3 | 2 | 2 | 1 | 1 | 1 | 4 | 2 | 3 | 32 |
| 3학년 | 2 |  |  | 6 | 1 | 2 | 3 | 3 | 3 | 1 | 1 | 2 | 4 | 1 | 3 | 32 |
| 4학년 | 1 | 1 | 1 | 5 | 1 | 2 | 2 | 3 | 3 | 1 | 1 | 3 | 4 | 1 | 3 | 32 |
| 5학년 | 1 | 1 | 1 | 5 | 1 | 2 | 2 | 2 | 3 | 1 | 1 | 4 | 4 | 1 | 3 | 32 |

『고등여학교자료집성』 제1권 법령편(大空社, 1990)

도화圖畵 시간에는 대상을 보고 그리는 묘사, 사생, 수채화 등의 수업을 했다. 매년 여름에는 조선미술전람회를 감상하러 갔다. "여름에 흰 모자를 쓴 제일고녀생도의 긴 줄이 눈에 떠오른다"라고 H 씨는 쓰고 있다.

가사 시간에는 응급처치 등 위생 간호의 지식T 씨, 가계부 쓰는 법S 씨, 지하실에 있는 세탁실에서의 세탁 실습H 씨, 자신의 속치마를 염색하는 실습C 씨 등이 진행되었다. 또한 요리수업에서는 밥 짓기, 일본식 나물 무침, 양과자 만들기 등을 배웠는데, 수업의 마무리로 부모님을 초대하여 직접 만든 코스요리를 대접했다A, D 씨 그야말로 주부에게 필요한 기술이나 기능을 배우는 과목이었다. 그러나 전시하인 1941년에 입학한 T 씨는 "재료가 없어서 요리를 만들 수 없었기 때문에 노트 필기만" 했지만, "비상시 단체 급식을 위한 취사"는 배웠다고 했다. 그리고 1942년에 입학한 U 씨는 이러한 실습은 "거의 없었다"라고 쓰고 있다.

재봉은 5년 동안 주 4시간 진행되었다. 국어 1~3학년은 주 6시간, 4~5학년은 주 5시간에 이어 가장 많은 시간이 할애된 과목이었다. 소품에서 재단에 이르기까지 장옷長着, 홑옷單衣, 하카마, 하오리羽織*를 완성하는 일본식 재봉A, R씨, 양재, 수예, 편물, 재봉틀 실습 등을 통하여 여러 종류의 작품을 만들었다. 서투른 사람은 어머니의 도움을 받기도 했는데, 이로 인해 담당 선생님에게 혼나기도 했다. 1937년 입학생이 5학년이 되는 1941년부터는 '재료 부족'을 겪었지만H, M, T씨 그러한 가운데서도 1938년 입학생부터는 몸뻬 바지를 봉제해서 직접 입기도 했다. 특히 모두의 기억에 남아 있는 것은 '바느질 시합'이다. 5학년이 되면 전원이 강당에 집합해서 미리 헤라**로 표시한 옷감과 재봉 상자를 가지고 "준비, 시작"의 신호에 맞춰 유카타浴衣***를 만들었다. 배운 대로 얼마나 빠르게 바느질해서 완성하는지를 두고 경쟁하는 것이다. 빠른 사람은 2시간 반 정도 걸려 유카타를 완성했다고 한다. 숙련되었는지 아닌지가 선명하게 드러나는 과목이었다.

예의 작법은 별관에 있던 작법실에서 진행되었다. 전차煎茶 실습

---

* 일본의 전통적인 겉옷을 말한다.
** 본 바느질 전에 옷감에 봉제선 등을 미리 표시하는 재봉 도구
*** 목욕 후나 여름철 일상복으로 입는 홑옷을 말한다.

A, G, J 씨, 다다미방에서의 행동거지, 즉 맹장지 여닫기, 다다미에서 걷는 법, 절하는 법, 인사법, 방석 권하는 법에 대해서 배웠다F, N, I, O, R 씨. 어법에 대해서도 배웠는데, 다른 사람 앞에서는 양친을 아버지, 어머니라고 말하고, 변소를 손 씻는 곳이라고 말하라H 씨는 등의 지도를 받았다.

체조 시간에는 여러 가지 종목을 다루었다. 예를 들어 댄스카드릴, 이집트 댄스, 기계체조평균대, 뜀틀, 육상경기, 구기테니스, 탁구, 배구, 농구, 피구, 수영, 장도薙刀를 했다.

수영 수업을 위해서 큰 수영장이 있는 인천까지 갔다. 1941년에 교내에 수영장을 만들었는데, 이는 방화 수조의 역할도 겸했다. 조선 내의 다른 고등여학교와 대항전도 했다. 더욱이 내지에서 개최된 '메이지신궁 국민체육대회'1942, 1943년은 '메이지신궁 국민연성대회'에는 선수가 출전했다. 다만, 구기는 1943년부터 모습을 감추었다고 한다.S 씨 스케이트는 한강이나 창경원 링크 등에서 열리는 겨울 풍물시로, 조선전국대회도 있었고 고등여학교끼리의 대항전도 개최되었다.Q 씨 다만 개인이 장비를 준비해야만 해서 스케이트화가 없는 소수의 생도는 어쩔 수 없이 견학만 해야 했다. 장도는 1937년 「고등여학교규정」이 부분적으로 개정되면서 '부가'될 수 있었다. 제일고녀는 이른 시기부터 이를 도입하고 있었다. 장도는 네기시류根岸流*의 도장을 운영하고 있던 진노우치 시카오陣之内鹿雄라는 강사

---

\* 19세기 중반 네기시 쇼레이(根岸松齢)가 개척한 무술유파이다.

가 담당했다. 학생들은 그의 지도에 따라 자세를 배워 몸에 익혔다고 한다. 조선신궁에 장도의 시연을 봉납奉納했던 사람도 있었다.D씨 개중에는 "장도는 무겁고 괴로웠다"는 목소리도 있다.T씨 장도는 떡갈나무로 만든 것과 오동나무로 만든 것 두 종류가 있는데, 가벼운 편인 오동나무로 만든 것을 차지하기 위해서 앞 수업이 끝나면 쏜살같이 튀어나갔다고 추억하는 사람C씨도 있었다.

장도를 하는 모습은 다음과 같이 묘사되고 있다.

내리쬐는 햇볕이 뜨거웠다. 넓은 교정이 그저 하얗다. 점퍼스커트 아래는 땀으로 흠뻑. 흐르는 땀을 닦는 것조차 허락되지 않았다. "얍, 탁, 에잇" 중단中段의 준비 자세에서 정석대로 내리친다. "잔 신" 진노우치 선생의 목소리는 엄중했다. 8상相 준비 자세에서 뒤로 발을 놀려 하단下段의 준비 자세를 취하고 몇 걸음 물러났다가 원래 자리로 돌아온다. "뒤로 물러날 때는 반드시 상대의 눈동자를 봐야한다"는 것이 진노우치 선생님이 늘 하는 말이었다.[7]

체조 수업은 1938년 「개정고등여학교규정」에 있는 "항상 신체의 연성鍊成, 정신의 통일을 우선으로 하여 황국여성다운 기백의 함양에 이바지하기를 힘쓴다"는 것의 실천이었다. 전쟁이 점점 격화하면서 1938년 입학생부터 교련분열行進 수업이 부가되었다.N, T씨 목소리를 크게 내라고 강요받는 것이 "정말 싫었다"라고 쓴 사람도 있다.T씨

중간 체조는 체조 수업과는 다른 것으로, 1937년 4월부터 1942년 3월까지 쓰지 교장이 재임하는 동안 실시되었다. 쉬는 시간 25분 동안 학교 주변을 여러 번 도는 조깅을 말하는데, 〈페르시아의 시장〉이라는 음악이 흐르는 가운데 여학생들은 일제히 달렸다.H, K, S 씨 아마도 건강한 신체를 만들기 위해 도입된 시간이었을 것이다. 그러나 개중에는 몸이 약한 탓에 달리는 것이 괴로워서 화장실로 숨는 사람도 있었다.J 씨

음악은 경성에서 유명했던 오바 유노스케[8] 선생이 지도했다고 인포먼트 전원이 기억했다. 오바는 합창지도가 뛰어났다. 그만큼 그와 함께 했던 〈로렐라이〉, 〈여름날의 마지막 장미〉를 기억하는 사람G 씨, 명곡을 원어로 부르는 것이 즐거웠다는 사람N 씨이 있다. 때로는 야마다 고사쿠山田耕筰, 요쓰야 후미코四家文子, 고용길高勇吉을 초대하여 생음악을 듣는 일도 있었다.A 씨 또한 베토벤 교향곡 〈운명〉의 생음악을 기억하는 사람도 있었다.J 씨[9]

1938년 「개정고등여학교규정」에는 "곡은 고상하고 우아해서 생도의 마음을 쾌활하고 순미하게 하는 것으로 하고, 가사는 될 수 있는 대로 황국여성다운 정조를 함양하기에 적절한 것을 선택해야 한다"고 기록되어 있는데, 과연 이에 대한 실천이었다고 할 수 있다. 1941년부터 "도레미파솔라시도"는 "하니호헤토이로하"로 바뀌었고, 1943년이 되면 외국 노래는 금지R 씨되었으며, 태평양전쟁이 시작된 후에는 군가가 많아졌다.U 씨

때로는 영화 감상도 했다. 선생님의 인솔하에 부민관으로 가서

1943년 10월 봄, 마지막 운동회(『백양』 제48호, 1997.10)

〈말馬〉과 〈작문 교실〉을 보았다고 기억하는 사람도 있었다.G씨

### 2) 학교행사

－소풍, 운동회, 음악회, 수학여행, 졸업생을 위한 송별회

교과 수업뿐만 아니라 다양한 학교행사가 있었다.

소풍은 시기에 따라 다른 양상을 보인다. 1927년부터 1936년에 걸쳐 입학한 생도는 오늘날과 같은 소풍을 체험했다. 봄가을 일 년에 두 번 청량리, 영등포, 우이동, 가고리呵古里, 수원, 정릉, 세검정, 삼각산, 북한산, 관악산 등 경성 근교의 명소로 소풍을 갔다. 그러나 1937년 입학생부터는 소풍에 행군이 포함되었다. 명소를 방문하는 소풍 이외에 경성에서 인천까지 배낭을 메고 군가를 부르면서 40킬로를 걸었던 것을 기억하는 사람도 있었다.H, N, S, T씨 특히

1939년 입학생부터는 모래주머니 혹은 쌀부대를 짊어지고 걸었다.Q, R 씨[10] 남산소학교에는 "1942년에 같은 목적지인 인천을 향해서 모래주머니를 짊어지고 빠르게 걸어가는 제일고녀생의 대열과 잠시 동안 나란히 걸었다"라는 기록이 남아 있다.[11] 여기에서 일본의 전쟁 수행체제와 격화하는 전쟁이 여학교 행사에까지 깊게 그늘을 드리우고 있는 모습을 확인할 수 있다. 하지만 인포먼트에 따라 행군에 대한 인식은 다양하다. "군가를 부르면서 갔기 때문에 그다지 피곤하지 않았다"N 씨거나 "재미있었다"S 씨고 응답한 사람이 있는 반면, "힘들었다"I 씨는 사람도 있었다.

운동회는 매년 가을에 성대하게 개최되었다. "평소의 체육 집대성"을 보호자에게 보여주는 자리로, 맨손체조, 기계체조, 소프트볼 대항전, 댄스, 매스게임, 장도, 학년 릴레이, 학급대항 릴레이 등 그 내용도 다채로웠다. 학급대항 릴레이는 송, 죽, 매, 국의 각 학급 대항전이었다.A 씨 〈다뉴브 강의 물결〉에 맞춰 추었던 댄스를 기억하고 있는 사람도 많았다.B, O, Q 씨 그러나 여기에도 전쟁의 그늘이 다가오고 있었다. 1937년 이후 입학한 학생 중에는 1941~1942년 무렵의 운동회에 상이군인이 초대된 것과, 일본적십자 간호부가 경기에 참가했던 일을 기억하고 있었다. 경상을 입은 군인이 장대 바구니에 공을 넣는 경기에 참가하기도 했다.J 씨 참석한 상이군인은 여학생들이 직접 만든 그림엽서를 기념품으로 가져갔는데, 엽서에 절대로 자신의 이름을 쓰면 안 된다는 학교의 지시가 있었다고 한다.J 씨 1941년 가을에는 조선총독인 미나미 지로南次郎도 참관했다.K 씨

1943년 10월을 마지막으로 운동회는 더 이상 열리지 않았다.

음악회는 1924년부터 매년 11월에 열렸다. 각 학년에서 뽑힌 생도들이 피아노 연주, 바이올린 독주, 기타 독주, 독창, 일본 무용, 합창 등을 공연했다.[A씨] 또한 같은 해인 1924년부터는 '내선학생아동연합 대음악회'가 개최되었다. 이러한 음악회가 개최된 것으로 보아 식민지에 살았던 일본인이 얼마나 풍족한 생활을 했는지 상상할 수 있다. 다만 모두 윤택했던 것은 아니어서 연주에 참가하지 못하고 언제나 관객이었던 생도도 적지 않게 있었다.[S씨] 또한 개최된 연도는 확실하지 않지만, 〈히틀러유겐트의 노래〉를 불렀다고 기억하는 사람도 있다.[L씨] 1941년 이후부터 제일고녀 단독 음악회는 열리지 않았다.[T, S씨] 하지만 내선 여학교 음악회는 1944년까지 계속되었다.

수학여행은 호화로웠다. 1925년부터는 5학년을 대상으로 내지로의 수학여행이 시작되었다.[12] 1927년 입학생의 경우에는 2학년 때 개성으로 당일치기, 3학년 때 평양 혹은 금강산에서 1박, 4학년 때 만주의 안동현에서 2~3박, 5학년 때 2주간 내지로 수학여행을 떠났다.[A씨] 그러나 1931년 입학생이 4학년이 되는 1934년에는 만주 안동현으로 가는 2~3박 여행이 "전쟁 때문에" 중지되었다.[B씨] 1934년에서 1937년까지 입학한 학생의 경우는 4학년 때 금강산 5박, 5학년 때 내지로 2주간 수학여행을 갔다. 1937년 입학생은 4학년 때 금강산 2~3박, 5학년 때 1주일에서 10일 동안 내지로 수학여행을 갔다. 내지로 갔던 수학여행은 특히 호화로워서 시기에 따라 차이가 있지만 시모노세키에 상륙해서 미야지마宮島, 교토京都, 이세伊勢, 하코네箱根, 가마쿠라鎌倉, 도쿄東京, 닛코日光, 나라奈良, 오사카大阪, 벳푸別府, 아소阿蘇를 돌아보았고, 돌아온 후에는 성대한 보고회가 열렸다.

수학여행에 대한 생도들의 기대는 아주 커서 1학년 때부터 비용을 적립해 나갔다. 그러나 1938년 입학생이 5학년이 되는 해, 즉 1942년 이후에는 내지로의 수학여행이 "전쟁 때문에" 중지되었다. 1938년 입학생은 이를 안타까워했다. 그 대신에 부여신궁 건설의 협력 작업근로봉사 2박3일이 실시되었다.[13] 부여에서는 '토사 운반'을 해야 했는데,V씨 "침구 냄새 때문에 잠을 잘 수 없어서 야외에서 날밤을 샜다"고 하는 사람도 있다.Q씨 그러나 이러한 부여신궁 건설 협력 작업도 1944년부터 없어지고, 수학여행을 위한 "적립금은 헌금했을 거라 생각한다"는 대답도 있다.T씨 내지로의 수학여행이 없어진 것을 안타까워하는 인포먼트가 많았다.

졸업생을 위한 송별회에 관해서는 I 씨가 다음과 같은 기억을 편지로 보내왔다.

기억하고 있는 추억 중 하나로 직접 만들어서 공연한 무언극이 있습니다. 모교에서는 매년 졸업생을 위해 송별회라는 것을 했지요. 졸업하기 조금 전에 4학년 이하 각 학급마다 공연 목록을 정해서 발표회를 열었어요. 우리들이 3학년이었을 때의 일입니다. 당시 저는 학예위원이지 않았나 생각합니다. 제가 직접 만든 〈이발사〉라는 제목의 무언극을 공연하게 되었어요. 무대는 이발소. 구석에서 ○○ 씨가 피아노를 연주하는 가운데, 학생, 아저씨, 아가씨 등 다양한 사람이 이발소로 들어오지요. 골판지로 만든 커다란 가위와 바리캉 등의 이발소 도구를 과장되게 사용해서 산발을 하고 온 손님을 깜짝 놀라게 하고, 이것으로 대회장을 열광시킨다는 그런 창작극입니다. 수염을 깎았다고 화내는 아저씨(처음에는 수염을 붙이고 들어온다)라든지 여러 일들이 발생하지요. 연출을 맡아서 이런저런 지시를 하고 있었더니 "너는 지시만 하는 거야. 앙큼하게, 너도 출연해야지"라는 비난을 듣고 저는 한 가지를 생각해냈지요. 기모노를 입은 요염한 게이샤가 얼굴 털을 밀고 나서 마지막으로 흰 분을 얼굴 전체에 퍽 하고 바르는 바람에 화가 나서 흰 얼굴로 대회장을 획 돌아보고 나서 과장되게 요염을 떨면서 퇴장한다는 내용이지요. "이거 어떨까?"라고 출연자들에게 말했더니 "좋아, 그것 좋겠어"라고 해서 연출도 프로듀서도 없이 저까지 출연자가 되어버렸지요. 엄마에게 세로 줄무늬 기모노를 빌려서 검은 공단으로 된 옷깃을 달고 간들간들 무대로 올라갔어요. 마지막에 얼굴 전체가 땀띠약인지 뭔지로 범벅이 되어 획 하고 관객 쪽을 돌아본 다음 무대를 내려왔습니다. 지금 생각하면 용케 그런 말도 안 되는 촌극을 했구나 생각합니다. 대회장의 졸업생과 재학생 일동은 폭소를 터뜨렸고, "쟤 누구니?"라고 하여 저는 웃음거리의 주인공이 되었습니다. 젊은 혈기의 소치로 부끄럽기 그지없습니다만, 어차피 웃기기 위한 촌극이라면 과장되게 보여주자고 마음을 먹고 직접 촌극을 만들어 출연했습니다. 다른 반도 연극같은 것을 했는데, 학교행사로는 꽤 훌륭했습니다.[14]

학급에서 직접 창작하여 공연한 촌극이 완성되는 과정이 생생하게 전달된다. 각 반에서는 아마도 공연에 공을 들였을 것이다.

### 3) 몇 가지 에피소드

여학교에서는 매일 일기를 써서 제출하는 것이 의무였다. 일기장은 「매일의 발걸음」이라는 제목이었는데, 1학년 때는 붓으로 쓰도록 지도 받았다. 그러나 인포먼트는 패전과 인양의 혼란 속에서 일기장을 가져올 수 없었고, 패전 전에 귀국한 몇 명도 이미 일기장을 분실해 버린 상태였다. 안타까운 일이 아닐 수 없다. 일기를 의무적으로 제출하게 한 것은 생도의 생활을 관리하기 위해서였다. 학교에 제출하는 「매일의 발걸음」과는 별도로 T 씨는 개인적으로 일기를 썼다고 한다.

L 씨는 교장 선생님이 에스*를 금지한다고 말했던 것을 기억하고 있었다. 당시 여학교에서는 동성끼리 사귀는 일종의 동성애적인 에스라는 여학생 문화가 있었다. "그때는 학교 내에서 비밀의 에스를 만드는 것이 유행했다"라고 말하는 동창생도 있다.[15] 그러한 관계에 대해서 교장은 당장이라도 달려들 것 같은 큰 목소리로 "그런 녀석이 있는 게 틀림없어"라며 화를 낸 적이 있다고 한다. 이에 대해 L 씨는 "그렇게까지 호통을 치니 모두가 겁을 냈지요. 하지만 나는 5학년 언니에게 러브레터를 보냈어요"라고 말했다.ᴸ씨

---

\* 1910년대 생겨난 은어로 sister의 첫 자에서 만들어졌다.

J 씨는 이때의 교장에 대해 "군대에 물들어 있었다"고 평가했다. 또한 M 씨는 다른 어떤 교장에 대해 "자기 딸에게는 권하지 않으면서 생도에게는 종군간호부를 권했다"라고 기억했다.

Q 씨는 리더로서 교사에게 항의하는 행동을 한 적이 있다고 했다. 어떤 교사가 수업 중에 잡담이 많은 생도에게 "그렇게 수다쟁이인 걸 보니 엄마는 허풍쟁이이겠는 걸"이라고 모멸적인 말을 했다. 게다가 "부여신궁 근로봉사 때 보니 숙소에서 엉덩이를 내밀고 자고 있더라"라고 하는 등, 여성을 비하하는 듯한 말을 내뱉었다. 또한 "만약 전쟁에서 지게 되면 너희들은 창부가 되는 거야"라고 발언한 경우도 있었다. 여기에 항의해서 Q 씨를 시작으로, 진학반인 5학년생이 선두가 되어 학생들은 수업을 거부하고 작법실에서 농성했다. 그들의 목적은 이 교사를 그만두게 하는 게 아니라 여성을 비하하는 불쾌한 발언을 그만두게 하는 것이었다. 학생들 전원은 이러한 사건의 전말을 「매일의 발걸음」에 썼고, 리더인 Q 씨는 이를 교장에게 가지고 가서 "선생님, 읽어주세요"라며 제출했다고 한다. 처분은 없었다. 교사 중에는 이런 사람도 있었지만, 이에 대해 생도들은 참고만 있지 않았던 것이다.

## 3. '현모양처'의 육성에 머무르지 않는 교육

이들의 학교생활은 단순히 현모양처 육성에 머무르는 것이었을까. 인포먼트는 이에 대해 어떻게 느끼고 있을까.

Q 씨는 제이고녀는 '상류 집안의 따님답게'라는 분위기가 강했고, 제일고녀는 '진취적인 기상이 넘치는' 분위기였다고 지적한다. A 씨는 "우리는 자신의 생각을 확실하게 표현한다는 점에서 옛날 여성과는 다르다고 생각했습니다. 그것을 어떤 말로 표현해야 좋을지 모르겠네요"라고 말했다. 그녀는 졸업 후 고등사범학교의 여자 연습과에 진학하여 소학교<sup>이후 국민학교</sup>의 훈도가 되었다. G 씨는 "그때도 졸업하면 시집가겠다고 생각하는 사람은 딱히 없었지요"라면서, "역시 공부가 중요했으니까요. 여학교 시절 제일고녀에는 특히 위쪽 [공부를 잘하는] 사람들뿐이었거든요"라고 엘리트 학교의 특징으로 향학열이 높았다는 점을 지적하고 있다. I 씨는 "1942년 졸업할 때 내 동기 중에서 곧바로 결혼하는 사람은 그다지 없었어요. 그러니까 그런 사람이 한두 명 있었습니다만, 거의 대부분은 진학을" 했다고 말했다. 이 외에도 설문조사에는 "학문적인 면"이 있었다,<sup>D 씨</sup> "강건한 신체와 개인의 확립"을 요구받았다,<sup>H 씨</sup> "자립하는 여성의 육성"을 느꼈다,<sup>N 씨</sup> "잘 하는 과목과 기능을 키웠다",<sup>O 씨</sup> "상급학교 진학"을 장려했다<sup>P, Q 씨</sup>는 답변이 있었다. H 씨에 의하면 "개성이 발휘되었어요. 글쎄요, 개중에는 불량하다고 하면 이상하겠지만, 양처현모의 길에서 벗어난 느낌이 드는 사람도 있었을지

모르겠네요. 하지만 비교적 자유롭다고 할까, 개성은 [발휘해도 상관 없다]. 대개 외지가 그랬습니다. 일본 내지에 비해 진보적이었다고 할까, 그다지 틀에 갇혀있지 않은" 경우가 많았다. K 씨는 "내지보다 외지가 학력은 높지 않았을까 생각합니다"라며 "여자의전[경성여자의학전문학교]에 들어가는 사람도 많았고, 도쿄여자대학으로 진학하는 사람도 있었으니까. 그 때문에 자아가 강했어요"라고 언급하고 있다. 재학 중에 내지에 있는 고등여학교로 전학을 가야만 했던 L 씨는 내지의 여학교와 비교하면서 "모두들 개방적이었다는 느낌이 듭니다. (…중략…) 해방감이 있었지요. 그것이 진정한 해방은 아니더라도 개인적으로 생활 속에서 해방되어 있었어요. (…중략…) 친구들은 개성적이고 생기가 넘쳤어요. 사춘기였지요. 남자와 사귀는 것은 결코 허락되지 않았지만, 한 사람 한 사람이 아주 활달했기 때문에 같이 지내면서 즐거웠어요. (…중략…) 너무 활발해서 불량소녀 같다고 할까요. 그렇게 하면 안 된다, 그런 것이 없었지요. 누구도 말로는 표현하지 않았지만 개성을 갖고 살아도 된다는 느낌이었습니다"라며 당시를 그리워했다. 그녀는 내지의 여학교에서는 현모양처라는 규범에 갇혀서 숨이 막혔다고 한다. V 씨는 "양처현모라고 해도 표면적인 것이었지요. 지상명령으로서 그렇게 해야만 한다고 하니까 수업에서도 그렇게 가르쳤어요. 하지만 정말로 학생들에게 그것을 주입해야 한다고 생각하는 사람은 없었던 것 같아요"라고 말했다. N 씨도 "양처현모 만들기보다는 여자대학으로 가는 준비군의 성격이 강했지 않았나 생각합니다. 학교 전체의 분위기였지요"라고 쓰고 있다. S 씨는 인양된 후 나라여자고등사범학교로 전학가고 나서 제일고녀에는 "정신적인 자유가 있었다"고 재인식했다.

이상의 경험을 통해서도 제일고녀의 특징 몇 가지를 지적할 수 있다. 첫째로 진취적인 성격과 개방적인 분위기이다. 내지의 상급 학교에 진학한 V 씨는 "대륙 태생은 어딘가 다르다"거나 "정숙함이 없다"는 등의 말을 들었다고 한다. 초대 교장인 미우라 나오시도 앞서 언급한 것처럼 생도에게는 "쾌활하다든지, 담백하다든지 사소한 일에 얽매이지 않는다"고 할 만한 공통적인 기질이 있다고 진술했다.[16] 이것은 외지 태생 여성의 기질로서 "성격이 활달하고 특히 생각한 것을 주저 없이 말한다, 싫고 좋은 게 분명하다, 독립심이 강하다"고 주장한 소후에 다카오祖父江孝男의 연구로도 증명할수 있다.[17]

둘째로 교육 수준이 높았다는 점이다. 내지의 지방에 있는 여학교로 전학한 L 씨는 "수업의 수준도 낮고", "상급학교로 진학하려고 해도 실력이 형편없어서 시험에 합격할 리가 없었기 때문에" 실망했다고 한다. 경성은 높은 문화 수준을 자부하는 식민도시였던 것이다.

셋째는 위의 두 번째 내용과 관련된 것으로 상급학교로의 진학률이 높았다는 점이다. 이는 부모의 경제력과도 관련이 있는데, 인포먼트 22명 중 18명이 상급학교로 진학했다. 인포먼트가 입학하기 조금 이전 시기의 경우, 제일고녀의 진학률은 1917년도에

9%[18], 1923년도에 17%였다.[19] 인포먼트가 제일고녀에 다녔던 시기에 경성부 내에서 여학교 이상 졸업자의 진학률은 25%[1940, 41, 42 평균]였지만, 43년도에는 진학률이 13%로 떨어진다. 본격적인 전시 체제가 되면서 졸업생은 진학하지 않고 군사 관련의 직업을 갖도록 지도 받았기 때문이다. 하지만 이러한 가운데서도 제일고녀는 44년도에 31%[취직 57%]라는 높은 진학률을 보여주고 있다.[20] 참고로 제이고녀의 진학률은 14%[취직 64%]이다. 이처럼 식민지의 엘리트 여학교는 다수의 상급학교 진학자를 배출했다.

당시 고등여학교의 교육방침이 큰 틀에서 현모양처의 육성이었다는 것은 틀림없는 사실이다. 그러나 같은 고등여학교라 하더라도 제일고녀의 교육내용과 학교의 기풍은 현모양처를 충실하게 육성하는 내지의 여학교와는 달랐다. 내지보다 개방적이었다. 이러한 식민지 여학교라는 공간 속에서 인포먼트는 자아를 키웠다. H 씨는 내지에 다녀온 오빠가 "대학에서 돌아와서 우리들의 모습을 보고는, 아무것도 하지 마, 라고 했다. 내지의 여성은 훨씬 정숙하고 상냥해서, 예컨대 아기를 업고 있는 것을 보면 가서 돕는다"고 비판적인 발언을 했던 것을 기억하고 있었다. 또한 "시어머니가 없으니까 그런 모습을 본 적이 없었지요. 어머니가 시어머니를 섬기는 모습 등을 볼 기회가 없었으니까. 비교적 자유로웠어요"라고 말하기도 했다. 졸업 후, 세이와여숙清和女塾, 1933년에 설립된 불교계 민간단체인 녹기연맹이 운영했던 1년제 학원, 재조일본인 2세 여성을 대상으로 했다으로 진학한 K 씨는 일본인 교원으로부터 "여러분은 내지 태생 여성에 비해서 정숙하지 않다"는 말을 듣고[21] 같은 일본인이라도 외지에서 자란 것과 내지에서 자란 것이 이런 식으로 다르게 보일 수 있구나, 라고 느꼈다고 한다. 도쿄여자대학에 진학한 V 씨는, "내지 사람은 기질이 섬세하지요. 이것이 여자답다는 것일까 생각해 보았어요. 하지만 역으로 말하면 하찮은 일에 복작복작 구속당하는 것이지요. 대체 그걸 왜 언제까지 말하는 것인지, 라고 생각한 적도 있습니다. 내지에서 자란 사람은 아주 섬세하다면 섬세하고, 그쪽[외지] 사람은 대충 대충에다가 거칠었습니다". 학생 기숙사에서 "어쩌다 만주, 타이완, 조선에 있었던 사람들과 함께 지낸" 적이 있었는데, 그때 사감에게 "너희들은 감성이 풍부하지 않으면서 정숙하지도 않아"라는 심한 말을 들었다고 한다. 또 V 씨는 외지에서 자란 자신을 '덜렁이'라고 표현했지만, 다른 한편으로는 "내지의 그 치근치근한 감각"은 "정말로 참을 수 없었어요. 확실히 말해 음습했지요"라고 말했다. 1920년대는 여학교라는 공간이 어떤 것에도 억압받지 않은 청춘=소녀시대를 성립시켰다는 지적이 있다.[22] 인포먼트도 제일고녀의 생활을 통해서 소녀시대를 구가하며 자아를 키웠다. 이는 1920년대에 한정된 것이 아니라, 식민지적 기질에 기초했다고도 말할 수 있다.

## 4. 식민지 지배와의 밀접한 관계

재조 일본인 여학생에게 높은 수준의 교육을 제공한 제일고녀였지만, 학교의 역사를 보면 식민지 지배와의 관계가 분명하게 드러난다. 이를 앞서 언급한 '내선학생아동연합 대음악회'로부터 살펴보도록 하자.

1919년 3·1독립운동으로 인해 총독부는 지금까지의 식민지 지배 방식을 재고해야만 하는 상황에 직면하게 된다. 무단정치에서 문화정치로 방향을 바꾸는 것이다. '내선융화'가 주창되는 가운데 조선의 여성 단체인 애국부인회도 실천 부대의 역할을 담당했다.[23] 여학생 또한 그 일익을 담당하게 되는데, 1924년부터 매년 개최된 일본인 여학생과 조선인 여학생의 합동음악회가 바로 그것이다. 첫 대회로 1924년 5월 17일과 18일에 『오사카아사히신문』 경성지국이 주최하는 '내선학생아동연합 대음악회'가 개최되었다. 경성 시내의 8개 여학교, 11개 소학교, 19개 보통학교와 유치원이 참가해서 성악, 기악, 무용 댄스, 내선동화, 극, 대화창가, 창가, 대합창 등 다채로운 무대를 펼쳤다.[24] 1928년부터는 '내선여자 중등학교 대음악회'가 11월에 개최되었다.[25] 이 음악회는 호평을 받아, 하세가와초長谷川町 공회당에서 열린 1930년 제7회 대회는 개장 15분 만에 전석 만원이 되었다.[26] 만주사변 후인 1932년 제9회 대회에서는 "마지막에 관중 일동이 기립해서 1,500명이 혼연일체가 되어 〈기미가요〉를 합창" 했다. 『오사카아사히신문 남선판』

에는 이때 교복 차림으로 노래하는 제일고녀생의 사진이 게재되었다.[27] 제12회[1936]부터는 기원절인 2월 11일에 개최되었는데, 공연된 곡도 〈찬미하라 황국〉, 〈기미가요〉로 황국찬미의 색채가 강화되었다.[28] 1937년 중일전쟁이 시작된 이후로는 그러한 경향이 더욱 강화되어 갔다. 음악 교사인 오바 유노스케를 필두로 제일고녀 전교생이 음악회에 참가했다. 1941년 17회에는 제일고녀 3, 4, 5학년에서 선발된 합창단이 오바가 작곡한 〈조국〉을 합창했다.[29] 이 곡은 고사기古事記 신화를 모티브로 한 것으로 제일고녀 국어교사인 아키야마 요시히사秋山喜久가 작사하고 오바가 작곡한 것이다. K 씨에 의하면 상이군인이 초대받아 하얀 옷을 입고 객석 앞쪽에 앉아 있었다고 한다. 중일전쟁이 시작되고 나서 '내선일체'가 주창되었는데, 이러한 시대의 흐름에 편승한 음악회에 제일고녀와 여타 여학교가 적극적으로 참가했던 것이다. 이 음악회는 1944년 제20회 대회까지 계속되었다.

또한 1920년대는 '내선융화'를 실현하는 하나의 수단으로 조선어의 과외 학습이 실시되었다.

조선을 이해시키고 진정한 내선융화를 도모하기 위해서는 우선 언어가 통해야만 한다. 조선인 청년 대부분은 불완전하지만 내지어를 사용하는데, 조선어를 사용할 수 있는 내지인 청년은 아주 소수에 불과하다. 이런 식으로는 안 되겠다 싶어 경성공립제일과 제이, 두 고등여학교는 올해부터 과외로 조선어 교수教授를 시작한다. 과외이기 때문

에 물론 희망자만 하겠지만, 앞으로 이를 정과正課로 하길 희망하는 바
이다. 조선의 여학교에서 조선어 교수는 이것을 효시로 한다.[30]

한편에서는 군사연습도 진행되었다. 1925년 3월 10일 육군기
념일에 조선군은 용산에 주둔하고 있는 각 부대와 경성중학교, 용
산중학교, 재향군인회 등이 연합해서 대연습을 실시했다. 여기에
제일, 제이고녀 생도도 참가하여 "주로 간호근무의 응원"을 했다.
게다가 제일고녀는 당일 연습장에서 장도를 시연했다.[31]
　조선군사령부로 헌금도 계속해서 보냈다. 군사령부 애국부가
편찬한『애국』에는 다음과 같은 기사가 보도되고 있다.

　　경성제일고등여학교 통학생은 전차비에서 절약한 돈을 복도에 비
　　치한 헌금함에 넣어서 금 11원 10전을 모아 애국부에 조선방공기재비
　　로 기탁했다. 동교의 헌금은 이로써 9회째로 애국부에서는 이러한 아
　　름다운 열성에 감사하고 있다.[32]

　여학교의 생활 속에 점차 식민지 지배와 전쟁이 깊게 개입되어
갔다.

1943년 11월 28일, 경성호국신사 진좌제(우라야스의 춤[浦安の舞], 38회생 외, 『백양』 제57호, 2006.10)

## 5. 전시체제에 대한 호응과 제일고녀의 종언

대부분의 인포먼트가 제일고녀에서 공부한 것은 일본이 만주사
변을 일으켜서 전시체제로 돌입해 가는 시기와 겹치고 있다. 1931
년에 발발한 만주사변에 대해 기억하고 있는 사람은 1927년에 입
학한 A 씨 한 사람이었다.

전시체제에 대한 협력은 1937년 7월에 중일전쟁이 시작되면
서 한층 본격화됐다. 인포먼트는 모두 출정 병사 배웅, 위문대 제
작, 위문편지, 센닌바리千人針*, 전사자의 유골맞이를 체험했다고 한
다. 이러한 가운데 배웅했던 병사가 "화차貨車에 처넣어져서 불쌍

---

* 하나의 천에 천 명의 여성이 붉은 실로 한 땀씩 매듭을 지어 만든 것으로, 출정
하는 병사의 몸에 지니게 하여 무운장구와 무사를 기원했다.

했다"H 씨거나, 앞서 언급한 것처럼 교실에서 중국 지도 위 점령지에 "작은 히노마루를 표시했다"J 씨 혹은 입학시험1938년 2월에서 "중국 점령지의 지명을 물어봐서 의외라고 생각했다"K 씨는 등의 기억이 새겨져 있었다.

1937년 10월 1일에는 미나미 지로 조선총독의 결재로 「황국신민의 서사」가 제정되었다. 내용은 다음과 같다.

1. 우리는 황국신민이다. 충성으로 군국君國에 봉사한다.
2. 우리 황국신민은 서로 신애협력하며 이로써 단결을 굳게 한다.
3. 우리 황국신민은 인고단련하고 힘을 길러 이로써 황도皇道를 선양한다.

1934년 입학자부터는 기회가 있을 때마다 서사를 복창했다.[33]C, I, ㄴ, T 씨 1942년 4월 가지하라 우메지로梶原梅次郎가 교장으로 부임한 이후 조례의 모습은 크게 바뀌었다. 교장은 "조례대 위에서 안경 너머로 눈을 부릅뜨고 성전聖戰을 위해 모든 힘을 결집하자고 훈시"했다. 그리고 나서 「황국신민의 서사」를 복창시키고 "오른손 주먹을 들어 올려서 왼쪽 아래로 내리치듯 하면서 '결사항전!'"을 세 번 반복했다. 생도 일동이 이를 따라 하는 모습이었다. 게다가 '진혼'으로 정신을 통일하고 정화시키는 의식이 진행되었다. "손을 가슴 앞에 모으고 손바닥을 약간 오므려서 달걀을 쥐고 있는 모양으로 만든다. 그대로 손가락을 아래로 향하게 하고 눈을 감고 자세를 바르게 한다. '진혼!'의 호령에 따라 팔꿈치 아래를 상하로 움직이는" 행동을 강요받았다고 한다.[34] T 씨는 "황국신민의 서사라는 것은 조선인을 대상으로 만들었다고 들었습니다만, 우리도 매일 아침 복창해야 했습니다. 정말 '건성건성'으로 해서 아무런 영향도 받지 못했습니다"라고 한다.

조선신궁 참배가 한 달에 한 번 실시되었다. 조선신궁은 조선 전국의 60여 곳 정도에 만들어진 신사의 정점으로, 1925년 경성 시가지가 내려다보이는 남산에 건립되었다. 제신은 아마테라스 오미카미天照大神*와 메이지 천황이었다. 일본은 식민지 지배의 거점으로서 조선에 거주하는 사람들에게 신사참배를 요구했다. 조선총독부는 1937년 9월부터 신사참배를 강제했으며, 특히 9월 6일, 10월 6일, 11월 6일, 12월 6일에 이를 각 학교 단위로 실시하도록 요청했다. 또 11월부터는 애국일로 매월 1일이나 15일 중 하루를 선택해서 신사참배를 실시하도록 요청했다.[35] 제일고녀는 매월 1일 수업 시작하기 전 이른 아침에 전교생이 조선신궁에 집합한 뒤 참배했다. 태평양전쟁이 시작된 후 1942년 1월부터 매월 8일을 대초봉재일大詔奉戴日**로 정하면서, 그날이 참배일이 되었다. 모두가 당연한 일로 받아들이는 가운데서도, "당연한 의무라고 생각했지만, 힘들었다",H씨 "어쨌든 고행이었다",S씨 "전혀 즐겁지 않았다",O씨 "그렇게 하라니까 했다고 할까, 그다지 심각하게 생각하지 않았

---

* 일본신화에 등장하는 최고의 신으로 황실의 선조신이다.
** 태평양전쟁 완수를 위해 1942년 1월부터 패전까지 실시된 국민운동이다.

다".ᵛ씨 "이렇다 할 만한 것도 없이 절하는 것이었다. 그 때문에 누구를 모시는지는 그다지 마음에 두지 않았다"ᴷ씨는 등의 의견이 있는 것으로 보아 중대한 것으로 인식했다고는 말하기 어렵다. C씨는 신사의 계단 수384개를 기억하고 있었다.

I 씨는 건축 중인 경성호국신사[36]의 사무소로 출근해서 위폐 봉사를 하도록 지시받았다. "전사한 분의 이름을 쓰는 봉사활동에 제일고녀와 제이고녀의 젊은 여성이 각각 5명 선발되었지요. 어떻게 선발되었는지는 잘 모르겠습니다만, 열 명이 함께 작업을 했습니다." I 씨는 일본종이에 작은 붓으로 전사자의 계급과 이름을 옮겨 적었다고 한다. "사무소에 가면 우선 깨끗하게 목욕재계를 하고, 하얀 기모노와 붉은색 하카마를 입고 다다미방에 앉아서 말없이 다만 이름을 베끼는 일을 했습니다. 총독부 관리가 이를 감독했는데 체구가 작은 분이었지요. 50일 정도 걸려서 몇천, 몇만 명의 이름을 썼는데, 아침부터 저녁까지 일해서 50일 정도 걸렸습니다." 어떤 일을 하는지는 가족에게조차 말하는 것이 금지되었다고 한다. "집에도 다만 호국 신사에 봉사하러 간다는 말만 하고 다녔지요. 호국 신사가 있던 미사카ミ坂 부근의 부인회가 점심식사를 준비해 주었습니다만, 그분들에게도 여자아이들이 무엇을 하는지 말하지 않았고, 말해서도 안 되었습니다." "완성되어서 신의 불제祓除를 하고 신전에 제사를 지냈더니, 이것으로 호국 신사가 만들어졌다고 하더군요. 조선총독부에서 총독과 사령관 등 여러 사람들이 예식에 와서 축하했습니다. 우리 여자들도 구석 자리에 불려갔습

니다."

1937년 12월 23일에는 '경성제일고녀 애국자녀단'이 결성되었다.[37] 단원은 내지인일본인 1,073명, 조선인 6명의 재학생으로 구성되었다. '애국자녀단'은 애국부인회의 소녀판으로, 전시체제 아래서 애국부인회의 조직화와 보조를 맞추어 추진된 것[38]이었다. 하지만 H 씨는 "여학교 시절 애국자녀단이라는 둥, 발족이라는 둥, 그런 어깨띠를 메고 강당에 모인 적은 있습니다. 다만 그것을 늘어뜨리고 외출하지는 않았어요. 하얀 어깨띠에 붉은 글자인지 뭔지로 쓰여 있었다고 생각합니다만, 아무것도 하지 않았습니다"라고 술회했다. 다른 인포먼트 중에서 '애국자녀단' 활동을 기억하는 사람은 없었다.

앞서 언급한 바와 같이 1938년에는 조선교육령이 개정되면서 「고등여학교규정」이 개정되었다.4월 1일 시행

제1조 고등여학교는 여자에게 필요한 고등보통교육을 실시하고, 특히 국민도덕의 함양과 부덕의 양성에 주의하여 양처현모로서의 자질을 갖게 하고, 이로써 충량 지순한 황국여성을 양성하는 데 힘써야 한다.

이러한 개정은 이제까지 다른 체계로 실시되었던 내지인 교육과 조선인 교육을 일체화시키는 것이었다. 이때 종래의 "국민도덕의 함양", "부덕의 양성"에 덧붙여 "양처현모로서의 자질"이라는 표현이 추가된 점은 주목할 만하다. 내지의 법령에서는 '양처현모'

라는 말 자체는 사용되고 있지 않다. 물론 '양처현모'가 여자 교육, 특히 고등여학교 교육의 지침이라는 점은 자명하지만 명기된 사항은 아니었다. 일본 본토가 아닌 식민지 조선의 여자 교육에서 처음으로 명기된 것이다. 조선총독부학무국은 "조선에서 고등여학교 교육의 근본 방침을 명시하도록 한다"[39]라고 설명하고 있다. 사키모토 가즈코喫本和子 는 '양처현모'가 '황국여성'이라는 표현과 함께 부과된 점에 주목하면서, "식민지 조선에서 '양처현모'는 '황국여성'의 필요불가결한 조건으로 여겨졌다는 것을 알 수 있다"[40]고 지적한다.

이러한 지적에 동의하면서 필자는 조선에서 '양처현모'가 명시된 이유에 대한 의미를 하나 덧붙이고 싶다. 바로 조선 여성뿐 아니라 재조 일본인 여학생에게도 '양처현모'로서의 자질이 시급하게 요구된 것이 아닐까 하는 점이다. 앞서 언급한 바와 같이 식민지 조선에서 여학생의 생활은 내지에서보다 상대적으로 개방적이었다. 내실을 위해 '양처현모'를 양성했다고 하기에는 약간의 유보가 필요하다고 생각한다. 게다가 한 걸음 더 들어가 보면, 조선은 내지와 같은 '양처현모' 교육이 관철되고 있지 않은 상황이었다. 식민지에서 자란 여성이 시집가서 가정주부로서 부적격하다는 담론이 있었던 것에 대해서는 앞에서 지적한 바가 있다.[41] 현실이 이러했기 때문에 더욱 「개정고등여학교규정」에 '양처현모'를 명기한 것은 아닐까. 더욱이 "충량 지순한 황국여성을 양성한다"는 표현은 일본 여성 이상으로 조선 여성을 대상으로 한다는 의미가 강했을 것이다.

마찬가지로 1938년 이후에는 학도 근로 동원에 관한 시책이 결정되었다. 6월 11일에 정무총감 통첩으로 「학생생도의 근로봉사 작업 실시에 관한 건」이 공포되어, 중등학교 이상의 학생을 학도 근로보국대로 조직하라는 지시가 내려지고, 13일에는 「학도근로 보국대 실시요강」이 발표되었다. 21일에는 경기도 내 공사립 중학 교장 35명이 모여서 「학도근로보국대 결성 및 작업구체안」을 협의했다. 여기서 여름방학 첫날부터 10일간 중등학교 4학년 이상의 학생 중 남자는 토목공사에, 여자는 신사 청소 및 군용품 봉제작업에 동원하고, 3학년 이하 학생은 학교 주변에서 여타 작업에 종사하라는 방침이 결정되었다.[42] 이를 받아들여 7월 21일 '경기도중등학교생도 근로보국대결성식'이 조선신궁에서 개최되었다. 여기에는 32개교의 남녀 중학생도 6,000명이 참가했다. 식이 끝난 후 각 학교는 곧바로 근로 작업장으로 향했다.[43] 여자 중등학교 12교는 남산 일대의 신역神域 청소를 실시했고, 군용품의 보조 작업으로 내의 6,000장을 재봉했다.[44] 제일고녀생은 1938년 여름방학에 군대 셔츠를 봉제했다.[45] 또한 다음과 같은 기사도 보도되었다.

드륵드륵 짧게 이어지는 기계음이 달리고 있는 한 개의 날카로운 바늘에서 일어난다. 재봉틀을 밟고 있는 어떤 여생도의 얼굴에도 아름다운 긴장의 빛이 역력하다. 겨울방학이라고 쉴 수는 없습니다. 제일선에서 병사들이 피 흘리며 전쟁하고 계신 걸요…,라는 마음은 멀리 남으로 북으로…. 20일 경성제일고녀의 재봉실에는 윤을 낸 재봉틀을 굴리는 '군역봉사'의 근로, 소녀들의 손에서 계속해서 빠르게 쌓여간다. 졸업을 앞두고 있는 즐거운 마음은 재봉틀의 발판 위에서 활기차다. 황군병사에 대한 한없는 감사의 활기이다.[46]

T 씨는 1944년[4학년] 여름에 내의를 재봉했던 일을 다음과 같이 일기에 쓰고 있다.

7월 29일 일이 뒤처져서 7시에 학교에 갔다. 아직 아무도 오지 않은 학교는 흥미롭다. 회화나무 꽃이 하늘하늘 떨어질 뿐인 서늘한 교정. 두껍게 깔린 꽃 융단을 혼자 독차지해서 밟는 것은 살짝 호화로운 놀이이다. 덕분에 일은 비교적 빨리 끝났다. 내가 바느질한 바지, 재봉을 싫어하는 내가 열심히 바느질한 고시타袴下[내복바지], 어디에서 어떤 병사가 입을까. 오늘도 좋은 날씨.[47]

여학교에서는 앞서 언급한 출병 병사의 배웅, 전사자의 유골맞이, 위문편지와 위문대 작성, 센닌바리 외에도 육군병원 병문안, 군복 수선 등이 일상적으로 수행되었다. 다만 위문대 작성은 물자 부족으로 점차 불가능하게 됐다.[S 씨] 수선해야 할 대량의 군복은 "여기저기 소매가 찢어지거나 구멍이 난 것이었다. 세탁은 잘되어 있었지만 트럭에 한가득" 쌓여서 왔다. "수선하는 방법에 따라 다르지만, 통째로 뜯어내서 찢어진 부분만을 싹둑 잘라내고 다

른 쪽 헌 옷감의 괜찮은 부분을 거기에 덧대서 바느질한다. 바지
도 모두 마찬가지이다. 목면이기 때문에 천은 빳빳하고 바늘은 두
꺼"웠다/씨고 한다. 또한 대량의 군복을 상급생과 하급생 두 사람
이 한 조가 되어 단추를 달거나 수선하고, 셔츠에 칼라를 붙이기
도 했다.P씨,V씨 "나는 손으로 수선했던 것으로 기억합니다." "천을
덧대는 일을 했습니다. 군복은 냄새가 아주 심했어요." "모두가 싫
다, 싫어, 라고 불만만을 말했습니다."K씨 "한가득 운반되어 온 찢
어진 군복은 세탁은 마친 상태였지만 어떤 독특한 냄새가 났어요.
이때의 추억을 이야기할 때 공통적으로 나오는 화제이지요"라고
기술한 동창생도 있었다.[48] 전쟁이 수렁으로 빠져가는 가운데 여
학생들은 여름방학과 겨울방학을 반납하고 군복 수선 작업에 동
원되었던 것이다.

1939년에는 「집단근로작업 실시에 관한 건」이 통첩됐다. "하계
휴업일 등의 휴가를 이용하는 것 이외에도 수차례 실시하며, 출결
석을 점검하고 근면·태만의 성적을 중시하는 등, 정규 교과목에
준해서 다룬다"라는 지시가 내려졌다. 1940년 경기도에서는 28
개 남학교에서 9,348명, 19개 여학교에서 4,425명이 근로보국대
로 조직되어 7월 21일부터 27일까지 1주일 동안 근로봉사를 했다.
1941년 4월에는 식료증산 정신대로 공사립중등학교와 국민학교
생도 약 22만 명을 동원하기로 결정되었다. 1941년 6월 10일에는
제일고녀 4학년 200명이 경기도에서 모내기를 도왔는데, 그때의
모습은 『경성일보』에 다음과 같이 보도되었다.

제일고녀생들의 모내기(『경성일보』, 1941.6.11 석간)

'모는 세 손가락을 주걱처럼 이렇게 모아 잡아서 흙에 꽂습니다. 뿌리를 다치게 해서는 안 됩니다.' 비구름이 낮게 드리워지고 물은 윤택한데, 소가 써레질하고 나온 논에 소녀들이 캬, 캬 하는 아름다운 소프라노 소리를 내며 들어간다. 맨발을 간질이는 물의 감촉은 '목재의 연생산액 358만 7,297입방미터'라고 암기하는 것보다 훨씬 커다란 삶의 기쁨을 준다. 송, 죽, 매, 국의 200명을 4조로 나누고, 군데군데 지도 선생님이 투입되어 '좋아, 다음', '좋아, 다음' 하며 지켜보는 가운데 논을 갈면서 모심기는 나아간다. 마치 어제까지 했던 일인 양, 손놀림도 훌륭하다. 밭에 들어가면 밭과 화합하고 논에 들어가면 곧바로 논과 화합하는 대국민의 금도襟度가 일찍이 소녀들 속에는 싹트고 있다.[49]

6월 27일에는 학무국장으로부터 통첩된 「학생생도의 집단근로
작업실시에 관한 건」에 따라, 각급 학교생도를 작업반으로 조직해
서 년 수차례 30일씩 근로 봉사시킨다는 방침이 결정되었다. 10월
에는 남녀중등학교에 대해 학교장을 중심으로 교직원과 학생 전
원이 일체가 되어 학교총력대를 편성하도록 지시가 내려졌다. 이
처럼 1941년 10월 이후 생도들은 완전히 총력전 체제로 편성되어
갔다.

'여학생을 간호부로'라는 권유도 빈번하게 일어났다.[50] 제일고
녀에서도 1937년 입학생부터 재학생 세 명이 간호부 양성을 위해
경성일본적십자사<sub>일본적십자사 조선본부 경성적십자 병원</sub>로 보내졌다. 동기인 H
씨와 J 씨는 다음과 같이 말한다. "강당에서 육군 장교의 강습회가
있었지요. 거기에서 3명 모두 자극을 받았다고 할까, '지원하겠습
니다'라고 해서."H씨 J 씨의 기억은 좀 다르다. "5학년 때[1941년 4월~
1942년 3월, 조례가 끝난 후] 5학년은 남으라는 말을 들었어요. 무슨 일인가
했더니, 교장 선생님이 위로부터 간호부를 3명 보내라는 명령이
내려졌다, 누구 간호부가 되어주지 않겠나, 라고." 첫째 날도 둘째
날도 나서는 사람은 없었다. 매일 5학년이 남겨져서 간호부가 되
라는 말을 들었다. 그리고 3일째인가 4일째가 되는 날 세 명이 손
을 들었다고 한다.

이러한 간호부 차출의 전말에 대해서 『오사카아사히신문 중선
판』은 다음과 같이 보도하고 있다.

1941년 말엽의 어느 날 쓰지 교장 선생님이 5학년생 일동 앞에서 다음과 같은 말을 했다.

학교를 나와 가정에 들어가는 것은 원래 여자의 본분이지만, 여러분이 살아갈 길은 그것만으로 충분하다고 할 수 없다. 남자를 대신하는 광범위한 직업 분야가 여러분들 앞에 펼쳐져 있다. 듣자 하니 조선의 여학교 출신자 중에 적십자 간호부를 지원하는 사람이 형편없는 수치라고 한다. 참으로 유감스러운 일이다. 여러분은 앞으로 이 방면에도 정진하여 정신挺身해야만 한다. (…중략…)

그런데 그 이야기가 끝나기도 전에 세 개의 하얀 손이 올라갔다. "저희 지원하겠습니다." 결의에 찬 목소리였다.[51]

H 씨와 J 씨의 기억은 서로 다르다. H 씨는 간호부 차출이 육군 장교가 와서 강연했을 때 촉발되었다고 기억하고 있고, J 씨는 교장의 압박이었다고 말한다. 신문은 교장의 말이 끝나기도 전에 지원자가 나섰다는 사실을 미담으로서 보도하고 있다. 어느 쪽이 진실인지는 확인할 수 없지만, 격화하는 전시체제가 여학생 3명을 간호부로 내몰았던 것은 사실이다.

대對 영미전쟁의 영향으로 1942년 7월에는 고등여학교 영어 수업을 수의과목으로 하는 임시적인 조치에 관한 통첩이 내려졌다.[52] 이에 따라 제일고녀는 7월부터 영어를 수의과목으로 변경하여 매주 3시간 이내로 수업하게 되었다. 1943년 이후에는 3학년부터 영어가 선택과목이 되어 사실상 폐지되었다.

당시 분위기를 전하는 흥미로운 사건이 있다. 제일고녀에서 영어 교사였던 다니모토 아키쓰기谷本秋次는 1943년 제일고녀를 사직한다. 전후가 되어 제자였던 1940년 입학생 S 씨에게 보낸 편지에는 당시 제일고녀를 사직한 경위가 쓰어 있다.

경성제일고녀를 사임하게 된 이유는, 반 징용으로 조선군 보도부의 특수特需로서 군 관계 어학 군무軍務에 관여하고 있을 때의 일입니다. 나는 친한 군 간부에게 제주도, 목포, 진남포 쪽에서 젊은 여성을 여자 정신대로 징용하고, 또 청년을 내지의 군사 공장으로 강제 연행하는 것을 자숙하도록 가벼운 기분으로 요청했습니다. 하지만 결국 이 일로 오해를 받아 반전비전론자反戰非戰論者로 지목되었습니다. 교육자로서 있을 수 없는 비국민적인 언동자로 헌병대의 감시를 받고, 쓰지 교장 선생님에게는 나의 사상에 대해 엄중 주의하라는 시달이 내려졌습니다. 조선인만을 대상으로 전국호戰局好轉의 희생으로 하는 것은 '내선일체'를 외치는 총독부의 정책에 반하는 일이라고 나는 크리스트교적인 견지에서 자성을 강하게 요구했을 뿐이었습니다.

나에 대한 신변 처리 문제로 경성제일고녀에 누가 될 것을 염려하여, 결국 학급이 재편되는 3매[3학년 매반]를 마지막으로 정말 본의는 아니었지만, 교직을 떠나기로 했습니다. (…중략…) 나는 단장斷腸의 마음으로 교직을 버렸습니다. 그러나 시급하게 전국戰局에 협력하는 일을 맡지 않으면 남방에 파견될 거라는 헌병대의 의사를 극비로 알려주신 분이 계셨습니다. 학급의 ○○ 씨의 부친입니다. 전前헌병 대장이셨기에 저에게 호의적으로 정보를 알려주시고 편의도 봐 주셨습니다. 내지로 돌아가서도 교직을 맡을 수 없었기에, 군함 건조에 전력으로 조업 중인 가와사키중공川崎重工 KK에 완전 평사원으로 입사해서 매일 밤낮으로 공습이 계속되는 상황에서 근무했습니다.[53]

이렇게 해서 다니모토는 제일고녀를 떠났다. 이 일은 1943년 4월 1일 자 『경기도보』 제2169호에 「의원면본관依願免本官」으로 게재되었다. 식민지 지배 자체를 부정하지는 않지만, 크리스트교 신자로서 발휘한 자그마한 휴머니즘이 한 교사의 인생을 뒤흔들었던 상황을 엿볼 수 있다. 생도들에게 얼핏 평화롭게 보이는 여학교 생활의 이면에는 이와 같은 일화가 있었다. 생도들은 이러한 깊은 사정을 알 길이 없었기에 "3학년 매반 일동은 작법실에서 선생님이 그만두게 되었다는 말을 듣고 너무나 당혹스럽고 슬퍼서 울었다. 하지만 전쟁 때문에 영어를 가르칠 수 없게 되었다고 막연하게 생각"[54]하고 있었다.

1943년부터 여학생 근로봉사가 본격적으로 시작되었다. 제일고녀생은 6월 4일과 7~9일 4일 동안 경기도 농무과의 주선으로 소사읍 도원잠종제조소素砂邑 道原蠶種製造所에서 양잠 실습을 했다. 제일고녀 외에도 제이고녀, 숙명고녀, 용곡고녀가 동원되었다. 신문에는 몸뻬 차림으로 뽕나무 잎을 따는 여학생들의 사진이 게재되었다.[55] 6월 17일부터는 마찬가지로 소사읍 도농사시험장 안에서 인천 쇼와고녀 및 이화여자전문학교 학생들이 함께 3일에 걸쳐서 보리 베기, 모내기, 대두 파종, 과수원 봉투 씌우기 등의 작업을 했다.[56] 1944년 4월에는 학무국 통첩 제92호 「학도동원체제정비에 관한 건」이 공포되었다. 그 내용은 여자학교는 "가급적 학교설비를 공장화해서 동원하도록 하고, 공장 작업장으로 동원하는 경우 고학년은 연중 동원, 저학년은 적당한 작업에 종사"하는 것이었다. 이러한 조치에 따라 경기도에서는 1944년 5월 8일에 제1회 학도동원이 실시되었다. 5월 10일에는 교내 공장화의 첫 번째 시도로 도내 19개 공사립 중등학교에서 매일 1시간씩 운모 가공작업을 하도록 동원령이 내려졌다.[57]

1941년 이후의 입학생은 근로 동원으로서 '운모 깎기'를 경험했다. 인포먼트 중에는 운모는 "비행기의 절연체로 사용되는 재료로 우리의 솜씨는 숙련공 이상이었다"[T씨]라고 기억하는 사람도 있었다. 1944년 입학생은 스스로를 '운모 깎기' 세대라고 불렀다. 1944년 4월에 입학한 동창생은 그 추억을 다음과 같이 쓰고 있다.

오전 중 4시간의 수업이 끝나면, 오후는 작업 — 운모 깎기 — 이다. 끝이 삼각 모양으로 양쪽에 날이 붙은 얇은 창칼 같은 것을 사용해서 크고 작은 운모를 얇게 깎는 것이다. 얇으면 얇을수록 좋아서 두께 3, 4밀리미터짜리 운모를 2장에서 4장으로, 8장으로 그리고 점차 20장, 30장으로, 얇은 매미의 날개처럼 깎아나간다. 비행기의 절연체로 사용하는 커다란 운모가 부족하게 되자, 자투리가 된 운모를 한 번 더 얇게 깎아서 다시 이것을 모아 압축해서 크게 만드는 작업이다. (북선에서 산출

되는 운모가 중요한 군수품이 되었던 이유이다.) 첫째 날에는 조선인 여공이 한 반에 두 명씩 배치되어 실연한 후, 여러모로 지도해 주었다. 그때 왼쪽 직지 손가락 위에 올린 운모가 눈에도 담을 수 없을 정도로 빠르게 쓱쓱 소리를 내며 깎여가는 것을 감탄하면서 보았다. 드디어 전 생도가 이 작업에 착수하게 되었다. 생도들은 삼각건을 머리에 두르고 마스크를 썼다. 책상 위에는 책과 공책을 대신해서 색종이를 예쁘게 붙인 4개의 작은 상자가 놓였다. 가장 큰 것에서부터 부스러기로 더 이상 깎을 수 없는 운모까지 각각의 크기에 따라 상자에 나누어 담았다. 각자의 상자가 가득차면 교단으로 들고 가서 A, B, C 부스러기라고 쓰여 있는 커다란 상자에 넣었다. 처음에는 아주 느리고 서툴렀지만 1개월, 2개월 지나는 사이 능숙해졌다. (…중략…)

운모 깎기가 어느 정도 능숙해졌을 때 전교에서 운모 깎기 대회가 열렸다. 그때는 작업 성적도 성적표의 점수에 영향을 주는 것이 아닌가 하여 혈안이 되어 임했다. '준비, 시작'과 함께 일제히 운모를 깎기 시작해서 끝이 나면 각자 눈금을 재서 기록했고, 그 결과는 다음날 발표되었다. (…중략…) 작업에 대한 보수로 소금 맛이기는 했지만 콩떡이 하루 한 개씩 지급되었다.[58]


위의 인용을 통하여 동원된 여학생이 어떠한 작업에 종사했는지가 생생하게 전달된다.

농작업도 부과되었다. 1944년 4월부터 노량진의 명수대明水臺 농장과 서강西江의 실습지학교 농원에서 주 1회 실시했다. 감독을 맡은 교사는 인분 비료의 운반, 들것을 이용한 말똥 운반, 타는 더위 속에서 농작업 등을 생도들이 열심히 해주었다고 회상했다.[59] 동창생은 이에 대해서 다음과 같이 기록하고 있다.

학교농장-이것도 또한 아주 힘든 작업이었다. 용산선으로 경성 역에서 5번째 역인 서강에 학교농장이 있었다. 농장에 가는 날이 비교적 많았는데, 학교에서 금화산 산기슭으로 먼 길을 걸어 다녔던 것으로 기억한다. 그다지 비옥한 토지가 아니었는지 개간 작업부터 시작했던 것 같다. 농장의 기억 이콜 '말똥 운반'이라는 것이 이구동성의 제일성이기 때문이다. 4명이 한 조가 되어 들것에 쌓인 말똥을 언덕 위까지 몇 번이나 운반했다. 퇴비를 만들기 위해서였다. 수확했던 기억은 그다지 없다.[60]

1945년 3월 18일에는 「결전교육조치요강」이 발표되면서 1945년 4월 1일부터 1946년 3월 31일까지 국민학교 초등과 이외의 학교는 수업을 중지하라는 결정이 내려졌다. 1, 2학년은 학교 공장에서 작업하고, 3학년 이상은 학교에서 작업하는 사람과 공장으로 가는 사람이 학기별로 교체되었다. 신촌의 제과 공장으로 파견된 공장 조는 캐러멜 상태의 열식량熱食糧, 군의 식량으로 캐러멜을 굳혀서 은종이로 싼 것이나 비스킷 형태로 된 휴대식의 포장작업을 담당했다. 매일 아침 경성역에 집합해서 특별 배급으로 소금 맛 콩떡 두 개를 받은 다음 기차에 탔다.[61] 어떤 동창생은 다음과 같이 쓰고 있다.

나는 경성제일공립고등여학교 3학년 매梅반, 학교에서 운모 깎기 작업을 했던 것은 아마 1945년 3월까지이고, 4월부터는 신촌에 있던 해군 의량창衣糧廠 제조공장으로 건빵과 캐러멜을 제조하기 위해 매일 경성역에서 기차로 다녀서, 4월부터는 한 번도 학교에 등교한 적이 없었습니다. 우리는 건빵 조와 캐러멜 조의 두 반으로 나뉘었습니다. 나와 ○○ 씨는 제품을 포장하기 위한 풀을 만드는 일을 담당했습니다. 고우에몬五右衛門가마*의 바닥을 얕게 한 것 같은 커다란 냄비에 배를 젓는 노와 같이 긴 널판으로 매일 풀을 저었습니다. 때때로 풀이 튀어서 자주 화상을 입기도 했습니다.[62]

1940년 입학생은 5학년이 되었을 때 오후부터 적십자병원으로 가서 간호부 양성을 위한 속성교육을 받았다. 외래, 수술, 임상 교육을 받은 뒤 합격증을 취득해서, 거주하는 구區의 경찰에 제출했다.[63] 이 외에도 부과된 근로 동원에는 건빵봉지 꿰매기, 호 파기교정에 1인용 참호 파기, 비행기를 씌워서 감추는 위장망 만들기 등이 과제로 부과되었다.

1942년 4월부터는 부여신궁 조영造營을 위한 근로봉사가 할당되었다.[64] 이 때문에 그동안 진행되었던 내지로 가는 수학여행은 중지되었다. 앞서 언급한 대로 1938년 이후 입학생은 부여신궁의 근로 봉사가 수학여행을 대신했다.

---

\* 가마솥에서 삶아지는 형벌을 받았다는 속설의 주인공인 이시카와 고우에몬의 이름에서 유래했다.

근로 동원 이외에도 전시체제에 대한 호응이 요구되었다. 『경성 휘보』에 의하면 경성군사후원연맹이 모은 황군 위문작품에 제일 고녀는 1938년 10월에 1,025점, 1939년 1월에 291점, 1939년 8월에 824점을 출품했고, 그 외에도 국방헌금 및 휼병금과 위문대를 제공했다.[65] 1939년에는 내선일체 운동의 일환으로 제일고녀생과 조선 여학생이 함께하는 '즐거운 다회'가 열렸다.[66]

전시체제 강화를 위해서 1940년 10월 16일에 국민총력조선연맹이 결성되었다. 이 결성을 기념하는 '국민총력의 저녁'이 12월 18일과 19일, 양일에 걸쳐 개최되었는데, 여기에 제일고녀 합창단이 출연하여 〈국민총력의 노래〉, 〈애국반의 노래〉를 피로했다.[67] 1941년에는 「지나사변 4주년 기념일에 바치는 작문」에 응모한 작품 중에서 제일고녀생 4명이 우수작품에 선정되어 표창을 받았다.[68]

방공훈련도 실시되었다. 1941년 10월 5일 체육회에서 5학년생이 실시한 "본부가 발표하는 실제에 가까운 상정"에 기초한 방공훈련에 관한 기사가 다음과 같이 게재되었다.

교사 한쪽 구석에 낙하된 적의 소이탄을 향하는 소화 펌프관 끝에서는 진격의 애교심이 용솟음친다. 지붕으로, 지붕으로 사다리를 따라 양동이를 운반하는 정확한 손놀림은 밝은 미래의 가정방화군장이라고도 불릴 정도.[69]

교정에서는 방공연습도 실시되었다. 이때 미나미 조선 총독이

시찰하러 왔다고 한다. "예행연습을 할 때는 모두 대충대충 진지하지 않아서 선생님이 걱정했지요. 하지만 정식으로 할 때는 훌륭했어요."H 씨 이처럼 일사불란하게 움직이는 학생들의 모습은 방공연습을 시찰 나온 미나미 총독으로부터 "만족한다"라는 말을 이끌어냈다고 한다. "사다리를 걸쳐놓고 양동이 릴레이를 해서" "지붕에도 담장에도 어디에건 물을 뿌렸다."J 씨 R 씨는 "적의 대장[루즈벨트]과 닮은 얼굴 그림을 그려놓고 물을 뿌렸다"고 회상하기도 했다.

경성에서는 중일전쟁이 시작된 직후 경성부방호단이 결성되었다. 각 정회町會마다 방호단을 결성하고 그 아래 가정방호(화火)조합을 두어 공습에 대비하는 체제를 정비했다.[70] 1938년에는 정町 내의 부인회가 방호연습을 실시했다.[71] 또한 1939년 9월에는 6일 동안 「중선지구방공연습요강」에 기초한 훈련이 실시되었다.[72] 여학생에게도 미래의 가정방호(화)조합의 일원으로서 훈련이 부과되었다.

1941년 3월 31일에 「국민학교규정」이 공포되어(다음 달 4월 1일 시행), 조선어 학습이 폐지되었다. 이제 학교나 길거리에서 조선어가 들리지 않게 되었다.

통학수단도 규제받았다. 교통기관을 사용하는 경우 학교에서 2킬로까지는 걸어서 다니게 되었다.P 씨[73] 이것도 체력을 양성한다는 의미에서였다.

1942년 4월부터는 남녀 중등학교의 교복이 통일되었다. 여자교복이 숄칼라의 앞트임 상의에 하의는 플레어스커트로 정해지면서[74], 제일고녀의 그 '동경'의 교복은 모습을 감추었다. 게다가 그해 중반부터는 스커트가 금지되었다. 그 대신 오버올 몸뻬[뿐빠이바지] 같은 것을 착용하고 면을 넣은 방공 두건을 어깨까지 늘어뜨리도록 쓰는 게 의무화되었다. 또 하얀 옷은 금지되었다.[띠씨] 1943년 입학생부터는 몸뻬를 착용하게 되었다.[75]

1942년에 입학한 동창생은 다음과 같이 기록하고 있다.

우리 38회 졸업생은 태평양전쟁으로 시작해서 패전으로 학창 시절을 끝내는 폭풍의 4년을 보냈습니다. 동경했던 교복도 결전 하의 표준복으로 바뀌고, 겨우 플레어스커트의 양 옆에 흰 선을 붙인 것만으로 기쁨과 자부심에 가슴을 펴고 학교를 통학했습니다. 그 첫 번째 상징인 흰 선도 얼마 지나지 않아 몸뻬 가슴팍에 5, 6센티의 존재만을 허락받게 될 뿐이었습니다.[76]

1944년에는 여성의 몸뻬 착용 운동이 전개되었다. 몸뻬를 입지 않은 사람은 관공서나 집회소 출입이 금지되고 전차나 버스 승차도 거부당했다는 기사가 보도되기도 했다.[77] 내지에서는 1940년에 「대일본제국국민복령」이 공포되어 남성은 국민복을, 여성은 몸뻬를 착용하게 되었다. 조선의 경우 복장 규제가 내지보다는 뒤늦게 실시됐던 것이다.

1943년에 「고등여학교규정」이 개정되어, 4월 1일부터 시행되었다. 내지의 학제 개혁에 호응해서 4년 수료만으로 졸업할 수 있게 되었다. 1939년에 입학한 생도가 5학년이 된 해부터 근로 동원이 시작되었고 수업은 거의 사라졌다. 다만 진학을 희망하는 생도는 진학반이라는 학급을 통해 수업을 제공받았다. 게다가 1940년 입학생부터는 4년 과정이 끝나면 상급학교로 진학할 수 있게 되었다.

1944년 3월 졸업할 무렵에는 진학보다는 군과 관련된 취직자리를 알선 받는 경우가 눈에 띄게 증가했다. 1943년에 졸업한 O 씨는 당시의 상황을 다음과 같이 전하고 있다. "연구과에는 1년도 다니지 않았어요. 왜냐하면 그런 곳에 가면 징용되었거든요. 요컨대 조선에는 군수공장이 아주 많았으니까요. 이미 대부분의 기업이 군수공장과 감독공장이 되어 있었어요. 여학생은 모두 동원되었지요. 그랬어요. 여학교 시절도 있기는 했지만, 그래도 그런 명문 여학교[창덕고등여학교]에 다니면 안 되었지요. 그래서 어쨌든 해군 관청에서 일해야겠다는 생각에 해군 무관부로" 간 것이라고 했다. 1944년 졸업한 Q 씨는 총독부 중앙시험소 전기화학부에서, R 씨는 육군 조병창에서 근무했다. 1943년 10월 5일에 관부연락선인 곤론마루崑崙丸가 격침되자 그 후로 내지와 조선을 왕복하는 것에 대한 위험이 증가하면서 내지의 상급학교로 진학하는 학생이 감소했다고 한다.

격화되는 전시체제가 여학교 생활을 바꾸었던 것이다.

## 6. 전쟁 말기_패전의 예감

당시 제일고녀의 생활 그 자체가 전쟁 수행 체제로 편입되어 가고 전쟁이 격화되는 가운데 인포먼트는 이 '성전聖戰'의 행방을 어떻게 느끼고 있었을까. 이미 소학교 훈도였던 A 씨는 "국책에 따르는 것은 당연"하다고 생각하면서 나날을 보냈다.

인포먼트의 다수는 일본이 전쟁에 질 거라고는 예상하지 못했다.C, G, J, P, S, T, U, V씨 J 씨는 "전황이 불리해져도 패할 거라고는 생각하지 않았다. 최후의 한 사람이 되더라도 싸울 심정이었는데, 결국 패하고 나니 지구상에서 야마토大和 민족은 사라지는구나"라고 생각했다. T 씨는 "언제쯤 가미가제神風가 불까"라고 생각했다.

함흥고등여학교조선인 여학교 교원이었던 D 씨는 "무슨 일이 있어도 이겨야만 한다"고 생각했다. 하지만 여학생을 동원해서 송근유松根油를 채취하기 위해 송근 파기[78]를 실시할 때 군관계자에게 "이렇게 해서 얼마나 기름을 얻을 수 있나요?"라고 물으니 "두세 방울"이라는 대답이 돌아왔다. 그때 "아아, 더 이상 일본은 안 되겠다"고 패전을 예감했다.

일본의 승리를 믿을 수 없었던 사람도 있었다.E, M, I, O, R씨 육군 조병창에서 근무했던 R 씨는 "일본은 이제 질 거야"라는 친구의 말에 자신 또한 "이길 거라고는 생각하지 않았다." 조선군사령부에서 통신대원군속[79]으로 일했던 I 씨는 승산이 보이지 않아 결국에는 패전하게 될 거라고 확실하게 예감했다. "8월에 원폭이 투하될 무렵부터 이제 일본이 질 거라는 것은 알게 되었습니다. 하지만 진다면 어떻게 되는지까지는 군속이기도 해서 생각하고 싶지는 않았어요. 그렇기 때문에 우리도 옥쇄하게 될 것이라는 소문까지" 있었다고 한다. 해군 무관부에서 근무하고 있던 O 씨는 사령부로 수신되는 문서를 제일 먼저 개봉하는 역할을 담당하고 있었다. "해군성 발發의 그 문서를 나는 전부 읽었습니다. 그야말로 이거 뭐야, 할 만한 것이었지요. 오키나와沖縄의 참사와 항공연료 부족 등 그런 상황이 모두 문서로 들어왔으니까요. 그 때문에 패전은 이미 알고 있었습니다." 오키나와 전戰의 종결, 그리고 신형 폭탄원폭의 투하를 알았을 때 입 밖에 내지는 않았지만, 그들은 패전을 예감했다고 한다.

1941년 이후의 입학생 대부분은 근로 동원에 몰두하다가 1945년에 패전=일본제국의 붕괴를 맞이했다. 그리고 여러 과정을 거쳐 경성제일공립고등여학교는 10월 5일자로 37년간의 역사를 마감했다.

1908년 개교로부터 폐교까지 역대 교장은 10명, 졸업생 총수는 6,065명1회 졸업생부터 38회 졸업생까지이었다. 재적생도는 1학년에서 3학년까지 773명이었다. 도중에 전학한 사람과 퇴학한 사람을 제외해도 6,838명의 소녀들이 제일고녀를 배움의 전당으로 삼았던 것이다.

제4장

# 조선 인식과 식민지 인식

### 식민지주의는 어떻게 내면화되는가

## 1. 조선인과의 콘택트존

식민지 조선에서 생활했던 인포먼트의 눈에 조선 사람들은 어떻게 비쳤을까. 생활상에 접점은 있었던 것일까.

인포먼트 중 조선인과 어울려 놀았던 경험이 있는 사람은 드물다. "놀 때는 조선인은 조선인끼리, 일본인은 일본인끼리였어요"C씨, "친구도 지인도 모두 일본인이었어요"T씨, "제일고녀의 건너편에 조선인 소학교*가 있었어요. 하지만 그런 곳이 있다는 것뿐, 그다지"G씨 라는 말에서 알 수 있듯, 조선인을 자신의 생활권으로부터 동떨어진 존재로 인식하는 사람이 많았다. 다만 소학교 때 같은 반에 조선인 여자아이가 있어 그 집에 놀러 갔다가 너무도 넓은 저택의 규모에 놀란 (양반 딸이었다) 체험을 가진 사람도 있지만S씨, 이것은 예외적인 경우이다. 여학교 시절에 조선인 클래스메이트와 친하게

---

\*    현재의 덕수초등학교.

지낸 사람은 없다. 원래부터 조선인이 다니는 여학교는 여자고등 보통학교라 해서 일본인이 다니는 여학교와 별도로 존재했다. 따라서 제일고녀에 입학하는 것은 조선인 사회에서는 매우 특수한 일로 간주되었다. "귀족[양반]의 딸이랬나 반에 두 명이 있었는데, 이야기해본 기억도 없어요. 고립되어 있었지요"C 씨, "[조선인은] 반에 한 명 있었는데, 친구가 될 수는 없었어요"M 씨란다. 설령 같은 반에 조선인이 있는 경우에도 일본인 여학생과는 서로 멀리하는 관계가 되기 십상이었던 듯하다.

그렇지만, 조선인과 접점을 가진 사람도 있었다. 스케이트 선수였던 Q 씨는 "보통 때에는 벽이 있었지만 조선인들이 스케이트를 더 잘 탔기 때문에, 나는 오히려 존경하는 마음도 있어 사이가 좋았어요. 한국[조선]인으로서 스케이트를 탄다는 것은 다소 상류층의 [경제적으로 풍족한] 사람들을 의미했지요"라고 한다. 스케이트 경기를 통해 타교의 조선인 학생과 우정이 싹트기도 했는데, 전후에도 교류를 지속했다고 한다. 경성사범학교의 여자연습과에 진학했던 A 씨는 같은 반의 조선인 여학생과의 접촉이 있었다. "모두 좋은 가정에서 자란 사람들로, 조센징*이라 부른다든가 하는 그런 차별의식 같은 것은 우리 마음속에는 전혀 없었어요"라고 말한다. 이화여자전문학교로 진학했던 D 씨는 조선인 학우와 아무런 위화감 없이 공부를 했다고 한다. Q 씨의 말에서 알 수 있듯 흔히 말하는

---

* '조선인'에 대한 일본식 발음으로, 조선인에 대한 차별적인 용어로 사용되곤 했다.

상류층에 속한 조선인과의 한정된 만남이었다는 것을 알 수 있다.

부모를 매개로 한 간접적 접촉은 많다. 아버지의 직업과 관련된 교류 때문에 조선 사람들이 집에 출입하고 있었다는 사람A, R, S 씨, 고용인 일가와 가족 단위의 친밀한 관계를 경험한 사람O 씨, 일본인과 조선인의 혼거混居 지역이었던 신흥주택지에서 전화로 불러내는 등 친하게 지내던 사람K 씨 등이다. 다만 이렇게 교류를 하는 가운데 숨겨진 의미도 모른 채로 '요보ㅋボ*'라는 멸칭을 사용했던 사람도 있다.V, S 씨[1]


## 2. 거주지의 분리

식민지에 살고 있었지만 조선인과 이들 여성의 접점은 적었다. 이는 거주지가 분리되어 있었기 때문이다.[2] "집이 있고 길이 있는데, 건너편이 조선인들의 집이었어요"C 씨, "중심가는 모두 일본인 거리였어요"J 씨, "거기에서 내려가면 조선 사람들의 집이랄까 부락이 있었어요. 가게도 그 근방에 있었기 때문에, 때때로 심부름으로 그곳에 물건을 사러 간 적이 있어요."I 씨 "조선인 거리에는 가본 적이 없다는" 개성에서 자란 P 씨는 경성으로 이사한 뒤의 모습을 다음과 같이 말하고 있다. "미사카 도리三坂通り라는 곳은 비교적 일본

---

\* 식민지 시기 조선인들이 상대방을 지칭할 때 쓰는 '여보'라는 말의 일본식 발음으로, 조선인에 대한 멸칭으로 사용되곤 했다.

인이 많고, 군대가 가까이 있었어요", "그래서인지 일본인 주택이 많았어요", "한국 분들[조선인]의 동네와는 전혀 달랐지요". R 씨도 말하기를, "마을에는요, 일본인만 사는 마을이라서 한국인[조선인]은 그다지 많이 살고 있지 않았어요". 대구에서 자란 S 씨는 "명확하게 나누어져 있었어요. 우리집 옆으로 길이 나 있었는데, 그 길보다 좀 낮은 곳에 조선 사람 집들의 지붕이 보였어요"라고 말한다.

혼거 지역에 살던 사람도 있었는데, H 씨의 경우 혼거 지역에서 일본인만 사는 지역으로 이사를 한 뒤 어머니가 "환경이 좋아져서 다행이다"라고 말한 것을 기억하고 있다. 어머니의 이 같은 의식은 꼭 그대로 딸인 H 씨에게로 이어졌다. 예외는 있지만 대부분의 경우 조선 사람들과 접할 기회 자체가 주어지지 않았다. 식민자들은 주위와는 동떨어진 세계에서 타자의 존재를 마음에 두지 않고 살았던 것이다. 이 같은 이유 때문에 인포먼트의 시야에서 조선인의 존재는 배제되고 있었다.

나아가 조선인이 살던 종로는 발을 들여서는 안 되는 장소로 인식되고 있었다. "종로라는 곳이 있었어요. 그 동네는 조금 무서웠어요. 식구들로부터 거기 가서는 안 된다는 얘기를 들었어요", "게다가 만세운동이란 것도 있었잖아요. 우리가 태어나기 전이었지만. 남산이 온통 흰색이었대요. 모두 흰 무명옷을 입고 있었기 때문에. 그래요. 만세, 만세라고. 그때는 문을 단단히 걸어 잠그고 절대로 열어서는 안 됐었다는 얘기를 들었어요. 그래서 종로라고 하면 독립운동을 한다든가 그런 사람들이 모이기 쉬운 장소였던 게 아니었을까요."J씨. "종로 방면으로는 이상하게도 나도 모르게 안 가게 되었어요. (…중략…) 역시 누가 뭐라 해서 그랬던 것 같지는 않지만, 왠지 몰라도 거의 가지 않았어요."K씨. 종로는 1919년 3·1 독립운동의 발상지였던 까닭에 신세대가 가진 공포의 기억이 그곳에 가는 것을 방해한 것이다.

거주지의 분리는 인포먼트의 관심을 딴 데로 돌림으로써 조선인의 존재를 보이지 않도록 했다. S씨는, "[경성에] 조선인 여학교가 몇 개 따로 있었지만, 나는 잘 몰랐어요"라고 한다.[3] V씨는 "조선인들이 어떻게 사는지에 대해 관심을 가져본 적은 없는가"라는 질문에 대해서 "그 정도까지 관심은 없었어요. 일본인의 생활과는 다른 것이라 생각했어요"라고 대답했다. 피식민자인 조선인의 생활은 자신들의 생활과는 상관없는, 단지 풍경과도 같은 것으로 인식되고 있었다. 마찬가지로 혼거 지역에서도 식민자억압자와 피식민자피억압자라는 인식은 보이지 않는다. 이는 인포먼트가 아직 성인이 되기 전미성년이어서 사회에 대한 깊은 통찰을 하기에는 어렸다는 데에 그 원인이 있을 것이다. 또한 인포먼트가 풍요로운 삶을 누리면서 그 생활에 만족하고 있었기 때문에 우위에 있는 자의 시선으로 조선인을 바라보고 있었던 데서 기인하는 바도 있으리라. 조선인 사회와의 분리는 의식적으로 이루어지고 있었지만, 이를 의문시하는 경우는 없었다. 이와 관련하여 히라타 유미平田由美는 다음과 같이 지적한다.

식민지에서 일본인의 격리된 집단주거=피식민자인 주민과의 거주지 구분에 의한 공간의 분할, 지배 언어와 피지배 언어라고 하는 언어의 분할 및 식민자의 모노링구얼한monolingual 언어상황은 타자와의 만남을 곤란하게 하는 것이었고, 황민화 정책은 만나야 할 타자 그 자체를 말살하려는 기획 그 자체였다.[4]

조선에 있어서 식민자=일본인과 피식민자=조선인의 관계는, "원주민의 거주지는 콜론colon의 거주지를 보완하는 것은 아니다. 이 두 지역은 대립한다. (…중략…) 두 지역은 상호배제의 원칙을 따른다. 화해란 존재할 수 없으며 다른 한쪽은 쓸모없는 것이다"[5] 라고 한 프란츠 파농의 지적과 일치하는 것이었다.

### 3. 조선인 고용인의 존재 _ 종속자로서

인포먼트들이 만난 조선인 중 가장 많은 사람이 고용인이었다. 인포먼트 20세대 중 15세대가 조선인 고용인을 부리고 있었다. 이들 고용인과 인포먼트 사이의 관계를 살짝 엿볼 수 있다. H 씨는 다음과 같이 말한다.

내지에서 처음 저쪽으로 갈 때는 친척을 데려갔어요.
나중에 자리를 잡고 나서 저쪽 고용인을 사용했어요.

더부살이도 있고 통근도 있었지만 대개는 더부살이를 했지요. 말하기는 뭣하지만 손버릇이 나쁘다고나 할까.

그랬지요. 그리고 오모니[결혼한 여성 고용인] 중에 일본어를 할 수 있는 사람이 거의 없어서 일본어를 할 줄 알면 급료가 좀 높았어요. 흠, 대부분 조선말을 쓰니까, 몸짓으로. 조선어를 할 수 없으니 하고 싶은 말이 있는 경우에는요.

대화를 나누는 경우는 거의 없었지만, 우리는 가족처럼 대우하려 했으니까 친근감도 있었지요. 무언가 가져다 달라는 등 [어지간한] 부탁을 한 적도 있었던 것 같아요. 정직한 사람도 있었지만 문제가 있는 사람도 있었어요. 그런 사람은 적었지만요.


H 씨는 "가족처럼" 대우했다고 말하면서도 "손버릇이 나쁘다[도둑질을 한다]"면서 조선인에 대한 편견을 드러낸다.[6] 그러나 대개의 경우 서로 이야기를 하는 경우는 없었다고 한다.

J 씨는 고용인에게 일본어를 가르친 적이 있었다.


우리집 오모니는 좋은 사람이었어요. 일본 문자를 가르쳐 달라고 했어요. 인텔리였죠. 이집 저집에서 일하던 오모니들이 우리집 오모니한테 읽어달라고 자신들의 편지를 들고 왔어요. 그리고 답장을 대필해 주었지요.

40대였을 거예요. 꽤 오래 있었지요. 50대가 될 때까지 10년 정도는 있었을 거예요. 그 전에는 다른 오모니도 있었고, 가고시마에서 온 이

빨이 검은 할머니가 있던 적도 있었어요. 좀 엄했다고들 하더군요. 오모니는 여동생을 아주 귀여워했어요. 1년에 한 번 정도 며칠간 휴가를 얻어 고향에 가곤 했는데요. 한번은 동생을 데리고 간 적도 있었어요.

나한테는요, 아가씨는 응석받이라서 문제예요. 도시락 반찬이 이렇다는 둥 뭐가 저렇다는 둥, ○○ 아가씨는 한 번도 이런 얘기를 안 한다고 했었어요.

나한테 [일본어를] 가르쳐 달라고 했어요. 가타카나도.

J 씨는 오모니에게 일본어를 조금 가르쳤지만, '귀찮다'며 그만두었다고 한다.

L 씨는 나이가 비슷한 고용인과 '친구'처럼 접하고 있었다고 한다.

고참이 1명, 조선인 중에는 통근하는 사람이 1명 더부살이가 1명 있었어요. 음, 아는 사람을 통해 시골에서 오는 건데, 끊이지 않고 분명 왔어요. 아니오, 친구 같은 느낌이었죠. 책[『붉은 벽돌집』]에 쓴 그대로 가족 중에서 가장 친한 사람이죠. 특히 나이가 어린 사람은요. 부모님은 자신의 생활로 바빴어요. 어머니가 교육에 극성이었던 것도 아니고 놀이 상대도 아니었으니까요. 흉내나 내는 정도지만 주방 일을 도와주었어요. 고로케를 만든다고 하면 도와준다거나 하는 식이지요. 뭐, 그렇게 요리를 배우기도 했으니까요. 그러니까 부모님은 놀아주는 사람[상대]은 아니잖아요. 친구 사이, 우정 관계였어요. 나이가 제일 비슷하고 같은 지붕 아래에서 살고 있었으니까요. 저로서는 친구 사이라고 생각했어요.

L 씨는 그 오모니의 남편이 돈을 요구하러 오는 장면을 목격한 적도 있어서 고용인 부부의 관계를 엿보기도 했다.

돈을 받으러 온 거죠. 분명히 있었던 일이에요. 볼품없는 몰골을 하고 먼 곳에서 와요. 조선인은 남존여비랄까, 유교 영향이겠지요. 부부 관계가 좋다고는 할 수 없으니까요. 지팡이를 치켜든 채 큰소리로 고함을 치면서, 끝도 없이 졸랐지요. 반쯤 취해 있었거든요.

O 씨의 집안은 장사를 하고 있어서 가게에서 많은 조선인 고용인을 부리고 있었다. 또한 사생활에서도 여성 고용인을 쓰고 있었다.

네. 하나 양. 당시 미혼여성을 저쪽에서는 기지배라고 했어요.
기지배상. 하나 양은 저를 정말 귀여워해 줬어요.
오모니가 두 명. 어릴 때는 아이 보는 사람도.
모두 경성 근교에 고향이 있었던 듯해요. 그래서 제사라든가 정월에는 모두 집에 돌아가는 거죠.
나도 함께 간 적이 있었는데, 떡이 너무 맛있었어요. 뭐라 말할 수 없이. 먹을 때의 감촉이랄까, 맛이 좋았어요. 그걸 지금도 먹고 싶다고, 늘 그렇게 생각했어요. 다른 사람들은 그걸 잘 몰랐을 거예요.

Q 씨의 집은 토목 건축 관련 일을 했던 까닭에 조선인을 많이 고용하고 있었다. 사생활에서도 여성 고용인을 부리고 있었다.

부자들은 식모를 일본에서 데려와요. 우리 같은 중류층이나 그 이하의 경우 조선 사람을 부렸어요. 오모니, 오모니 하고 불렀지요. 월급이 싸서 8엔 정도였던 것으로 알고 있어요.

그러니까 급료가 쌌거든요. 일본인 식모의 경우는 12엔 정도였어요. 이것은 좀더 상류층 사람들의 사례이지만요.

그리고 [오모니가] 8엔이었던 월급을 일본인과 비슷한 10엔인가 12엔으로 올려달라고 했는데, 우리 집도 8엔에서 10엔인가 12엔으로 올리는 건 불가능했어요.

좀 더 올려달라는 거였어요. 너무 좋은 오모니라서 무엇이든 원하는 대로 해주었지만, 어쩔 수 없이 저희 엄마와 헤어져 돌아갔습니다.

다른 사람을 싸게 8엔인가 얼마에 고용했지요.

어머니를 통해서 들은 거지만, 이 오모니는 깔끔한 걸 좋아하고 일도 잘 한다고 했어요. 하지만 나는 왠지 내가 좀 더 위라는 생각을 했어요[오모니보다 자신이 높은 사람이라고 생각했다].

나는 한국말을 흉내 내는 둥 좀 무례했던 것 같아요. 어머니에 대해 오모니가 말하기를, 이 집 주인 아주머니는 정말 좋은 사람이지만, 아가씨들은 좀 무례하고 ○○짱[맨 아래 동생]만 귀엽다고. 그러니까 아마 내가 가장 인상이 안 좋았던 게 아닐까요.

온돌에 불을 때거나 목욕물을 데우는 둥, 나도 애를 돌보기는 했지만, 오모니가 하는 일은 청소라든가 그런 일이었지요.

위의 경우 조선인 고용인과 일본인 고용인 사이의 월급 차이가 드러날 뿐만 아니라, Q 씨가 고용인에 대해 우월의식을 품고 있었다는 것을 알 수 있다. 고용인은 아이들의 눈에도 종속된 존재로 비춰진 것이다.

V 씨의 집은 의원을 개업하고 있었는데, 여성 고용인 이외에 남성 고용인을 인력거꾼으로 두고 있었다.

> 집에 인력거가 있어서 조선인 인력거꾼이 있었습니다. 오모니에 대해서는 아무런 느낌이 없었지만, 인력거꾼은 엄청 밥을 많이 먹었대요. "일본식 비빔밥은 맛있네요"라곤 해서, 얼마든지 먹으라고 했다고, 그런 농담 같은 걸 하곤 했어요.

V 씨는 이 말을 하면서 "그렇군요, 멸시하고 있었던 걸까요"라고 말했다. 조선인 인력거꾼이 대식가였다며, 차별적인 시선으로 보고 있던 자기 자신을 상기하고 있다.

인포먼트는 조선인을 종속된 존재로 보고 있었다. 앞서 말했듯이, 고용인을 '오모니기혼여성'나 '기지배미혼여성'라 부를 뿐 고유명사로 부르는 경우는 없다. 혹은 기혼여성에게는 '하루상', 젊은 여자에게 '하나짱' '하나상' 같은 일본식의 호칭을 붙이는 경우도 있었다. "오모니의 이름 같은 건 모른다"고 말하는 사람도 있다J 씨. '옥희'나 '경순' 같은 고유명사를 기억하는 인포먼트도 있지만M 씨, 고유명사로 부르지 않는 것이 일반적이었던 것 같다. 고용인은 하나의 인격으로 다루어지고 있지 않았기 때문이다. 따라서 "오모니와 사이가 좋았다"A, J, L씨, "고용인의 집에 가서 대접을 잘 받았다"A, O 씨, "친절하게 대해 주었다"A, Q씨 등의 경험도 '거스를 수 없는 종속 관계'에 의해 뒷받침되고 있는 것이었다. 그리고 이를 지배 혹은 차별이라고 느끼지는 못하도록 하는 구조가 있었다. 식민지 지배 의 폭력은 이러한 형태로 관철되고 있었다.

## 4. 문화·풍속·습관을 보는 시선

인포먼트들은 조선의 문화·풍속·습관을 어떻게 보고 있었을 까. "저쪽[조선]에 있는 동안 조선 요리라는 것을 먹어본 적이 없어 요. 조선 요리를 하는 가게가 있기는 했지만 아무도 데려가준 적이 없어요"O씨라는 말에서 알 수 있듯 인포먼트의 대부분은 조선에 살면서도 조선 요리는 먹지 않았다고 한다(다만, 후술하겠지만 김치는 예외였다). 이는 일본인이 현지의 문화·풍속·습관을 멸시하고 있 었기 때문이다.

그 중 하나가 장례식이다. "지금도 그렇지만 조선 사람은 장례식 때 '아이고, 아이고' 하면서 큰 소리로 좀 과장되게 울잖아요. 이 때 문에 모두들 조선 사람을 우습게 봤어요"G씨. 또한 여성들의 행동 거지도 멸시의 대상이 되었다. "조선 사람은 정좌*를 하지 않아요.

---

* 일본인들이 주로 무릎을 꿇고 정중하게 않는 자세. 조선인, 특히 여성들의 양 반다리와 대비되는 용어로 사용되고 있다.

그런데 우리는 정좌를 하도록 배웠기 때문에 '정말 흉해'라고 말하게 되는 거죠. 어쩔 수가 없어요. 국민성이니까요. 역시 고급스럽게 보이지는 않았지요. 한쪽 무릎을 세우고 있으니까요. 이런 면에서, 우리는 어린 나이에 세뇌가 되어 있는 데다, 이런 것을 보게 되니까, 좀 미안하지만, 업신여기고 있었어요."G씨. 이런 경우는 문화·풍속·습관의 단순한 차이가 지배·피지배의 권력관계 가운데 '뒤떨어져 있음=비문명적'으로 비치고 멸시로 전환되는 전형적인 사례이다. 한편 일본인이 신는 게다下駄*나 지케다비足袋**의 끝이 갈라진 것 때문에 조선인은 일본인을 '쪽발이'라 부르며 멸시했다.

이들 중에는 조선인이 예의를 중시하는 것에 대해 존경심을 느낀 이도 있다. O 씨는 "노인에게 존대하고 아버지 앞에서는 담배도 피지 않는 것에 깜짝 놀랐다"고 말한다.

서로를 포용하지 않는 문화 가운데에서 모두가 수용한 것은 김치였다. "[경순-역주] 언니의 오모니는 연말이 되면 집에 와서 김치를 담가 줬어요. 그래요. 너무도 맛있었어요. 진짜 경순의 오모니의 김치는요. 어머니도 배우고 저도 그걸 보면서 배웠습니다"D씨. "김장철이 오면 내가 오모니, 오모니 하고 부르던 그분이 김치를 담가 줬어요. 우리 아버지는 술꾼이었는데, 이상한 반찬 따위는 필요 없다고 하고선, 나중에는 김치만 있으면 된다고 했어요. 어머니의 웬만한 요리로는 도저히 당해낼 수 없었어요"P씨. "김치만은 오모니

---

\*     일본인들이 신는 나막신.
\*\*     끝이 둘로 갈라진 일본식 버선.

가 집에서 모두 담가 줬어요. 집에서 항아리에 이렇게 담가 주는데, 김치는 정말 좋아했어요"0씨. "김치만은 맛있었다"는 것이다.[7]

## 5. 일본어의 강제 ___ 당연한 풍경

B 씨는 근처의 조선인 아이들과 함께 논 적이 있는데 아이들이 일본어를 했기 때문에 "우리는 조선어를 사용하지 않았어요"라고 한다. C 씨도 "소학교에 들어가니 학교에서 조선어를 사용하지 못하게 했어요. 그래서 모두 일본어를 사용했습니다. 나이 든 할아버지들 같은 경우 불가능했지만, 젊은 사람들은 모두 일본어를 썼어요"라고 말한다.

이화여자전문학교에 진학한 D 씨에 의하면 수업은 모두 일본어로 하고 학생들도 일본어를 했기 때문에 "어떠한 불편도 없었다"고 한다. 조선문학 수업이 있었지만 선생님으로부터 "일본인이니까 조선어는 배우지 않아도 좋다"는 이야기를 듣고 출석을 하지 않았다. 그러나 흥미가 있어서 친구에게 조선어를 가르쳐 달라고 부탁하니 "너는 배우지 않아도 돼. 내가 일본어를 배우고 있으니까"라는 대답을 들었던 체험을 가지고 있다.

J 씨는 조선인도 모두 일본어로 말했던 것을 두고 "모두 일본인"이라 했다. K 씨는 주변의 조선인과 당연하다는 듯이 일본어로 인사를 나눈 일을 기억한다. O 씨의 집은 큰 규모의 장사를 했는데,

아버지도 어머니도 조선어를 할 줄 몰랐지만, 고용인이 모두 일본어를 했기 때문에 "조선어는 필요가 없었다"고 한다. 작은 사업을 운영했던 P 씨의 아버지도 "조선어를 할 필요는 거의 없었다"고 기억한다.

R 씨는 근처의 조선인과 왕래를 했지만, "상대방도 일본어를 했으므로" 그게 당연하다고 생각했다. S 씨는 버스를 탈 때 조선인 운전수와 차장이 일본어로 안내하는 것을 의심 없이 바라봤다. 더구나 진학했던 경성여자의학전문학교에서 패전이 임박했을 무렵 상급생 한 명이 외과 교수와 조선어로 속삭이듯 이야기하는 장면을 우연히 목격했을 때 "찜찜한" 기분을 느꼈다고 한다.[8] V 씨의 아버지는 병원을 개업하고 있었는데, "일하러 오는 사람들[조선인들]도 모두 일본어를 했다"고 한다.

인포먼트들은 이처럼 피식민자인 조선인이 일본어를 하는 것을 매우 당연하다고 생각할 뿐, 이에 대해 의문을 품지는 않았다. 당연한 풍경으로 이를 받아들인 것이다. 우위에 있는 일본인이 불편을 느끼지 않도록 편안한 환경이 만들어져 있었지만, 조선인은 자신들과 다른데, 어째서 이런 존재가 있는가 하는 질문이 제기되지는 않았다. 타자의 존재가 눈에 띄지 않고 은폐되었기 때문에, 인포먼트가 억압적인 구조를 깨달을 수 있는 기회도 박탈당한 것이다.

# 6. 창씨개명 ___ 의문을 가지는 일 없이

창씨개명[9]에 대해 기억하는 인포먼트는 많다. 졸업 후 조선인 여학생이 재학하는 여학교의 교사가 된 D 씨는 창씨개명으로 인해 조선인 교사의 이름이 "모두 변했어요" "당연하다고 생각했어요"라고 말한다. G 씨도 개명한 한 사람을 기억하는데 "나는 어린 아이나 마찬가지여서, 그런가 보다 생각했을 뿐이에요"라고 한다. H 씨는 경성의학전문학교에 근무할 때 가깝게 지내던 조선인은 "모두 바꿨습니다" "전혀 이상하다고 생각하지 않았어요" "창씨개명이, 민족이니 뭐니 하는 그런 어려운 것이라고 생각한 적이 제게는 없어요"라고 지극히 당연한 것으로 받아들이고 있었다. Q 씨는 스케이트 선수였는데, 잘 알고 지내던 조선인 선수가 개명한 것을 기억한다. "저 사람은 바뀌었네, 저 사람은 안 바뀌었네 하는 느낌이었어요. 특별히 [이름을] 바꾸어서 문제가 되었다거나 하는 식으로, 이것을 정치적으로는 생각하지 않았어요." R 씨는 육군 병기창에서 근무할 때 가까이 지내던 조선인이 개명했던 것을 기억한다. 싫어하는 조선인들도 있었지만 "우리와는 관계가 없는 일이라고 생각했어요"라고 한다.

소수지만 창씨개명에 대해 의문을 가진 이도 있었다. K 씨는 "창씨개명이란 것에 대해 이상하다고 생각했어요. 겐 고요* 씨[집에 출입

---

\* 한자로 된 이름을 일본식으로 발음한 것이라서 정확한 한국어 발음을 확인할 수 없다.

<sup>하던 아버지의 부하</sup>가 오야마 고요가 되었어요. 그래서 이상하다고 생각 했어요. 부모님이 그렇게 생각해서 그랬는지도 몰라요". 다만 "어떻게 해서 이렇게 되는 건지에 대해, 어린아이라서 그다지 신경을 쓰진 않았어요". 창씨개명 건에 대해 "아니, 왜?"라는 의문을 품거나 "심한 일을 하네… 라고 솔직히 생각했어요. 김 상이 가네야마 상이 된다든지"O씨.

"아무렇지도 않게 생각했어요"라는 말에서 알 수 있듯이 실제로 창씨개명을 목격하더라도 대부분의 인포먼트는 의문을 품지 않았다. 일본어를 하는 조선인이 일본식으로 개명하는 것은 당연하다는 생각을 가지게 된 것을 상상하는 것은 어렵지 않다. 창씨개명에 대해 강한 의문을 품은 아버지를 둔 인포먼트도 있었지만, 그녀들은 이 같은 생각을 보다 심화하기에는 어려웠다. 게다가 사고를 가로막는 식민지 지배의 구조적인 힘은 여기에도 작동하고 있었다.


## 7. 식민지를 인식하고 있었나 __ 식민지 지배의 불가시화

대다수의 인포먼트는 조선이 식민지라는 사실을 알고 있었다. "확실하게 설명을 들은 기억은 없지만, 커가면서 일상생활 속에서 깨닫고 있었다"A씨. 어머니한테서 "'만세 소동'에 대해 들었기 때문에 알고 있었다"B씨. "일본의 영토라고 생각했다."C씨 "아버지가 그곳 총독부에서 근무했기 때문에 일본을 '내지'라고 말했으니까

요."G씨 "독립 소동이 있었다는 것도 들었으니까요. 우리가 자랄 때
는 그러한 불온한 움직임 같은 것은 전혀 없었고 조선에서 태어난
우리들로서는 보통의 일이라고 생각하고 있었어요. 사이좋게 함
께 살아가자"라고 생각했다H씨. "물론이죠. 일본이 빼앗았으니까
요. 그래, 그래. 게다가 큰 사단이 있고, 거리도 큰 데다 일본인들만
있으니까. 이방자李方子[나시모토노미야 마사코(梨本宮方子)] 여사나 황족에 관
한 일도 듣고 있었기 때문에, 역시 일본이 빼앗은 것이라고. 그리
고 일본만 아니라 말레이시아 같은 데도 그렇고, 인도의 경우에도
그렇고, 영국령이라든가 많이들 있으니까 당연하다고 생각했어
요."J씨 "어쨌든 느끼고 있었어요. 역시 한국 사람들과 함께 살고 있
었기에 뭔가 차별을 하고 있다는 느낌이 있었어요."K씨 "조선은 일
본의 일부라고 생각했어요."N씨 "식민지에 대해서는 어머니한테
들었습니다."R씨 또는 "식민지라는 걸 알고는 있었지만, 일본인이
니까요. 말하자면 일본이라는 느낌밖에 없었어요. 정말 그렇게 생
각했으니까요. 경성도 일본이 만든 도시라고. 그건 사실 그렇게 생
각하고 있었으니까요. 경성신사도 있고, 아마테라스 오미카미를
모시는 조신신궁도 있어서. 마쓰리도 제대로 했고. 경성의 마쓰리
는 아주 활기찼어요. 제대로 된 신여神轝*도 나오고 수레山車**도 있
고 해서 일본과 다름없었다고나 할까"O씨라는 이야기도 있다. 인
포먼트는 조선이 식민지라는 것을 알고는 있었지만, 그 의미를 깊

---

*     일본의 제례에서 신위를 모시는 가마.
**    마쓰리에 사용되는 장식한 수레.

이 생각한 일은 없었다.

동창생 중 한 사람은 "한 번도 일본을 본 적이 없어서 조선이 일본이라 믿고 있었다"고 썼다.[10] 조선을 식민지라고 생각해 본 적이 없는 인포먼트도 3명 있다. "국적은 달랐지만 보통의 느낌으로 살고 있었죠. 중국인도 장사나 농업을 하고 있었고, 위화감 없이 살았어요", "이 사람은 조선 사람이고 김 씨 혹은 이 씨라고 부르지만, 우리는 이곳도 일본이라고 생각했어요. 조선 사람들을 특별히 어떻게⋯⋯라고 생각하지도 않았어요. 위화감은 없었습니다"I 씨. "조선 사람들은 일본인과 마찬가지로 마음이 통하는 상냥한 사람이라고 생각하고 있었어요."L 씨 "글로 쓰려니 괴롭지만, 전혀 신경을 쓰지 않았어요. 접점이 없었고 잘 분간을 못했어요."T 씨 식민지를 식민지라고 인식하지 않았기 때문에 이 같은 생각을 가지게 되었다고 할 터인데, 강력한 식민지 지배가 식민자를 이처럼 맹목으로 만든 현실을 볼 필요가 있다. 지배의 불가시화이다. 식민지 지배의 폭력은 이러한 모습으로도 관철되고 있었던 것이다.


## 8. 조선인을 어떻게 바라보았나


A 씨는 특별한 근거가 있었던 것은 아니지만 조선인에 대해 "주변의 상황으로 인해 일본인보다 밑에 있다고 보고 있었다"고 말한다. 조선인을 분명히 아래로 보고 있던 사람들은 다음과 같이 말한

다. "아래로 봤어요. 특별한 이유 같은 것은 없어요. 다만 주변에서 모두들, 어른들도 밑으로 보고 있었지요. 그러니까 그랬으려니 생각해요."C씨 "일본인보다 아래에 있다고 생각했어요. 역시 부모님이나 주변, 학교, 왠지 모르게 그런 분위기였어요. 그리고 무슨 일이 있을 때마다 상류는 모두 일본인이고, 한국인은 중류 이하처럼 생각했어요."G씨 "일본인의 수하에 있는 존재라고 느꼈어요."U씨 "[고용인의] 손버릇이 나쁘다[도둑질을 한다]고나 할까. 이따금 어머니가 학교의 조선인 소사小使, 용무원를 불러 잔소리를 통역해 달라며 설교를 했던 것은 알고 있어요."H씨 "아주 어릴 때는 몰랐지만 저도 모르게 우리는 일본인이고, 조선인보다 낫다고 생각하고 있었어요."O씨 "조선인을 보면 도둑이라고 생각하라고 할 정도였어요. 그다지 부유하지 않은 조선인은 손버릇이 나쁜 사람이 많았으니까요."R씨

차별의식의 형성에는 교육도 당연히 한 몫 했다. "그와 같은 교육 속에서 지구상에 사는 생물 그중에서도 최고는 인간이다. 그리고, 그 인간 중에서 야마토大和* 민족이 최고라고. 그러니까 조선인이나 지나인支那人**은 줄곧 격하하면서 업신여기고 있었어요. [우리]집의 경우에도 어릴 때부터 소작 같은 게 있어서 더욱 업신여기는 경향이 있었는지도 모르지만, 학교의 교육이 그랬으니까요. 지나인에 대해서 '짱코로', '짱코로'라는 식으로 불렀거든요."J씨

일본인 우대를 느끼고 "성장하게 됨에 따라 [조선은] 무언가 지배

---

*　일본 민족을 일컫는 말.
**　중국인에 대한 차별적인 용어.

당하는 듯하다"ᴬᴹ, "'일한병합'이라 해놓고서 늘 일본만 우대하고 있어서 조선인이 불쌍하다고 생각하고 있었다"ᵠᴹ고 말하는 이도 있다. 또한 식민지인 것을 알고 있으면서도 공평하게 사귀자고 생각했던 이도 있었다. "어머니가 공평한 분이라서 어떤 사람이건 마찬가지로 서로 사귀려 했기 때문에 자연히 친밀함을 느꼈어요."ᴷᴹ "부모님도 나도 인간을 차별하지 않았기 때문에 이 점에 대해서는 후회가 없답니다."[11]

이상과 같이 식민지 지배의 불가시화라는 구조 속에서 인포먼트는 다양한 식민지 인식과 조선 인식을 가지고 생활했다.


## 9. 식민지 지배의 일그러짐을 보다

소수의 인포먼트는 일본제국의 허구를 엿보고 있었다. B 씨는 지리·역사 교사가 "세계 최고는 미합중국입니다"라고 말한 것에 깜짝 놀랐던 기억을 가지고 있다. 어떤 동창생은 국사 수업 첫 시간에 담당 교사가 "여기에 적힌 것이 거짓말이라는 것을 모두 알고 있지만, 해야만 하니까, 공부할까요"라고 발언한 것을 기억하고 있다.[12] S 씨는 수신 시간에 친구가 선생님에게 "천손강림의 이야기라고 하는데, 어디까지가 신이고 어디서부터 인간입니까"라고 질문했을 때, "그러한 것은 생각해서는 안 된다고 되어 있고, 생각할 필요도 전혀 없다"라는 대답이 되돌아왔던 체험을 가지고 있다.

한편, 식민지 지배의 차별 구조를 접한 사람도 있다. 몇 사람에게는 내지로 갔던 일이 계기가 되었다. "다만 놀란 일은요, 내지에 갔더니 그야말로 전차 운전수를 비롯해서 하나부터 열까지 모두 일본인인 거예요. 깜짝 놀랐어요. 저쪽에서 이런 일은 조선인들이 하는 거니까."B 씨 "전차 운전수를 포함해서 전부 일본인이라는 것에 놀랐다. 외지에서는 모두 조선 사람이 했으니까."H 씨 "집 밖, 밖에서 하는 노동은 조선인이 하는 것이라고 생각하던" V 씨는 "시모노세키下關에서 환승해서 열차를 타게 되었는데, 바깥에서 잠깐 쉬고 있던 노동자가 일본어로 말하는 것을 듣고서는 '아니 여기에서는 일본인이 이런 일을 하네'라고. 컬처 쇼크라고 할까, 기억하고 있어요. 그래요. 조선에서는 있을 수 없는 일이에요. 그래요. 그건 깜짝 놀랄 일이었어요. 그 기억은 너무도 강렬했어요"라고 말한다. 내지 체험에서 일본인과 조선인의 계층 관계를 엿본 것이다. H 씨는 내지 수학여행 때 "조선에서 온" 자신들에게 내지 사람이 차별적인 시선을 보낸 것을 굴욕으로 생각했다.[13] 내지의 일본인이 조선에 있는 일본인을 어떻게 보고 있었는지를 보여주는 에피소드이다. 그리고 이는 H 씨가 조선인에 대한 차별의식을 품고 있었다는 사실 또한 드러내고 있다.

식민지 지배의 균열을 본 이도 있다.

Q 씨는 어릴 때 조선인 고용인의 "떡값 요구" 파업을 보았다.

내가 소학교 다닐 때였나, 12월 31인지 그 며칠 전인지 후인지 몰라도, 마당에서 농성하면서 파업이랄까, 떡을 찧을 수 없으니 돈을 달라며 앉아 있었어요. 나는 어머니 뒤에서 보고 있다가, 어머니, 모두에게 주면 좋을 텐데, 나는 떡이 필요 없으니 저 사람들 떡 찧을 돈을 주면 어때요, 라는 투로 말했어요. 어머니는, 그건 그렇게 간단하게는 안 돼요, 라고 말한 적이 한 번 있었어요.

T 씨는 소학교 시절의 체험을 남기고 있다. 그림 대회에 참석한 아이들이 잠자던 조선인 부랑자의 손을 모르고 밟자, "위압적인 태도를 하며 내뱉는 거친 숨 속에 막걸리 냄새가 나는" 남자가 아이들 앞을 가로막아서 자칫하면 인솔 교사와 충돌이 일어날 뻔한 순간이 있었다. 담당 교사가 "남자에게 다가가서 더듬거리는 조선어로" "두 세 마디" 말을 걸자 남자는 고개를 끄덕이며 자리를 떴다는 것이다.

아이들이 경위를 묻자, 교사는 아이들이 모르고 남자의 손을 밟았다는 사실과 "미안하다"고 사과하는 말을 전했으며, "사과하는 것이 당연하지"라며 아이들에게 산뜻한 미소를 보였다는 것이다.[14]

T 씨는 또한 1945년 여름 패전 전에 추풍령 역에서 목격한 출정 병사와 그를 환송하는 무리들에 관한 기억을 다음과 같이 적고 있다.

그 정면에 내가 탄 차량이 정지했을 때, 전혀 생각지도 못한 일을 나는 목격했다. 출정병사는 조선 청년이었다. 그리고 그 뒤에 머리를 풀어헤치고, 양쪽 가슴을 드러낸 여자가 반쯤 미친 상태로 발버둥치는 것이었다.

　주변 사람들이 여자를 떼놓으려 했지만, 필사적으로 달려드는 데는 어쩔 수 없었다. 차장이 달려와서 구둣발로 여자의 허리를 걷어찼다. 머리채를 잡고 땅바닥에 넘어뜨렸다. 산 속 작은 역에서의 정차 시간은 짧았다. 열차는 그 병사 한 사람만 싣고 곧장 출발했다.

　여자는 이제 그 사실조차 깨닫지 못하는 듯했다. 땅바닥에 나뒹굴며 흙을 움켜쥐고 울부짖는 모습은 붉은 칸나꽃과 더불어 금세 내 시야에서 사라졌다.[15]

　식민지 지배의 구조를 접하면서 그 균열을 본 체험은 그녀들이 그 후의 삶을 살아가는 가운데 사고를 촉진하는 계기가 된다.

# 제5장

# 패전이 시작이었다

### 인식의 전환을 촉구한 것(1)

22명의 인포먼트 중에는 패전 전에 내지에 돌아온 사람이 3명, 그리고 뤼순旅順에서 패전을 맞이한 1명이 있었다. 여기에서는 식민지 조선에서 맞은 패전에 초점을 맞추므로 그 외 18명의 패전 경험을 살펴본다. 또한 동창회지 『백양』의 기사를 통해 적절하게 보충하기로 한다.

## 1. 불온한 느낌과 태극기

안양의 아사히 국민학교에서 근무하고 있던 A 씨는 패전 직전부터 불온한 공기를 느끼고 있었다. "어쩐지 조선 사람들이 큰길을 활보한다든가 위세좋게 걷고 있는 듯하고, 여자들의 옷이 일제히 조선복 차림이 되어 모두 치마저고리를 입는다든가, 뭔가 달랐어요. 이상한 느낌이 들었어요"라고 말한다. 이런 가운데 남편의 직장인 시흥의 군무예비훈련소軍務予備訓練所의 조선인 직원들이 "수시로 집에 드나들면서 음식을 먹고는 해서, 남편이 대접을 했거든요. 사이 좋게 지냈기 때문에 주변 사람이나 마을 사람들, 이상한 사람들이 접근하지 않았어요. 지켜 준 셈이죠"라며 조선인과 좋은 관계를 쌓아왔기 때문에 도움을 받았고, 아이를 돌보기 위해 고용했던 소녀의 부모들도 걱정이 되어 집에 들러 주었다고 한다. 한편 패전 후 한 번 경성에 외출했을 때는 총성을 듣고 불안을 느꼈다고 한다.

경성의 영화회사에서 근무하던 남편이 가까스로 표를 구해 밤기차를 타고 태평하게 살던 J 씨 곁으로 온 것은 8월 15일 이른 아침이었다.* 아침 7시 쯤 정오에 중대 방송이 있을 것이라는 공지가 J 씨가 사는 곳에 돌았다. J 씨는 방송을 알아듣지 못했다. "꺼억 꺼억 울고 있는데, 남편은 남자라서 그런지 전쟁에 졌으니 돌아가자며" "데리러 온 모양새가 되었어요. [남편이] 없었다면 분명 아기와 함께 벌써 죽었을 거라고 생각해요. 이렇게 해서, 내일 아침 제일 먼저 돌아가자, 짐은 모두 놓아두고, 아무 것도 가져가지 말고." 옥음방송**이 끝나고 잠시 지난 뒤 바깥에 나가보니 "본 적이 없는 깃발"이 처마 밑에 휘날리고 있었다. 태극기였다. 그때의 심정을 "저 정도로, 헌병이나 특고特高***같은 무서운 사람들이 눈을 부릅뜨고 있는데, 어디에서 이 깃발을 만들었으며 어떻게 모두들 감추고 있었던 것일까. 생각하니 무서워졌어요" "조선인이 일본인 모르게

---

* J 씨는 압록강 수력발전소에 근무한 이력이 있는데, 패전 당시 경성에 거주하고 있지 않았던 것으로 보임.
** 일본 천황이 무조건 항복을 선언한 1945년 8월 15일의 라디오 방송을 일컫는 말.
*** '특별고등경찰'의 준말. 일제 시기 사상범 등을 담당한 정보경찰로 악명높았다.

본 적도 없는 이런 깃발을 어디에서, 하고 생각하니"라고 말한다. 이 사건을 통해서 J 씨가 독립에 대한 조선 민족의 강렬한 마음을 처음으로 알게 되었다고 해도 좋으리라. J 씨는 16일에 만원이 된 시발始發 열차의 창문으로 올라타 평양까지 가서, 그곳에서 경성으로 돌아왔다. 그 직후 38도선이 폐쇄되었다고 한다.


## 2. 정적, 그리고 환희와 마주치다

8월 15일 오전 11시경, 함경남도 도청에 해당 지역 학교장 전원이 불려가서 전쟁이 끝났다는 이야기를 전해 들었다. 함흥고등여학교의 교원이 된 D 씨는 정오의 옥음방송을 학교에서 들었다. 그 당시의 모습을 다음과 같이 말한다. "다들 방송을 들었는데, 파-파- 하고 [조선인 교원들이] 조선어로 말하기 시작 했어요" "그래요. 깜짝 놀랐어요. 그때까지는 일본어로만 말했는데, 유창하게 조선어로 말을 해서. 그 사람들은 이미 진즉에 알고 있었던 듯해요." 그 뒤 학교는 폐쇄가 되었고, "직원실에서 개인 물품을 가지고 돌아갔는데 그게 마지막"이었다. 패전의 소식을 기다리고 있었다는 듯이 조선인 동료들이 빼앗겼던 모국어로 말하기 시작했다. 조선인에게는 해방의 순간이 찾아왔다는 것을 알 수 있다. 일본인이 지배자에서 전락해 가는 모습을 D 씨는 알아차렸던 것이다.

경성여자의학전문학교에 진학했던 S 씨는 불볕더위 아래에서 옥음방송을 들었다. 그는 그때의 모습을 다음과 같이 썼다.

8월 15일은 맑고 무더운 날씨였다. 이날 중대방송이 있다고 해서 불볕더위 속의 교정에 정렬했다. 고개를 숙이고 들었던 방송의 목소리는 천황의 것이라는 것은 알았지만, 내용이 선명하지 않아서 "견딜 수 없는 일을 견디고……"라는 말만 겨우 알아들을 정도였다. 그 기색을 통해서 전쟁이 끝났다는 사실을 알았다. 특별히 눈물이 나는 것도 아니었으나, 일순간 교정을 표류하는 정적에 사로잡혔다. 충격으로 인해 허탈감을 느꼈다. (…중략…) 무엇을 어떻게 생각하면 좋을까, 일본 내지로 인양하게 되는 걸까, 어떤 미래가 기다릴까, 모두 이별, 헤어지게 되는 거야. 우리는 의학 공부를 계속해야겠다는 의지만은 지니고 있었다. 어쨌든 재학증명서만은 받아 두자. 학교 사무실에서 수속을 밟고 재학증명서를 받아들고는 곧바로 집으로 돌아갔다.

조선인 클래스메이트는 공공연히 가슴을 펴고 조선어로 말하기 시작했다. 그들은 이날 태극기를 가지고 해방의 기쁨을 만끽하는 깃발 행렬에 참가했다고 한다. 집으로 돌아가는 도중의 광경은 강렬한 인상으로 남아 있다. 돈암정, 황금정 거리, 동대문 부근, 전차 속에서 바라본 거리는 온통 흰색으로 넘쳐흐르고 있었다. 전시 중 상공에서 눈에 띄기 쉽다는 이유로 흰 옷 입는 것을 금지당했던 사람들이, 해방의 날을 위해 준비라도 해 둔 듯이, 노인도 소녀도, 남자도 여자도 흰 조선옷을 입고 몰려드는 것이었다. 때때로 만세를 외치는 소리도 들렸다. 일본은 전쟁에 진 것이다.[1]

일본의 승리를 믿고 있던 군국 소녀였던 S 씨에게 이 체험은 큰 충격이었다. 조선인이 일본의 식민지 지배로부터 얼마나 해방을 간절하게 바라고 있는지를 목전에서 마주치게 된 것이었다.

8월 16일, T 씨는 진해에서 경성으로 향하는 열차 속에 있었다. 해군 군속의 임무에서 벗어나 집으로 돌아가는 길이었다. "역이라는 모든 역은 독립을 축하하는 조선인으로 넘쳐흘렀고" 흰 저고리를 입은 사람들의 "환호, 폭죽, 성난 외침으로 역시驛舍는 들끓고 있었다". 일본인 승객들에게는 "창밖을 보지 마라. 눈을 마주치지 마라. 죽임을 당할 것이다"라는 주의가 날아들었다. 그러나 T 씨는 "커튼을 살짝 들어올려 바깥을 훔쳐보지 않을 수 없었다". 그리고 대구역에서 비슷한 또래의 소년을 발견했다. 그때의 일을 다음과 같이 회상한다.

아무 것도 모르는 나였다. 일본이 조선을 강제로 통치하고 있다는 것도, 조선인이 그토록 독립을 갈망하고 있다는 사실도, 정말 눈곱만큼도 생각해 본 적 없는 나였다. 하지만, 나는 그때 보았다. 기쁨으로 가득 찬 소년의 눈동자를. 그것은 두꺼운 구름 사이로 비치는 한 줄기의 빛처럼, 나로 하여금 길고도 긴 고통의 역사를 느끼게 했다. 문득 그의 눈이 나를 보았다. 그리고 나 역시 그 눈빛을 되돌려 주었다.[2]

T 씨는 기쁨으로 가득 찬 조선인의 무리를 바라보다 그 속에 있던 한 소년의 눈동자에 담긴 희망의 빛을 봄으로써 일본의 지배가 얼마나 조선인을 괴롭히고 있었는지를 깨달았다.

## 3. 예상하고 있던 패전

조선총독부 관방인사과에서 근무하던 K 씨는 8월 14일에 "이제 내일부터는 안 와도 된다"는 통지를 받고, 15일의 옥음방송을 집에서 어머니와 함께 들었다. 어머니가 근처에 살던 『경성일보』 기자의 집에 가서 패전이라는 것을 알게 되었다. "역시 전쟁이 끝났군. 나는 어떻게 되는 거지"라는 불안에 사로잡혔다. 부근의 지인이 사는 집에 도둑이 들어 비명이 들려왔지만, 방 안에 웅크리고 숨죽인 채 꼼짝 말고 있어야 했다. 조선인과 혼거하는 지역이기도 해서 K 씨는 친척의 집에 몸을 맡기고 인양을 기다렸다. 그 동안 집에 있던 문학전집 같은 것을 닥치는 대로 읽었다.[3] K 씨는 패전에서 인양에 이르기까지의 기억이 분명하지 않다고 말한다. 아마 충격이 너무 커서 그렇게 된 것이 아닐까 짐작된다.

육군 해행사偕行社*에서 근무하던 P 씨는 패전 직전에 청산가리가 배포된 것을 기억한다. "우리는 해행사에 있었기 때문에, 종전이 되면 러시아가 여기까지 오지는 않겠지만 한국인[조선인]이 폭동을 일으켜 습격할지 모르므로 여차하면 자결하려는 생각을 가지라는 이야기를 들었습니다." 8월 14일에 패전의 소식을 들었고, 15일에는 해행사에서 옥음방송을 들었다. "이제는 어쩔 수 없다고" 생각했다. "해행사 안에서 함께 성대한 송별회를 가진 후 그곳에

---

\* 당시 일본 육군 장교의 친목 및 상호 부조 단체.

있는 모든 이에게 감사 인사를 하고 헤어졌습니다." 그리고 곧장 창고가 개방되어 물자를 배분받고 집으로 돌아갔다. 미군이 들어 왔기 때문에 자신들이 살던 지역미사카三坂 호텔 일대. 미사카 호텔은 미군에게 접 수된다은 평온했다고 말한다.

통신대에서 근무하던 I 씨의 경우 8월 15일은 야간근무를 마친 날이었다. "8시부터 교대인데, 야근을 마친 사람은 휴게실에서 기 다리라는 연락을 받았습니다. 그래서 기다리고 있었더니 서무에 서 패전이라는 연락이 왔어요. 그때는 군에서도 어떻게 마무리를 할지 결정을 못 한 모양으로, 어쨌거나 전쟁에서 졌다는 이야기만 들었습니다. 하지만 그 전부터 이미 알고 있었어요." "일단 오늘은 집으로 돌아가도 좋지만, 내일 이후 근무 여부는 지금부터 결정하 겠다는 이야기를 들었습니다. 뭐, 그때부터 며칠 동안은 이후의 소 각작업 등으로 사령부에 다녔습니다." 16일부터 서류 소각작업을 위해 출근했는데 작업이 끝나고 해고되었다. 패전한 날부터는 집 단으로 행동하지 않으면 위험하다는 이야기를 들었다. "경성 시내 에 폭동이 일어나서 일본인은 전차를 탈 수 없게 된 것 같다든가, 혼자서 걸어다니면 위험하다든가, 이 같은 이야기들이 들려왔기 때문에. 어쨌든 집단으로 행동하지 않으면 안 된다고." 군속이었던 I 씨는 예상하던 패전을 담담히 받아들이고 행동했다.

## 4. 약탈당한 가재도구와 재산

해군 무관부海軍武官府에 있었기에 패전을 예감하고 있던 O 씨는 집에서 옥음방송을 들었다. "아, 다행이다, 생각했어요. 아, 이제 전쟁은 없겠구나 하는 생각에, 비근하게는 이제 좀 밝아지겠구나, 이 까만 천[등화관제를 위해 전등을 덮던 천]은 떼버려도 좋겠다는 생각에 정말 기뻤어요"라며 패전의 고통보다 해방감을 느꼈다. 그 뒤 약탈 행위와 마주치게 된다. "난처하다기보다는 놀랐어요……. 갑자기 한국인[조선인]이 몇 명인가 우르르 들어왔습니다." "집에, 그러니까 두었던 물건을 하나둘씩 실어 갔어요. 가구에다 피아노까지. 피아노도 순식간에 굴림대로 이렇게 실어 갔어요. 여기 있다, 저기 있다, 하는 식이죠. 우리는 아무 말도 못했어요. 그저 멍하니 보고 있을 수밖에. 하지만, 거기에 대든다거나 하면 이렇게 권총을 들이댄다는 이야기도 들었지만, 우리 집에는 그런 일은 없었어요. 어쨌든, 저런, 하고 생각했습니다. 이렇게 종전을 맞이하니, 만세, 만세 하는 소리가 멀리서 들려오지 않겠어요. 그러니 아하 모두들 기뻐하고 있나 보다, 당연하지, 라고 저는 그때 생각했어요." "하지만 이상하게도 나는 그 같은 약탈이 무섭지는 않았어요. 전혀 무섭지 않았지요." 이처럼 약탈에 직면하고서도 이에 대한 공포감은 없었다. 신변에 위협은 없었기 때문에 그대로 받아들인 경우라 할 것이다.

조선총독부 중앙시험소 전기화학부에 근무하고 있던 Q 씨는 동원이 되어 8월 15일에는 상사, 동료와 함께 강원도 삼척에 있었다.

패전 소식을 들은 상사의 기지로 38도선을 북상하여 그곳에서[아마 금강산역으로 추측된다] 급히 경성으로 돌아가는 마지막 만원열차를 탔다. 북상하기 전 삼척에 사는 한 조선 청년이 상사를 찾아와서 "이제 조선은 어떻게 되는 건가요. 저는 어떻게 하면 좋을까요"하고 물었던 것을 선명히 기억하고 있다. 얼마 동안은 안심할 수 있는 상황이었다. "암시장에는 쌀이 엄청 많았어요." 나중에 아버지가 쌓아놓은 재산을 약탈당했다. 아버지병상에 있는가 축적한 재산의 관리·분배를 의뢰받은 김씨아버지가 신뢰하던 부하로부터 "당신들은 36년 전에 빈손으로 왔다. 36년 동안 일본인들은 좋은 세월을 보냈다"는 말과 함께, 전재산을 조선인에게 빼앗겼다. 이 체험을 통해서 일본인이 조선을 지배하고 조선인으로 하여금 험한 꼴을 당하게 했다는 현실을 직면하게 되었다. 나아가 "내Q씨를 조선에 남겨 놓고, 이 사람은 젊으니 조선인의 아내로 삼자면서 수군거리는 소리도 들려왔다". Q 씨는 친구의 권유도 있고 해서, 부모와 자매가 인양한 뒤 경성일본인세화회世話會*에서 일봉사활동을 하게 되었다.

---

*  1945년 8월 25일에 재조 일본인의 원호활동과 인양사업을 위해 경성(서울)에서 결성된 단체.

## 5. 분노와 적의에 노출되다

육군 병기창에서 근무하던 R 씨는 패전과 동시에 함께 근무하던 조선인의 태도가 싹 바뀌었다고 말한다. 그 뒤에는 거의 거리로 나가지 않았다. "그래요, 무서웠어요. 전차를 탈 수도 없었어요. 일본인이 타면 언제 괴롭힘을 당할지 모르니까, 안심하고 탈 수 없었어요."

재학생들은 근로 동원 현장에서 혹은 학교에서 옥음방송을 들었다. 학교에서 패전을 알게 된 동창생은 다음과 같이 썼다.

교실에서 중요한 방송이 나온다고 해서 귀를 기울였는데, 잘 들리지 않는 라디오 방송에서 칙어가 흘러나왔다. 분명하지는 않지만 일본이 진 것 같다는 이야기를 선생님으로부터 들은 뒤 곧바로 귀가조치가 내려졌다. 동네 분위기는 아침과는 달랐고, 조선인들은 사전에 알고 있었던 듯한 모습이었다. 전차도 탈 수 없어서, 누군가와 부딪히더라도 몸을 피하지 말고 곧장 걸어가자고 친구와 둘이서 약속하고 걸었는데, 아무 일 없이 무사히 집에 도착할 수 있었다.[4]

바로 그 8월 15일에 모교 교실에서 학도 동원 작업으로 운모 깎기를 하던 손을 멈추고, 기립해서 종전의 조칙을 듣던 날의 정경을 나는 지금도 선명히 기억하고 있다. 교실 스피커에서 나는 치지직거리는 소리가 무슨 말인지도 알아듣지 못하는 사이에 경성 거리에는 폭동이 일어났다. 부랴부랴 배부된 재학증명서를 쥐고 선생님들의 배웅을 받으며 집으로 돌아간 것이 마지막⋯⋯. 동경의 대상이었던 하얀 제모(캉캉 모자*와 좀 닮았던⋯⋯)와도 헤어지게 되었다.[5]

1943년에 입학한 어느 동창생은 다음과 같은 체험을 들려준다.

매년 8월의 소리를 들으면 8월 15일 종전기념일을 생각합니다. (⋯중략⋯) 8월 15일 정오가 지나 사무실에 어떤 용지를 전해주러 갔을 때, 그곳에서 직립부동의 자세로 라디오를 듣고 있는 사무실 사람들의 모습을 아주 이상한 느낌으로 봤습니다. 8월 15일의 인솔 교사는 생물 담당인 오시노押野 선생님이었습니다. 선생님의 이야기를 모두들 뒤숭숭한 마음으로, 침착한 분위기는 아니었던 것 같습니다. 밖에 나가니 매미가 일제히 울고 있었습니다. 헌병이 서너 명이었던 것 같은데, 경성역까지 바래다 주었습니다. 기차가 역에 도착하기 조금 전 서행을 하더니, 기차의 창가로부터 성난 파도와도 같은, 많은 사람들이 무언가 부르짖는 듯한 소리가 들렸는데, 온몸에서 피가 빠져나가는 듯한 느낌이었습니다. 뒤범벅이 된 사람들 무리에서 밀려나 역 바깥으로 나왔을 때, 떡 담당인 ○○ 씨가 울음이 터질 듯한 얼굴로 떡이 든 상자를 가지고서 인파를 비집고 나왔습니다. 늘 그랬듯이 모두 소금으로 간을 한 찹쌀떡을 하나씩 받아들고 집으로 돌아갔습니다. 인파에 눌려 몇 명이

---

\*   밀짚모자의 한 종류. 꼭대기가 납작하고 차양이 있는 모자로 영어로는 보터 (boater)라고 한다.

넘어졌습니다. 정말로 본 적이 없는 깃발의 물결, 그것은 처음으로 본 한국의 깃발[태극기]이었습니다. 트럭 위, 자동차 위에까지 많은 사람들이 올라가 깃발을 흔들며 만세, 만세 하면서 대합창으로 소리를 질렀습니다. 만세라는 말의 의미는 알지 못했습니다. 성난 파도처럼 들려오던 큰 소리는 그것이었습니다. 도로에 쭉 펼쳐져 있는 줄도 아랑곳 없다는 듯 밀려드는 군중들을 통제하려는 헌병이 5미터 정도의 간격으로 길 양쪽에 쭉 늘어서서 이따금씩 하늘을 향해 공포를 쏘고 있었습니다. 정말로 꼼짝할 수도 없이 인파에 떠밀려, 함께 기차에서 내린 친구가 어떻게 된 줄도 모른 채로 떠밀려 간 저였지만, 저는 분명히 8월 15일 경성역 앞에서 일어난 일을 보았습니다. 뭐가 뭔지도 모른 채 어떻게 전차에 탈 수 있었는지 기억이 나지 않습니다만, 집에 도착했을 때 어머니와 여동생이 뛰쳐 나왔습니다.[6]

학생들이 허둥지둥하며 귀가하는 모습이 전해진다.

조지야 백화점의 해군 피복창에 배속되어 있던 동창생은 "밖에는 만세, 만세 하는 소음, 조선의 지도원 한 분이 우리들이 팔뚝에 붙였던 닻 모양의 마크를 커다란 재단 가위로 잘라서 떼냈다. 어떤 마음으로 귀갓길에 오를 수 있었던 것일까요"라고 당시를 기록하고 있다. 이 학생은 학교로 달려가 선생님들과 "어진과 중요 서류를 소각하며" 눈물을 흘렸다고 한다.[7] 총독부 앞에서 '만세, 만세' 하는 소리가 들리는 가운데, 조지야 앞에서 사람들을 잔뜩 실은 전차에 매달려 경성역으로 갔던 학생은 "일본인을 때려 죽이라"고 외치면서 한 조선인이 차에 오르는 장면과 조우하고 몸을 돌려서 하차해서, 지면에 포복하듯이 만세 만세 외치는 집단의 다리 사이를 헤집고 나와 요시노초吉野町로 달렸다.[8] 여러해 동안 쌓인 조선인의 분노가 일본인을 향해 칼을 겨누는 장면과 마주친 것이다. 사이토 요시코齋藤尚子는 "일본인은 일본으로 돌아가라"는 이야기를 듣고서야 비로소 일본인과 조선인은 서로 다른 국민이라는 사실을 깨달았다.[9]

인포먼트나 동창생의 기억 중에는 8월 15일 경성에서 "만세, 만세 하는 대합창"이나 "밀려드는 군중" 같은 것이 나온다. 공적인 기록에 따르면 8월 15일의 경성은 의외라고 할 정도로 차분했고, 혼란은 없었다. 소란이 일어나는 시점은 16일부터라고 한다.[10] 이 차이는 기억의 착오에 의한 것이라고 보기 어렵다. 패전 후 이들이 경성에서 경험한 조선인들의 해방에 대한 환희나 시위행동에 관한 기억이, 역사적으로 15일이 중요한 날이라는 사실과 결부되면서 사실로 여겨지는 것이 아닐까 한다. 알렉산드로 포르텔리Alessandro Portelli는 사실과 기억의 "불일치는 기억의 착오로 일어나는 것이 아니라, 중요한 사건과 역사 일반의 의미를 이해하려고 하는 노력 속에서 능동적·창조적으로 생겨난다"고 주장했다.[11] 인포먼트나 동창생들에게 8월 15일이라는 사건은 이러한 의미부여 속에서 기억에 남게 된 것이다.

## 6. 패전 이틀 후의 일기와 제일고녀의 종언

패전 이틀 후인 8월 17일, 어느 생도는 일기에 다음과 같이 적었다.

동네를 걸어 다녀 보지만 멍하게 있을 수는 없다. 번화가에서는 반
도인이 무리를 지어 폭동을 일으키면서 조선독립만세를 외치는 상황
으로, 대통령도 생기고 내각도 조직하고 국기, 국가도 마련하고, 미국
의 국기도 걸리고, 조선인 중학생과 여학생은 교기를 선두에 세우고 적
병사의 경성역 도착을 맞이하러 간다는 소식. 어제도 ○○ 씨가 하교
할 때 사복 군인들이 배웅을 해주었다고 한다.

　그러나 이제 이걸로 마지막이 될지도 모르니 ○○ 씨, ○○ 씨, 그
리고 여동생과 등교했다. 학교는 청진에서 온 피난민과 군인들로 가득
차 있었고 직원실은 몹시 혼잡했다. (…중략…) 재학증명서를 받고 마
지막으로 교장실과 직원실의 당번을 했다. 그 다음에 각 교실에 걸려
있는 '청소년 학생에게 내리는 칙어' 및 '황국신민의 서사', 후지산 액
자, 그 외 전쟁에 관한 이러저러한 사진, 그리고 '특공혼으로 임무완수'
라 적힌 종이 등을 모두 불살라 버렸다. 그리고 마지막으로 교장실에
있는, 행사 때마다 봉독되던 여러 종류의 칙어도 일동이 큰절을 하는
가운데 소각해 드렸다. (…중략…) 때마침 일어난 배재중 학생이 신조
선의 국가를 부르며 행진하는 광경, 얼마나 분한 마음이었던지. 선생님
들과도 이루 다할 수 없는 이별을 고하고, 마지막으로 정말 마지막으로
봉안전*을 받들어 깊고도 깊게 길고도 길게 큰절을 한 뒤 하교했다.[12]

인용에서는 일본제국 붕괴 직후 경성의 모습이 묘사되고 있다. 일본의 한 여학생에게까지 날아들어 오는 이러저러한 정보, 그리고 그것을 그 학생이 어떻게 보고 느꼈는지가 솔직하게 씌어 있다. 일본의 승리를 믿고 있던 학생에게는 지금까지의 생활이 돌연 단절되어 분한 마음이 점점 심해지고 있었을 것이다. 또한 식민지 지배와 군국주의의 흔적을 지워버리려는 여학교 측의 대응도 구체적으로 적혀 있다. 회상이 아니라 그야말로 바로 그날의 일기라 그런지 현장감이 흘러넘친다.

제일고녀의 종언에 관여한 5명의 재학생이 있었다. 9월 10일 그녀들은 학교로 오라는 명령을 받았다. 아래 문장을 통해서 당시의 상황을 알 수 있다.

10시 조금 전에 부청 앞에서, 리지웨이[실제로는 하지] 중장의 진주군이 남대문 쪽에서 총독부 쪽으로 행진하는 현장과 마주쳤습니다. 대대적으로 교통통제가 이루어지는 가운데, 저 넓은 길 양쪽에 모인 대군중의 손에 미국 깃발과 한국 깃발이 휘날리는 모습을 나는 무어라 말할 수 없는 심정으로 바라보았던 것을 기억하고 있습니다.

교문으로 들어서니 저 큰 회화나무 아래에 커다란 구덩이가 파여 있고 이러저러한 것들이 내던져져 있었습니다. 주로 종이 같은 것이었는데, 나뭇가지에까지 불꽃이 일었는지 그을린 잎을 보고 가엾다고 생각

---

\* 천황의 사진이나 교육칙어 따위를 봉안한 전각.

했던 일을 분명히 기억하고 있습니다. (…중략…)「매일의 발걸음」, 이 일기장 때문에 모두 고생깨나 했을 터인데, 매점에 남아 있던 것, 용무원실에 있던 것 등, 선생님의 지시로 차례차례 회화나무 아래에 던져졌습니다. 마지막으로 여러 차례 덕수소학교를 오가면서 의자와 책상을 옮겼습니다. 학교 건물 안으로는 들어갈 수가 없어서 운동장에 늘어놓았습니다. 우리 다섯 사람은 만감이 교차하고 가슴이 무너져내리는 듯했지만, 즐거웠던 이런 저런 일을 서로 이야기하고 애써 큰 소리를 내어 웃으며 흐르는 눈물을 씻어냈습니다. 그리고 교문을 향해 심심한 예를 표하면서 제일고녀와 마지막으로 이별하고 귀갓길에 나섰습니다.[13]

이처럼 인포먼트를 포함한 제일고녀 동창생들이 겪은 8월 15일 이후의 패전 경험은 결코 한결같지는 않았다. '패전'이라는 말을 쓰지만 그 속에는 한 사람 한 사람의 서로 다른 경험, 그야말로 개인적 경험의 다양함이 있었음을 알 수 있다. 전체사와 개인사의 결절점이 여기에 있다. 나아가 이 경험은 조선과 조선인에 대해 그녀들이 갖고 있던 인식을 전환하게 하는 계기가 된다.

조선에서 풍요로운 생활을 누리고 있던 일본인은 패전에 의해 그 생활기반을 뿌리째 잃어버리는 상황에 직면했다. 인포먼트들이 입을 모아 말하는 "우리에게 패전은 시작이었다"는 말은 여기에서 비롯한다. 제국의 붕괴=패전은 그녀들에게 있어 "전쟁의 시작"이었다. 그리고 그 앞에서 기다리고 있던 것이 인양이었다.

제6장

# 인양
## 인식의 전환을 촉구한 것 (2)

## 1. 저마다의 인양

패전 후 조선 남부에서는 미군의 지령하에 재조 일본인을 일본 내지로 송환하는 준비가 조직적으로 마련되고 있었다. 또한 그 지령에 따라 각지에서 일본인 세화회가 만들어져 송환 계획을 실행했다. 북부는 소련의 관할하에 있었다.

인포먼트의 일본으로의 귀환=인양은 경로불명 3명, 뤼순으로부터의 1명을 제외하면, 몇 가지 유형으로 분류된다. 행정 쪽의 지시를 기다려서 경성 → 부산을 거치는 경로를 취한 8명.B, C, I, J, K, P, Q, V씨 해군 관계자가 주변에 있어서 경성 → 진해라는 경로를 따랐던 3명.O, R, T씨 밀항선을 준비해서 돌아간 3명.A, S, U씨 그리고 1명은 북조선 지역으로부터의 인양이었다.D씨

행정 쪽에서 할당한 화차유개차와 무개차가 있었던 듯하다는 꽉 차서 혼잡이 극에 달했다. 남편이 모든 재산을 조선인에게 매각한 뒤 "오로지 본토로 돌아가고 싶다"며 어린 자식을 안고 남편과 함께 차에

오른 J 씨는, 화차가 멈출 때마다 승객들이 "돈을 모아 운전수에게 건네는" 일이 몇 차례나 거듭되었다고 말한다. "몇 번 멈추었는지, 며칠이 걸렸는지 모른다." 부산역에 도착했더니 플랫폼이 아닌 곳에 하차하는 바람에, 아이를 앞에 묶은 채 륙색을 메고 양손에 짐을 들고 기관차 아래로 빠져나와 플랫폼에 도착했다. 부산에서는 소학교에서 이틀 정도 지낸 뒤 하카타로 향했다. 그 뒤 아이치현愛知県에 있는 시댁에 몸을 맡겼다.

P 씨는 오빠가 식량을 조달하는 일을 하고 있었기 때문에 인양할 때까지 식량에 대해서는 곤란을 겪지 않았다고 한다. 부모님도 오빠도 "지닐 수 있는 만큼의 짐을 꾸린 뒤 고리짝을 등에 지고 무개차로" 부산으로 향했다. J 씨와 마찬가지로 화차가 도중에 몇 차례 정지했다. 부산에서는 절에서 이틀을 묵었다. 치안 유지를 담당하던 미군은 친절하게 짐을 들어주기도 했다고 한다. 고쿠라小倉에 상륙한 뒤 오사카로 이동. 인양자에게는 목적지까지의 무료 기차표가 배부되었으므로 이와테현岩手県의 친정에 몸을 맡겼다.

가족이 모두 함께 인양한 B 씨는 화차로 부산까지 간 뒤 하카다博多로 향했는데, 하카다와 모지門司는 기뢰와 접촉할 우려가 있다는 이유로[1] 센자키仙崎에서 하선했다. 도중에 짐을 도난당해서 배낭 하나만 메고 언니를 의지해서 쓰루가敦賀에 몸을 의탁했다. 마찬가지로 부산에서 출발한 센자키행 군용선의 좁은 선실에서 산모가 출산하는 것을 본 동창생도 있었다.[2]

I 씨는 '인양'이라는 말을 들었을 때 그 의미를 이해할 수 없었

다. "큰일이야, '인양'한다고 하는데, 인양해서 어디로 가는 걸까 라고, 우리들은 일본을 잘 모르니까, 일본에 간다고? 하는 느낌이었습니다." 가족들은 경성에서 영주하려는 생각으로 묘지도 마련해 두었다. 어린 나이에 죽은 오빠가 그곳에 잠들어 있었다. 아버지가 묘지기에게 '떡값'을 건네고 남모르게 묘를 팠다. 그야말로 한 조각의 뼈를 입수해 작은 찻통에 넣은 뒤 여섯 살 된 남동생이 그것을 배낭에 넣어 짊어졌다. 인양을 기다리는 동안 불필요한 것을 소각하고, 짐을 스무 개 정도 싸 두고 발송이 가능한 시기가 되면 보내 달라고 친하게 지내던 조선인에게 부탁했다. 필사적으로 꾸렸던 이 짐들은 도착하지 않았다고 한다. 부모, 여동생, 남동생과 함께 경성에서 부산으로 향했다. 부산에서는 배에 타는 순서를 기다리는 동안 텐트에서 텐트로 이동해야 했다. 승선할 때 미군의 짐 검사가 있었다. 소중히 보관해 온 사진 속에 군인인 남성의 사진이 있어서 '이거 뭐야?'라는 질문을 받았다. 순간적으로 "I'm sorry……"라는 대답으로 위기에서 벗어났다고 한다. 아버지의 고향 아키타秋田에 몸을 의탁했지만, 일자리를 찾느라 큰 어려움을 겪었다.

  지금까지 언급한 4명은 1945년 가을부터 겨울에 걸쳐 인양했다. 전술한 바제5장4 재산을 모두 빼앗겼던 Q 씨는 1946년 2월로 늦게 인양한 편이다. 이는 Q 씨가 경성일본인세화회의 일봉사활동을 하고 있었기 때문이다. 패전했다는 것을 알게 된 뒤 "당연히 [조선을] 일본이라고 생각했기에 어째서 인양해야 하는 걸까, 어디로 인양해야 하는 걸까 하고 생각했습니다" "한동안은 허무의 상태였습니다"

"그로부터 한참 지난 뒤에야 역시 인양하지 않으면 안 된다는 사실을 차츰 이해할 수 있었습니다"라고 말한다. 세화회에서는 "회보를 넣은 봉투에 수신자 이름을 쓰고, 원호과나 다른 곳으로 가지고 가서 옮겼습니다" "야간에는 수류탄이 투척되는 등 위험한 상황도 있었다".[3] 이러한 체험의 한 장면에 대해 다음과 같이 말한다.

제가 일본인세화회에서 봉사활동을 했다고 말했었죠. 북선에서 온 사람이 아기를 데리고 강을 건너오느라 동창이랄까 동상에 걸려 아주 힘들어 했어요. 그러고 보니 아이를 잃은 사람도 부모를 잃은 아이도 있었어요. 아이가 컸는데, 내가 직접 말한 것은 아니지만, 여기에서 모자지간의 약속을 맺어라, 이 아이가 당신 아들이고, 이쪽이 당신 어머니다 라고 해서, 거기서 둘이 경성에서 기차를 타고 갔어요. 저는 여학교를 갓 졸업했던 까닭에 그 정도의 기백은 없었습니다만, 이런 저런 일이 많았어요.

또한 Q 씨는 세화회의 회장 호즈미 신로쿠로穗積真六郞*와 하지 중장미군태평양방면최고사령관대리, 재조선미군사령관 일동과의 회합에서 차를 준비해 달라는 부탁을 받고 동석하기도 했다. 그 모습을 "호즈미 씨는 당당하게 주먹밥을 내어 놓고 드시면서, 마지막에 자신은 (당시

---

* 조선총독부 식산국장, 조선흥업사 사장, 조선상공회의소 회장 등을 역임한 일본의 관료. 경성일본인세화회를 조직했고 인양자단체전국연합회부위원장 등을 역임하면서 참의원을 지냈다.

에는 귀했던) 케이크를 먹지 않고 두 개를 남겨서 우리 두 사람에게 '드세요'라고 말해주었습니다. 주둔군으로부터는 '일본의 그리스도'라 불렸다고 해요"라고 묘사하고 있다.[4]

Q 씨는 호즈미를 흠모하여 "선생님과 함께 돌아가려 합니다"라고 말했지만, 호즈미의 설득으로 1946년 2월에 객차를 타고 경성에서 부산으로 향했다. 먼저 인양을 한 몸이 편찮은 부모님과 여동생들과 함께 어머니의 고향인 와카야마和歌山에 몸을 의탁했다.

진해를 경유하여 인양한 사람은 세 명이다.

O 씨는 "종전이 된 뒤에도 경성에 있을 수 있다고 생각했다". 인양 같은 것은 "전혀 꿈에도 생각하지 않았어요. 조선인이 되어야만 한다면 그래도 좋다고 생각할 정도였으니까요. 더 이상 농담이 아니라고 생각했어요. 하지만, 아니 뭐, 인양하지 않으면 안 된다고. 인양한다면 어디로 인양하는 거지"라고 말한다. 해군 군속이었기 때문에 친한 지인들을 모두 가족으로 신고한 뒤 화차를 타고 경성에서 진해로 향했다. "기차에서는 화물이었어요. 우리를 짐처럼 집어넣었어요. 뭐라고 해야 하나, 사람 대접을 못 받았어요." 한동안 빈집 상태였던 해군 군수창의 관사에서 살았는데, 식량은 해군 창고에 가득 있었다. 그 뒤 어머니의 고향인 시마네현島根県으로 갔다. 일본인 노동자블루칼라를 처음 보면서 조선에서 일본인이 얼마나 우대를 받고 있었는지를 깨달았다.

R 씨는 여동생 두 명을 데리고 해군에 있던 사촌동생과 함께 인양했다. 귀국할 때 가져갈 수 있는 돈이 1인당 1천 엔으로 정해져

있었지만,[5] 몰래 30만 엔을 가지고 있었다. 진해에서 승선할 때 미군의 검사가 있다는 것을 알고 당황했다. 그때 선장이 돈을 맡아 두었다가 하카타에서 하선할 때 돌려주었다고 한다. 솥 바닥을 도려내거나 옷 속에 꿰매는 등의 방법으로 돈을 가지고 돌아왔다고 말하는 이들도 있다. R 씨의 부모님은 시계점을 계속하려는 생각으로 경성에 남았다. 그러나 가게의 종업원조선인에게 강도를 당하게 되어 "위험한" 경성을 뒤로 하고 에히메愛媛에 있는 친척에게 온 가족의 몸을 의탁했다.

T 씨의 가족은 1945년 10월 18일에 경성을 떠나 진해에서 배를 타고 11월 1일에 하카타 항에 도착하여 일본 땅을 밟았다. 진해에서 승선할 때 엄격한 검사가 있었다. "성인 여성은 조선인 여성이, 남성과 아이들은 미군이 담당했기에." T 씨는 미군의 조사를 받았다. "짐을 전부 열어서 정해진 금액 이상의 돈이나 보석을 지니고 있지는 않은지 꼼꼼하게 (기모노의 옷깃에서 주먹밥의 '속'까지) 조사를 받았다." 갑판에서 몸을 내밀어 배가 해안에서 벗어나는 것을 "두번 다시 여기를 넘어서 그쪽으로 건너가는 일은 없을 거야"라고 강하게 스스로 되뇌이면서" 바라보았다.[6] 도착한 하카타에서는 "DDT를 마구 뒤집어썼다". 게다가 부두의 한 구석에 "침략자인 너희들이 돌아와서 우리가 굶주린다"라고 적힌 벽보를 보고 호되게 얻어맞은 느낌을 받았다. 16세의 소녀가 감당하기에는 과도한, 가슴을 찌르는 듯한 고통이었다.

다음은 밀항선으로 돌아간 세 명이다.

남편, 아들3세, 딸1세과 안양에서 살고 있던 A 씨는 가재도구 일체를 아이를 돌봐주던 사람고용인의 가족에게 넘겨주고 가지고 갈 수 있는 짐을 꾸렸다. 안양에서 거주하던 일본인 유력자가 중심이 되어 조선인과 교섭한 결과 객차 1량, 화차 1량을 빌려 화차에 짐을 싣고 부산으로 향했다. 그러나 부산에 도착했을 때에는 짐이 모두 사라져 "무無로 돌아갔다". 부산에서는 복원復元*하는 군대를 먼저 송환해야 했으므로 세관 창고에 한 달 동안 발이 묶이게 되었다. 남조선을 지배하던 미군정청이 군대, 경찰관, 신관, 게이샤·창부를 신속하게 본국으로 송환해야 할 직업 집단으로 지정했기 때문이었다.[7] 자연스럽게 "자치회 비슷한 것"이 생기게 되었다. "아침이면 세관 창고의 베란다 같은 곳에 분변이 가득"했기 때문에, "남자들이 아침 일찍" 분변 청소 같은 것을 맡기로 하여, 각 가족에서 한 사람이 나와 순서대로 실시하는 체제가 만들어졌다. 식량 구입이나 취사는 여성들의 일이 되었다. "안양의 소학교에는 세 가족이 있었는데 여자가 아이를 업고 거리에 나서면 지금까지 보이지 않던 쌀 같은 것이 산처럼 쌓여 있었어요." "술 됫병도 죽 늘어서 있었어요. 이런 물건을 사 와서 반합으로 밥을 짓지요. 가족마다 그렇게 했습니다." 여기에 "하루에 딱 한 번 그곳에 있는 사람들에게 군에서 배급하는 주먹밥이 나왔어요". 미군이 순찰을 하고 있었기 때문에 신변의 위협은 느끼지 않았지만 "밤에는 절대 외출을 하지

---

* 여기에서는 전쟁이 끝나 병역에서 해제되는 것을 의미.

않았습니다". A 씨는 화장실이 없는 것이 가장 괴로운 일이었다고 한다. "근처에 개천이 있었는데, 대나무나 나무 같은 것을 개천에 걸치고 그 위에 왕골로 오두막을 덮어 놓고는 그리로 갔어요. 말하자면 밤이 깊어지기 전에 몇 사람이 무리를 지어서 가는 거죠." "그랬더니 미군이 뭐라 말하면서 소리를 지르곤 했는데, 그렇게 야만인은 아니었어요. 다행이었죠."

한 달이 지나는 동안 "층계참 같은 데 놓여 있던[누워있던] 사람이 죽기도 하고, 조그만 아이가 죽기도 했어요". "이 같은 상황을 보고 들을 때마다 사무 일을 보던 사람이 밀항선을 구해서 돌아가자고 말했어요." 귀환해서도 돈 걱정이 없는 사람들은 동조했다. "우리집의 경우 부모님이나 남편 집이 있다는 것을 알고 있어서, 한 사람당 1천 엔씩 가지고 갈 수 있었으므로 그 돈을 써서 돌아온 겁니다. 그래서 300엔인지 400엔인지 잊어버렸습니다만 그 돈을 내고 밀항선을 탔어요. 이렇게 해서 해로의 도중까지 갔는데, 어디인지 잊어 버렸지만 배가 멎었고(…중략…) 그래서 다시 돈을 보냈습니다. 그런 수법이 있다는 것을 알지 못했지요. 배에 탄 사람은 얼마 안 되었지요." 하카타에 도착했더니 "다마마루珠丸가 기뢰와 접촉하는 사고가 났는데 조난자가 몇 명이라고 간판에 나와 있었어요". "우리 앞으로 지나간 배였거든요." 그 뒤 고치현高知県에 있는 시댁에 몸을 의탁했다.

경성여자의전 교정에서 옥음방송을 듣고 귀가한 S 씨는 집안에 틀어박혀 있었다. 그리고 부모와 자신, 여동생U씨, 남동생이 짊어질 배낭을 꿰맸다. 또한 나무상자 두 개에 앞으로 도움이 될 것 같은 옷을 채웠다. 반쯤은 멍한 상태의 이 같은 나날들을 "짐을 싸거나 트럼프 카드 점을 보면서 보냈다"고 한다. 9월 4일에는 이별한다는 마음으로 조선신궁 참배를 갔고, 나선 길에 경성일본인세화회에 도움을 주러 갔다. 여자의전 학생으로서의 봉사였다. 아버지가 지인의 연줄을 이용해 기차표를 구했고, 백지로 된 인양증명서도 500원을 주고 지인으로부터 입수했다. 북조선 방면의 주민이라고 거짓으로 주소를 기재한 뒤 10월 2일에 경성역을 출발했다. 소중하게 가지고 온 것은 "독일어 소사전, 트럼프, 현미경 스케치 몇 장, 애용하던 골무, 여자의전 신분증명서, 재학증명서"였다. 인양할 때 조선인의 태도를 통해서 일본인이 해온 일가혹한 지배을 어렴풋이 깨닫게 되었다고 한다. 사람들을 꾹꾹 채워놓은 열차를 타고 이른 아침에 부산역에 도착했다. 제각각 역 구내로 하차하여 미시마르島여학교의 강당에 도착했다. 어업조합에서 일했던 아버지 직업 관계로 어망과 어구를 다루는 가게의 방 한 칸을 빌려서 살았다. "미군의 눈에 띄면 안 된다"고 해서 S 씨와 U 씨 자매는 거리로는 한 걸음도 나가지 않았다. 10월 17일 20톤이 채 안 되는 밀항선으로 부산항을 떠났다. 일몰이 되어 대마도 북단을 통과할 무렵 "북쪽으로 조선의 산들이 붉은 자줏빛으로 물들어 희미해지고 수평선 너머로 차츰 보이지 않게 된 것을 지그시 보고 있었습니다". 폭풍우로 인해 배가 표류해서 하카타에 도착하지 못하고 18일에 요부코呼子에 도착했다. 일본인이 육체노동을 하고 있는 것을 보고 식민지 조선에서 조선인을 육체노동자로 얕잡아 보고 있었다는 사실을 처음으로 깨달았다.[8] 요부코에서 아버지의 고향인 오키 섬으로 향했다.

소련의 지배하에 들어간 북조선의 함흥에 있던 D 씨의 인양은 매우 곤란한 상황이었다. 세화회의 지시를 따라 1946년 4월 29일에 시어머니와 시누이 가족과 함께 남하를 시작했다. "무개화차를 탔는데, 정말, 몇 차례나 섰는지 몰라요. 그때마다 돈을 모았어요." 기차가 설 때마다 타고 있던 일본인들끼리 돈을 모아서 기관사에게 건네는 일을 반복한 끝에 원산에 도착했다. "38도선은 걸어서 넘었어요. 그리고 농가의 헛간 같은 데서 하룻밤을 묵거나 하면서 줄곧 걸어 주문진 부근까지 왔어요." "그곳에 미국의 리버티 선[9]이 나와 줘서 그 배를 타고 부산으로" 향했다. 하지만 부산에 도착하니 "사람이 너무 많이 탔다는 이유로" "우리 가족은 그곳에서 내려 졌고" 며칠 동안 머물러야 했다. 그리고 "군산까지 또 무개화차로 가는 거예요". 군산에서의 하룻밤은 "텐트가 있어서 그곳에서 묵었고, 다시 리버티 선으로 하카타까지 갔답니다". 그런데 하카타항에 도착하니 승객 중에 콜레라 환자가 발생했다는 이유로 상륙이 금지되어 요코스카横須賀항으로 보내졌다. "거기에서 2주간은 검역이었어요. 그러니까 4월 29일에 출발한 뒤 7월"이란 말에서 알 수 있듯 일본에 도착할 때까지 3개월 가까이 걸렸다. 그 사이에 빈털터리 신세가 되었다. "요코스카에서 [육지로] 올라갔더니 가난한 비렁뱅이 신세가 되어버려" "이렇게 가난하고 비참한 인양자는 처음이라 말하면서" "가진 돈은 벌써 없어져, 정말로 비참했습니다." 이렇게 말하면서 D 씨는 눈물을 지으며 목이 메었다. 그때까지 저자의 질문에 대해 밝게 대답하던 D 씨였다. 그러나 인양한 지 수십 년이나 지났어도 그 괴로움은 가시지 않는다. 상륙할 때 "여성에게는 풀솜, 남성에게는 담배과자 그릇[담배상자로 생각됨]"이 천황의 이름이 새겨진 상태로 건네졌다. 시어머니는 요코스카에서 영양실조 때문에 돌아가셨다. 그 뒤 후쿠오카에 있는 시댁에 몸을 맡기고 남편의 복원을 기다렸다.

식민자 2세로서 조선에서 태어난 인포먼트는 인양이라는 말의 의미를 이해하는 일에 곤란을 느꼈다. I, Q, O 씨가 말했듯이 일본은 다른 나라였다. "어디로 가는 걸까" 궁금했던 I 씨. "어째서 인양해야 하는 걸까, 어디로 인양해야 하는 걸까"라고 생각했던 Q 씨. "조선인이 되어도 좋으니까 경성에 남고 싶었다"는 O 씨. 그렇지만 인포먼트는 단장斷腸의 심정으로 스스로를 납득시킨다. 여기에 식민지 인식을 전환하게 하는 큰 계기가 있었다. 나아가 인양할 때 조선인의 태도를 통해 식민지 지배에 대한 그들의 원망과 한탄을 알아차렸던 S 씨. 내지에 도착해서 일본인 육체노동자를 처음으로 본 O 씨와 S 씨. 또한 "침략자인 너희들이 돌아와서 우리가 굶주린다"라 쓰인 벽보에 가슴이 찢어졌던 T 씨. 이처럼 식민지에서 본국으로 이동하는 과정에서 겪은 다양한 체험은 인포먼트의 식민지 인식에 대전환을 촉구하는 것이었다.

## 2. 조국에서의 냉대와 차별

본토로 귀환한 인포먼트를 기다리고 있던 것은 차가운 시선과 차별이었다.

전술한 것처럼 T 씨는 부두의 한구석에 붙어 있는 벽보를 보았다. 도쿄에서도 벽 모퉁이 같은 데서 비슷한 벽보를 몇 번이나 보았다고 한다. 게다가 인양자라는 사실이 알려지면 "당신네들은 외지에서 마음껏 민폐를 끼치면서 살아왔으니, 지금부터는 고생을 해도 싸다"는 말을 들었다.[10] 많은 사람들이 이 같은 체험을 했다. 본토에 생활기반이 있는 인양자는 친척이나 지인들에게 의지해 얹혀 지내는 생활을 해야만 했기 때문이다.

D 씨의 어머니는 구마모토현 야마가山鹿의 지인을 의지하고 인양을 했지만, 다음과 같이 주눅이 드는 경험을 했다.

어머니가 인양자라는 사실을 잊어버린 것인지, 전부터 살던 친척이 인양자와 오키나와에서 온 사람들 때문에 야마가 마을이 나빠졌다는 말을 몇 번이나 들어야만 했다고 하더군요. 전쟁이 있었기 때문에 오키나와 사람들이 오키나와에서 내지 쪽으로 많이 이동해야만 했던 것입니다. 그 사람들이 잔뜩 야마가로 왔었나 봐요. 그래서 그런 말을 들었다고 했습니다.

H 씨는 시아버지가 경성에서 병원을 경영하고 있었기에 식민

지 시기에는 위세가 좋아 내지의 친척에게 후한 대접을 받았다. 그러나 인양한 뒤 그 친척을 믿고 갔다가 냉대를 받았다.

경성에서 병원을 경영할 때는 그야말로 잘 대해 주었기에. 남편도 어서 오세요, 잘 왔어요 같은 말을 기대했던 건지도 모르겠지만, 우리가 현관에 들어선 순간 모두의 시선이 꽂혔어요. 남편은 내 체면도 있고 해서 난감했겠지요. 위축되었던가 봐요. 그 집의 셋방 2층에서 살라고 했지만, 오래 있기는 힘들었어요.

"여러 곳을 전전하면서 이사를 해야 했던 것은 대부분의 인양자에게 공통된 것(자존심 같은 것을 따질 처지가 못 되었다)"이라 적고 있다. K 씨는 어머니와 시골로 인양을 했는데 그곳의 봉건적 풍습에 놀랐다.

인양해서 왔다고는 하지만, 나는 그곳에 있을 수가 없었어요. 어머니 역시 젊은 나이에 경성으로 갔던 터라, 편지는 주고받았던 것 같아요. 열 살 연상의 언니였어요. 논을 많이 갖고 있었는데, 아마 이장집 비슷한 곳이었던 것 같아요.

지주였던 듯한데. [소작인이] 모퉁이에서 현관으로 들어가지 않고 바깥에서 인사를 한다는 거예요. 그런 이야기를 듣고서 저는 깜짝 놀랐어요. 저는 시골을 본 적이 없었거든요. 인양자인 주제에, 라는 말을 들었지요. 좌우간 시골에서는 살 수가 없었어요.

이리하여 K 씨는 부모와 떨어져 살게 된다. "그래서 시골로 돌아간 사람은 다들 시골에서는 살지 못했어요. 버티지 못해서 전부 나왔죠." 그리고 모두 자립하기 위해서 일을 했다고 말한다.

O 씨 역시 세상 사람들의 쌀쌀함에 대해 말했다.

인양을 했더니 완전 외국에 온 것 같은 기분이었어요. 역시 저쪽이 고향이었던 거예요. 뭐라 하면 좋을까, 경성이 그리워요. 인양해서 왔을 때, 정말이지 외국에 온 것 같았어요. 그리고 내지 사람들도 대하는 게 좀 달랐어요. 좀 쌀쌀맞다고 할까, 뭐라 말할지 모르겠지만. 저쪽에서 꽤 괜찮은 생활을 누리고 있었다고 해서, 그런 이유 때문인지는 모르겠지만요, 아아, 이젠 정말 싫다고, 늘 생각했어요.

야채가 없으니까 사려고 지게를 메고 농가를 찾아가요. 우리에게는 절대 팔지 않는 거예요. 아예 정나미가 떨어져서 어머니와 함께 터벅터벅 돌아오는데, 배추의 파란 껍데기를 벗겨내는 게 아니겠어요. 옆에 떨어진 그것을 주워 와서 익혀서 먹곤 했는데, 정말 괴로웠어요. 저는 사실 이곳에서 평생을 보내기는 싫다고 생각했습니다.

인양을 하고 나서는 아니 정말로, 라고 할 정도로 인생이 변했다고나 할까, 가까스로 조국으로 돌아왔는데도 별종 취급을 받는 느낌이었어요.

친척들의 푸대접을 받으며 세 집 정도 전전했다. 오히려 친절하게 대해준 것은 함께 인양해 온 식모의 본가였다고 한다.

이 대목에서 일본 사회가 인양자를 어떻게 대했는지가 여실히 드러나고 있다. 식민지에서 귀환한 일본인은 동포가 아니라 타자로서 대우를 받았다. 그것은 "별종 취급을 받고 있다"는 말에서 뚜렷하게 나타난다.

O시는 "인양자가 아니면 절대 결혼하지 않겠다"고 굳게 결심한 뒤 결국 소꿉친구와 결혼했다.

Q 씨는 병중의 아버지, 어머니, 그리고 언니와 여동생의 네 사람을 따라 아버지 쪽 친척이 사는 와카야마로 인양했다.

> 고향이라고 하나요. 그곳으로 인양을 해서 왔습니다. 처음에는 안채에서 살았는데, 아버지는 암이고 어머니는 장티푸스에 걸려 있었어요. 그러니까 인양한 뒤 몹시 힘들었어요. 어떤 질병을 갖고 돌아왔는지 모른다는 이유로 결국 우리는 토장土蔵이라고 하나요, 전기도 들어오지 않는 창고 같은 데서 살았어요.

장녀인 Q 씨는 귤이나 생선 행상을 하면서 한동안 가족의 생계를 책임졌다. 가족들의 생활에 대한 전망이 생기자 상경했다.[11]

아버지가 경성에서 시계점을 경영하고 있던 R 씨도 친척으로부터 비슷한 냉대를 받았다.

> 친척들이 차가운 시선으로 바라보니까요. 조선에 있을 때는 이런 저런 물건을 보내주기도 했었지만, 빈털터리 신세로 돌아와 있으니까요. 전기를 켰더니 이웃 사람들이, 아아 시계상이 돌아왔다면서 수리할 물

건을 엄청 가지고 오는 것 아니겠어요. 이렇게 해서 100와트 짜리 전등을 켜고 일을 했지요. 친척 집에서 했거든요. 아버님의 형수 되시는 분인데, 그 아주머니가 '휙' 하고 전기를 꺼버리는 거예요.

이런 곳에는 더이상 있을 수는 없으니까, 장사를 하러 벳푸別府로 가게 되었어요.

이처럼 일본 사회는 인양자를 외지인·타자라는 이유로 냉대했다. 그리고 인양자인 인포먼트는 이러한 냉대를 견뎌내야 했다. 제국의 붕괴에 의해 국가로부터 내버려졌는데, 귀환한 조국은 지켜주지도 않았던 것이다.

이러한 사실은 자신을 일본 국가나 일본인과 동일시할 수 없도록 하는 감정, 즉, 일본인에 대한 위화감과 소외감을 식민자 2세가 떠맡아야 했던 상황을 드러낸다. 요컨대 그들이 일본 속의 타자로 살아가지 않으면 안 된다는 것이다.[12]

인양자였던 이쓰키 히로유키五木寛之도 다음과 같이 기술한다.

나는 부모님과 함께 조선반도로 건너와 '차별자'로서 식민지에 있었다. 그 뒤 평양에서 패전을 맞이하고 나서 여권을 갖지 못한 난민으로 여러 가지 어려움을 겪었다. 남동생의 손을 잡아끌고 여동생을 업고 38도선을 넘어 인양했다.

인양을 했더니 이번에는 '인양자'라는 꼬리표가 붙어 있었다. 이 말은 규슈의 치쿠고筑後 부근에서는 차별어에 가까운 표현이었다. 입장이 뒤바뀌어 이번에는 조국의 사람들로부터 '인양자'라고 차별을 당하는 처지가 된 것이다.

집이 없고, 땅이 없다는 두 가지 이유로 '인양자, 인양자'라고 불렸다. 견뎌내기 힘든 어려움을 겪었다. 이처럼 '인양자'라는 차별어 속에서 살아왔기 때문에 그 이후 내 속에는 늘 일본인이면서도 '재일 일본인'이라는 의식이 있었다.[13]

미요시 아키라三好明는 인양자에 대한 조사를 통해 인양자가 가장 힘들어 했던 것은, "너희들은 외지에서 몹시 사치스러운 생활을 하다 왔으니 다소 괴로운 일을 당해도 당연하다"는 태도로 인해 조국의 사람들로부터 협조를 얻지 못한 데에 있다는 점을 밝혔다. 또한 군인이나 군속에 비해 인양자에 대한 국가보상이 충분하지 않다는 점도 지적하고 있다.[14]

T 씨는 "출생지는? 본가는?"과 같은 질문에 직면했을 때 "같은 처지의 옛 친구들도 모두 이 질문에는 괴로운 듯 만날 때마다 서로 푸념한다"고 말하고 있다.[15] 그것은 고향으로서의 조선을 이미 잃어버렸다는 것, 그리고 이 사실이 알려짐으로써 차별의 시선에 노출되는 것을 피하려는 태도라고 할 수 있다. 그리고 이러한 강박관념은 오랫동안 사라지지 않았다.

이는 인양으로부터 40년이 지난 뒤에 지은 시에도 여실히 나타나고 있다. "인양자라 불렸던 옛날 생각에 깜짝 놀라서, 몸이 빳빳해져서 눈 질끈 감고 일어섰지요"[16]

# 제7장

# 계속되는 식민지 경험

식민자였던 것을 반추하면서

식민자의 정신구조에 대해서는 가지무라 히데키, 윤건차, 미야케 지사토르ᄐᄐᄒᄒᄃᄃᄂ, 고길희 등의 연구가 있다.[1] 식민자 2세의 의식에 대해서는 구체적으로 고바야시 마사루小林勝, 무라마쓰 다케시村松武司, 하타다 다카시旗田巍, 모리사키 가즈에를 대상으로 연구되었다. 이들 연구에서는 그들이 식민자 2세로서 '완전한 자기 부정'을 하고, 이를 기반으로 '자기 재생'을 발견하는 회로가 있다는 점이 지적되었다. 여성 식민자 중에는 모리사키 가즈에만이 대상으로서 언급되고 있다. 지금까지 밝혀진 바로는, 식민지 경험의 의미를 철저하게 파고들어 어떤 의미에는 이를 통과하고 난 후 그 지평에 오를 수 있던 사람이 있는데, 그러한 식민자가 고바야시 마사루, 무라마쓰 다케시, 하타다 다카시, 모리사키 가즈에인 것이다. 또한 필자는 이와 다른 유형으로 호리우치 스미코의 경우를 분석했다.[2]

필자는 "완전한 자기부정"을 기반으로 "자기 재생"을 발견하는 회로 이외에도 인포먼트의 설문조사나 인터뷰에서 다른 형태로 식민지주의와 마주하고 자성함으로써 내면화된 식민지주의를 극

복하고자 하는 유형이 있지 않을까 생각했다.[3]

확실히 모리사키의 경우는 하나의 전형이라고 말할 수 있다. 그 대극에 있는 것이, "우리들이 나빴던 것은 아니다, 오히려 문명화와 개발에 공헌했다, 과거는 좋았다, 그리운 나의 고향, 일본이 전쟁에서 패하지만 않았더라면"이라는 지점에 머무르는 식민자 2세들이다.

다만 그 이외의 유형도 존재한다는 사실을 밝힘으로써 사례를 풍부하게 하여 식민지 책임에 관한 연구를 진전시키고자 한다. 또한 필자가 수행한 인포먼트에 대한 인터뷰, 동창생들의 저작물, 동창회지인 『백양』을 통해 알 수 있었던 네 가지 유형을 제시하고자 한다.

## 1. 노스탤지어에 빠지다

스즈키 다쓰코鈴木辰子는 다음과 같이 그리움을 토로했다.

한국인에 대해 차별하는 마음은 없었고, 김치, 떡, 냉면 등도 아주 좋아했어요. 오랫동안 같이 살았던 순아[고용인]는 종전 이후에도 집으로 돌아가지 않고 인양되는 날까지 도와주었지요. '일본에 함께 가고 싶다'고까지 말해주었던 따뜻한 마음 씀씀이도 기뻤어요. 한국에서 살면서 일본 이름으로 바꾸고 일본어를 사용하게 한 것은 나 같은 사람이 생각해도 화가 나는 정책이었어요. 한국 분들 미안합니다. 영국의 식민지 정책과 일본의 그것을 비교해 보면 정말로 졸렬했지요. 나는 순수한 일본인입니다만, 그 옛날 조국의 피에 한국 피가 섞여 있는 게 아닌가 생각할 정도로 한국을 좋아합니다. 하지만 더 이상 내가 돌아갈 고향은 없습니다. 정말로 슬픈 일입니다.[4]

B 씨는 패전 이후 언니네 집에 고용되어 있던 조선인에게 식량 조달 등의 일로 도움받았던 것을, "다른 사람들 눈을 피해 몰래 와 주었어. 힘들지요, 라고 하면서. 어떻게 만들었는지 찐빵 같은 것을 만들어 주었지. 정말로 잘 대해 주었어"라고 아무 거리낌 없이 즐겁게 말했다. 조선인 고용인의 복잡한 심정에까지 마음을 쓰는 것 같지 않다.

C 씨는 "신문을 보고 있으면 역시 조선에 관한 기사가 얼른 눈에 들어오지요. 그리우니까요"라고 하면서 한국을 몇 차례 방문했는데, "기회가 된다면 몇 번이라도 가고 싶어요"라고 말한다. "창경원[창경궁을 말한다. 식민지 시기에는 동물원, 식물원으로 사용되었다]은 아시나요?"라고 저자에게 물으며 "창경원이 집에서 가까워서 자주 놀러 갔지요. 그래서 그립습니다. 겨울이 되면 거기서 스케이트를 탈수 있었거든요"라며 과거를 그리워했다.

D 씨는 이화여자전문학교에 다니던 시절의 조선인 친구와 재회했을 때, 친구가 일본의 종합잡지인 『문예춘추』를 구독한다는 것과 일본어 책을 읽고 하이쿠俳句도 짓는다는 사실을 알게 되었다.

D 씨는 그것을 아무 거리낌 없이, 오히려 신나는 일인 양 전해주었다. 조선인들이 왜 일본어를 자유롭게 사용하고, 일본어를 술술 읽을 수 있는지에 대한 통찰은 느껴지지 않았다. 나중에 소개할 S 씨가 경성여자사범학교 졸업생의 유창한 일본어에 느꼈던 충격죄악감이 D 씨에게는 보이지 않았다. 그녀는 아무 거리낌 없이 한국으로의 여행을 반복하고 있다.

H 씨는 경성에 있던 소학교의 동창회인 '개나리회'를 통해 한국을 방문했다. 그때 자신이 졸업한 서대문소학교 터와 시댁이 있던 장소에 가보았다고 한다. 그리고 "그래, 그 하늘의 색이야. 경성의 전[경성의학전문학교]에서 일할 때, 오늘 하늘은 황산구리가 몇 퍼센트일까라고 말했던…. 그건 정말 아름다웠어요. 특히 가을이요"라며 경성의 하늘 색을 그리워했다. 또한 전후에 창경궁의 벚꽃이 잘려버렸다는 소식과 조선총독부 건물이 해체되어 철거되었다는 사실을 안타까워했다. 벚꽃이 잘린 이유와 총독부 건물에 대해 한국인이 가진 감정에 대해서는 생각이 미치지 않는 것 같다.

P 씨도 몇 번인가 한국을 방문한 적이 있다고 했다. "조선신궁이 커다란 공원이 되었고 타워도 생겼더군요." 개성에서 소학교 시절을 보냈기 때문에 "북한과 자유롭게 왕래할 수 있게 된다면 개성만큼은 가고 싶어요"라고 거리낌 없이 말했다. 조선신궁이 패전 직후에 무너진 것의 의미, 남북 분단의 의미에 대해서는 생각하지 않는 듯하다.

이상은 식민지에서 생활했던 시절을 오로지 그리워만 하는 인포먼트와 동창생의 대답이다. 노스탤지어에 젖는다는 것은, 기억 속에서 "불쾌한 것, 불행한 것, 마음 아픈 것" 그리고 "양심의 가책이나 굴욕을 느끼는" 사항을 "봉인하고자 하는" 경향과 밀접한 관계가 있다는 지적이 있다.[5] 그러한 심리가 작용하고 있을지도 모르지만, 여기에 식민자였던 것에 대한 자성적인 사고는 보이지 않는다. 그것은 고바야시 마사루가 "나는, 나 자신에게 있어서 내 안에 있는 그리움을 거부한다. 평범하고 평화롭고 무해한 존재였던 것처럼 보이는 '외견'을, 그 존재의 근원으로 거슬러 올라가 거부한다"라고 고백했던 위치[6]와 대극에 있다. 그리고 그것이 제일고녀 동창회인 백양회의 지배적인 분위기였다. 일본이 국가로서 식민지 지배 청산을 게을리 해 온 것이 이러한 노스탤지어를 지탱하고 있었다. 하지만 인포먼트와 동창생 모두가 그런 것은 아니었다.

## 2. 불편한 마음을 품고서

졸업하고 나서 "압록강 수력발전주식회사에서 잠깐 일했을 때 조선인도 있었지요. 등사판으로 뭔가 쓰거나 하는 일을 했어요. 그러던 중 [뭔가가 계기가 되어] 문득 깨달았지요. 왜일까 생각했어요. 같은 일을 하는데 일본인만 특별한 대우를 받는 것이 이상했어요. 하지만 패전 때까지는 그렇게 깊게 생각하지는 않았어요. 지금 생각해 보면 정말 실례되는 일이었어요."라고 J 씨는 일본인에게만 6

할의 수당이 있었다는 사실을 떠올렸다.[7] "생각해 보면 왜 조선인들이 그렇게까지 일본을 괴롭힐까[식민지 지배에 대한 사죄와 반성을 요구하는 일]라고 생각했는데", "[친구에게] 정책이 나빴던 거라고 나는 말해주었어요. 그래도 좀 더 인권을 존중하고 좀 더 좋은 정책을 취했다면 이 정도까지는 되지 않았을 텐데, 방법이 나빴던 거라고." 식민지 지배 방법에 대해 문제를 느끼고 불편한 마음을 가지고 있지만, 스스로가 식민자였다는 사실은 돌아보지 않는다.

R 씨는 패전과 동시에 함께 일했던 조선인의 태도가 백팔십도 바뀌는 체험을 했다고 말하고, 이어서 "조선어를 사용하지 못하게 하고, 일본어를 배우게 하고 일본 이름으로 개명하게 한 것은 잘못된 일이었다고 생각합니다. 우리들이 아니라, 국가가 했지만요"라면서 국가의 식민지 지배를 비판하고 있다. 하지만 그 시선이 자신에게로 향하지는 않는다. "전쟁으로 인생이 바뀌었다고 생각하는가"라는 질문에 대해서도, "글쎄요. 그곳에 있었다면 여전히 좋았을지도 모르겠네요. 뭐 졌으니까 그런 걸 말해봤자 소용이 없지만요"라고 한다. 게다가 "식민지에 관해서는요, 일본이 지나친 면도 있습니다만", "그쪽[조선]도 심하게 하네요"라고 쓰고 있다.[8]

여기에 제시한 인포먼트는 식민지 지배를 긍정하지는 않는다. 하지만 자신의 사고를 더욱 진전시킬 수 없어 자성으로는 연결되지 않는다. 그저 '불편한 마음'을 계속해서 품고 있을 뿐이다.

## 3. 아무 것도 몰랐던 것에 대한 고통과 미안함

패전 후 생활에 쫓기면서도 식민자로서 생활했던 체험은 기억에서 없어지지 않았다. 마음 한 구석에 가라앉았다가 때때로 떠올라서 사고를 재촉해 간다. 인양된 후 십여 년이 지나고 나서『백양』에는 다음과 같은 글이 실렸다. 얼마 전 일본은 점령으로부터 독립을 이룩하고 조선전쟁으로 발생한 특수도 있어서 경제성장의 도상에 올랐다. 또한 한국과는 국교회복을 위한 교섭이 시작되어 중단된 적도 있지만 계속되었다.

지금 와서 생각해 보니, 그 평화는 무력으로 쟁취한 평화였다. 그것을 평화라고 생각했던 우리들의 오만, 우리들의 편안한 일상의 그늘에 작은 분노의 불꽃이 끊임없이 타오르고 있었다. 거기에서 예컨대 아무리 좋은 정치가 실현되어 황무지를 푸르게 바꾸고, 산업을 일으키고, 문화적으로 향상된 생활을 약속했다 하더라도, 단결된 민족의 피는 일체의 은혜를 끊임없이 거부했던 것이다.

젊은 날에 품었던 의문, 그것은 조선 사람의 나라인데도 왜 대다수의 조선인들은 하층 노동자인가, 왜 아름다운 시가지의 중심을 차지하는 것은 대부분이 일본인인가, 대학을 나와도 희망을 갖고 일할 수 있는 책임 있는 지위는 그들에게는 거의 없었다, 이래도 되는가, 라는 나의 의문은 나이가 들어감에 따라 커져갔다.

유구하고 훌륭한 역사로부터 고대 일본이 수많은 영향을 받았던 점을 생각한다면, 현대 일본이 그곳으로 보내야 할 여러 가지 것들은 모든 정성을 다해서 여러모로 감사했다고 하는 애정과 경의를 담은 것이어야만 한다.[9]

나는 최근 나카지마 겐조中島健蔵 씨가 저술한 『쇼와시대昭和時代』를 읽었다. 제1차 세계대전 무렵부터 제2차 세계대전이 종결되기까지 일본이 보여준 행보에 대한 필자의 날카로운 비판을 보면서, 다시 한 번 당시를 회고하는 기회를 얻게 되어 여러 가지 생각할 게 많아졌다. 하지만 그 시대의 우리는 어떠한 의심도 비판도 하지 않았다기보다는, 그렇게 하도록 허락되지 않았다. 묵묵히 명령에 복종하면서 다만 그 안에서 힘닿는 대로 열심히 살았다고 말할 뿐이다.[10]

1965년 한일국교회복이 실현된 후 백양회는 곧바로 한국방문 투어를 조직했다. 많은 회원들이 한국을 방문[11]하게 됐고, 방한한 회원들은 그리움에 젖었다. 그 후에도 한국방문은 왕성하게 이어졌지만 한국 내에서 반일감정이 강한 것도 회원들은 알고 있었다.[12] 한국에서는 오랫동안 독재 정권이 계속되었지만, 일본은 고도성장을 거쳐 '경제대국'으로의 발걸음을 지속하고 있다.

이데 노리코井出宣子는 한국을 방문한 후 다음과 같은 감상을 남겼다.

어디를 보아도 한글뿐, 반갑기는 하지만 전혀 이해할 수 없었어요.

그러는 사이 문득 다음과 같은 감상적인 기분이 되어버렸습니다. (…
중략…) 어쨌든 한국에는 독특한 문화가 있었습니다. 그러나 일본은
일본어를 강제하고, 뭔가 그들의 전통문화에 눈길도 주지 않았던 것은
아닐까요. 정말로 나빴어요.[13]

마찬가지로 가와무라 야스코川村泰子는 다음과 같이 자신의 깨달
음을 기록하고 있다.

> 효자정孝子町 종점 쪽으로 들어가서 전람회를 본 적은 있었지만, 총
> 독부에 가려진 경복궁은 거의 기억에 남아 있지 않아요. 오전 내내 천
> 천히 돌아다니다가, 이제 총독부 앞에 떡하니 서 있는 광화문이 경복궁
> 의 정문이라는 말을 들었지요. 뭐라 대꾸할 말이 없었습니다. TV로 볼
> 때마다 광화문이 거슬린다고 생각했는데, 정말 거슬렸던 것은 총독부
> 건물이었어요. (…중략…) 가슴속에 치밀어 오르는 분노를 품었을 거
> 예요. 게다가 일본은 민족의식을 자극하지 않으려고 광화문을 파괴하
> 려고까지 했다고 하더군요. (…중략…) 다시 방문한 서울에서 그리움
> 과 함께 괴로움이 가슴속에 응어리집니다.[14]

한국인 동창생과 재회한 후루자와 노부요古沢伸世는 다음과 같은
글을 남기고 있다.

> 어렸다고는 하지만, 나는 한국에서 식민자의 자녀로 살았습니다. 그

리고 깊고 푸른 하늘 아래 아름다운 자연 속에서 소학교와 여학교에 다니며 공부했습니다. 독립을 빼앗은 후 언어와 문자 등 문화까지 빼앗아 간 식민정책 속에서, 의심하는 법도 모르고 부끄러울 정도로 무지한 채로 살았습니다. 더구나 그 나라 사람들이 가진 깊은 마음의 상처까지는 미처 생각하지 못했습니다. 진실은 깊이 감추어진 채 왜곡된 정보에 파묻혀서 지내온 유년 그리고 청춘, 이어 패전까지의 기나긴 세월. 인양과 전후의 혼란 속에서 내 눈의 비늘이 점차 떨어져 나가 얼마나 많은 괴로운 진실을 볼 수 있게 되었는지요. 그리고 그 때문에 치러진 크나큰 희생.[15]

후루자와는 전쟁 이후의 삶을 살아가는 가운데 "눈에서 비늘이 떨어져서" 보이지 않던 것이 보이기 시작했다고 말하고 있다. 이러한 상황은 겐모치 지에코剣持千枝子의 문장에서도 엿볼 수 있다.

한국에 있어 '한恨'의 일제 36년이 한참일 때 우리는 서울에 있었습니다. 1910년 일한병합이 조인되기 이전 해에 한국의 애국자인 안중근에게 피격된 메이지 정부 원로인 이토 히로부미가 참관하는 가운데 개교한, 유서 깊다고 할까, 한국과는 인연이 있는 여학교, 그것이 우리 백양회입니다. 즉 우리는 일한병합에 의한 일본 통치하의 그 슬하에서 분명 일상적이고 또한 생생한 한국의 현실을 보고 자랐습니다. 그러나 일본 헌병과 군대의 두터운 보호 속에 있던 우리가 한국의 통한을 알 수 있는 방법도 없었고, 알려주는 교육도 받지 못했습니다.[16]

겐모치는 역사적 사실을 바르게 알지 못한다면 진정한 한일친선은 없다고 언급한다. 식민자로서 유복한 생활을 향유했던 이면에는 피식민자였던 조선 사람들의 희생이 있었다는 사실을 깨달은 것이다.

『민비암살閔妃暗殺』쓰노다 후사코(角田房子), 新潮社, 1993을 읽은 와타나베 유리코渡辺由利子는, "일본 침략의 40년이 한국인에게 얼마나 큰 상처를 주고 마음을 짓밟았는지, 『민비암살』을 읽고 나는 전율했습니다"[17]라고 쓰고 있다. 오하라 와타루大原済도 "어떤 나라든지 독자적인 언어, 풍속, 문화가 있고, 그것은 당연히 존중받아야 합니다. 그런데도 당시 일본에서는 자국의 것을 최고로 아는 오만한 사고가 통용되고 있었습니다. 지금 생각해 보면 부끄럽고 두려운 일입니다"라고 쓰고 있다.[18]

10대의 소녀들은 식민지의 상황에 약간의 의문은 있어도 그 문제에 대해 심각하게 생각하지는 않았다. 하지만 시간이 지나고 나서 그 의미를 이해해 간다.

또한 조선 사람들에게 '죄송했다'고 생각하는 사람이 있다. 무라타 사토시村田敏는 다음과 같은 글을 남기고 있다.

식민지라는 의미도 모른 채 자라서, 태평양전쟁이 일어나고 나서야 지금까지의 생활이 사상누각이었다는 사실을 알게 되었습니다. (…중략…) 지금 TV로 보는 한국은 아름다워서 방문해 보고 싶은 생각이 듭니다. 하지만 아버지도 남편도 사법에 관계된 일을 하고 있었기 때문에 한국 분들에게 죄송한 마음에 가서는 안 된다고 마음속으로 정했습니다. 지금도 식민지 시대에 일본인과 친하게 지낸 분들이 죄인 취급을 받고 있다고 들으니 마음이 아픕니다. 종전의 날이 오자 경성을 달리는 전차에 한국 분들이 매달려서 국기를 흔들며 기쁨에 겨워 만세, 만세 외쳤던 것이 생각납니다.[19]

G 씨는 아버지가 총독부의 관리였기 때문에 식민지라는 의미를 인식하고 있었고, "무슨 일에서든지 언제나 상류는 모두 일본인이고 한국인은 중류 이하라고 생각했습니다. 지금 와서 생각해 보면 분했을 겁니다. 어떤 일을 당해도 어쩔할 도리가 없었으니까요. 지금에 와서 이런 생각을 합니다만, 그때는 깊게 생각하지 않았습니다." "일본인 이상으로 실력이 있는데도 그 사람들을 바보 취급했다니, 정말로 잘못했다고 생각합니다"라고 말한다. G 씨가 조선인한국인이 뛰어나다고 생각하기 시작한 계기는 『겨울연가』2003년, NHK BS 방영를 보면서, 그리고 월드컵 축구2002년나 올림픽에서 한국 선수의 활약을 통해서라고 한다. 하지만 "그곳에 계속 살았다는 것만으로 잘못했다고 생각합니다만, 우리 같은 아이들은 몰랐으니까요."라며 스스로의 한계를 말하고 있다.

O 씨의 집은 커다란 상점을 경영하고 있었다. 패전으로 일본으로 돌아가야만 하는 상황이 되었을 때 "조선인이 되어도 좋으니 경성에 남고 싶다"고 생각할 정도로 식민지라는 것에 대한 인식이 없었다. "정말 나쁜 일을 저질렀다고 생각합니다만, 옛날에는 모

두가 창씨개명으로 일본 이름이 되었으니까 저도 알지 못했어요."
"배달하는 꼬마랄까 젊은 애는 모두 한국(조선) 사람이었어요. 하지
만, 모두 사이좋게 지냈다고 할까, 그렇게 차별이 있었다는 것을
나는 정말로 몰랐어요." "경성 시절은 정말로 좋았지요. 아주 행복
했지만, 역시 미안하다는 마음이 듭니다. 그쪽 사람들에 대해 아주
나쁜 일을 저질렀다고 생각합니다." 창씨개명이나 일본어의 강제
에 대해서는 "가엾게도 마음속으로는 사실 괴로웠겠구나, 하고 나
중에 알았지요". "어떤 일에도 분했을 거라 생각합니다. 가엾기도
하고요. 잘도 그렇게 순종적으로 일본어를 배우고, 그런 걸 생각하
면 눈물이 납니다"라며 미안함을 토로한다.

한편 Q 씨에게는 잊을 수 없는 사건이 있다.

저에게는 지금까지도 꼭 사과하고 싶은 일이 있습니다. 우리 학교
여학생 10명 정도가 모여서 창경원에서 트럼프인 다우트를 하고 있었
어요. 그때 조선 사람이 이쪽으로 다가와서 우리들이 아주 깜짝 놀랐더
니, 정중한 말투로 가르쳐 주세요, 라고 말하러 온 것이었어요. 사실 남
자와 이야기해서는 안 된다는 시대였기 때문에, 나는 아무 대꾸도 하지
않았지요. 그 사람은 열심히 미안하지만 여러분, 트럼프 좀 가르쳐 주
지 않으시겠어요, 라고 일본 말로 정중하게 묻는데, 나는 끝까지 침묵
했습니다. 그 사람은 아마 자기가 조선 사람이라서 가르쳐주지 않는다
고 여겼을 거예요. 그렇게 생각하니 지금까지도 사과하고 싶은 마음입
니다.

2010년은 '한국병합 100년'으로 학회나 저널리즘 분야에서 많은 기념행사가 기획되었다. 그 다음 해인 2011년 8월에 저자는 Q 씨에게서 편지를 받았다. 거기에는 "병합 100년에 임해서 이제까지 나의 인식이 너무 부족했다는 것을 깨달았습니다." "고통을 준 사람은 잊기 쉽고, 당한 사람은 잊기 어렵다고 생각합니다"라고 쓰여 있었다. 병합 100년을 기념하는 행사가 Q 씨에게 식민자로서의 의식을 재고하게 하는 계기가 되었던 것이다.

이러한 아픔과 미안함을 가슴에 품은 인포먼트와 동창생은 여러 명 있다. 하지만 식민지 지배를 왜 해야만 했는지에 대해 보다 깊은 인식은 갖고 있지 않다. 다만 Q 씨에게서 보이듯이 깊은 사고를 할 가능성은 열려 있다.

## 4. 식민지 책임에 대한 자각

인포먼트와 동창생들이 식민자로서 살았던 것에 대한 식민지 책임을 말하기 시작한 것은 한일국교회복 이후의 일이다. 그들은 각자 다른 계기를 통해 식민지 책임에 대한 인식을 심화시켰고, 또 이를 발신하기 시작했다.

### 사이토 요시코의 『사라진 국기消えた国旗』

25회 졸업생인 사이토 요시코가 아동문학을 저술한 것은 1966

년의 일이다. 사이토는 이 책을 쓴 의도에 대해 다음과 같은 글을 남기고 있다.

나는 그곳이 일본의 일부라고 여겼기 때문에 의심하지 않았습니다. 전쟁이 끝나고 "일본인은 일본으로 돌아가라"라는 말을 들었을 때 솔직히 너무나도 안타까웠습니다. 게다가 일본인과 조선인이 서로 다른 나라의 국민이라는 것도 몰랐습니다. 내가 모르는 그늘의 부분을 알고 싶었습니다. 나는 열심히 생각하고 책도 읽었습니다. 그러자 이번에는 어떻게 해서든 쓰지 않고는 견딜 수 없게 되었습니다.[20]

『사라진 국기』에는 식민지 시대를 배경으로 하는 여섯 작품이 수록되어 있다. 표제작인 「사라진 국기」에는 『동아일보』가 1936년 제11회 올림픽대회 마라톤 우승자인 손기정 선수의 일장기 말소 사진을 게재하려고 했던 사건의 전말이 그려져 있다. 식민지 지배가 민족의 자부심을 짓밟는 상황이 생생하게 전달된다. 「에이사의 이야기エイサの話」에는 가난한 조선인과 부유한 일본인의 대비가 선명하게 그려져 있다. 또한 「박구朴九」는 토지조사사업으로 인해 이득을 본 일본인과 달리 손해를 거듭하다가 화전민이 되는 조선인의 모습을 보여주고 있다. 또 이 소설에는 문자와 말을 빼앗기는 것은 혼을 잃는 것만큼 고통스러운 일이라고 언급하고 있다. 「착각勘違い」은 '내지'를 방문한 일본인을 조선인이라고 착각해 '조센징'이라고 멸시하는 평범한 일본인이 묘사되어 있다. 일본인의 심

리 저변에 깔려 있는 강한 차별의식을 보여준다. 「벙어리」는 북한 지역으로부터 인양되는 일본인에게 원망을 표출하는 조선인 보안 대를 식민지 지배의 피해자로서 묘사하고 있다. 「무궁화 꽃」은 학교생활에서 자행되었던 「황국신민 서사」 암송과 창씨개명 강요를 소재로 다루고 있다. 사이토의 작품은 아주 이른 시기에 발표된 여성 식민자 2세의 자성적인 작품들이다. 사이토는 단가短歌도 썼는데, 많은 단가에서 식민지 지배에 대한 자책의 마음을 노래하고 있다. "언문이라고 천시 받은 한글을 이제 배우네. 인양자 우리에게 시간 좀 빌려주시게"1997, "일본인 모두 인양되고서 반도 지도에 분단선 그어졌다네"2004, "식민지라는 표현조차 모른 채 겨울 오면 페치카 따뜻한 방안에서 지냈네"2007 등의 단가가 있다.

### 아오야기 미도리青柳緑의 『이왕의 자객李王の刺客』

22회 졸업생인 아오야기 미도리는 아오야기 난메이青柳南冥의 딸로 식민지 조선에서 살았다. 아버지는 러일전쟁 중에 한국재정고문부에서 일했고, 한국병합 후 퇴관했다. 또한 그는 조선연구회를 주재하고 조선 문화의 고양高揚에 힘을 쏟았다. 어린 시절 그녀는 아버지를 찾아오는 조선의 석학들을 보고 자랐다. 이러한 성장환경과 패전 후 알게 된 조선에 대한 식민지 지배의 실태와의 낙차는 그녀에게 커다란 충격을 주었다.

친애와 선의와 존경이 교차했던 환경이었던 만큼 그 후 진실을 알았을 때의 놀라움은 컸다. 해방 후 집필된 대부분의 이야기는 일본의 압제 하에서 겪었던 비참한 일화뿐이었다. 이민족의 통치를 받았던 것이 모든 불행의 원인이었을까, 라며 심판의 채찍을 견디는 기분이었다.

따라서 원점은 그러한 비참한 결과를 초래한 일한병합이다. 심판의 채찍을 견디고, 가슴 아픈 응어리를 배출하기 위해서 일한병합이 왜, 어떻게 초래되었는지에 대해 나는 어떻게 해서든 천착해야만 했다.[21]

1971년에 간행된 『이왕의 자객』은 김옥균을 암살한 홍종우를 주인공으로 설정하여 한국병합의 내막을 그리고 있다. 아오야기는, 이 책은 픽션이지만 여기에 등장하는 일본인은 실재했던 인물인 만큼 "그들의 사상과 행동"에 대해서는 "사실史實을 비교적 충실하게 답습할 요량으로" 이 책을 썼다고 언급하고 있다.

이 작품은 간행된 직후 한국에서 반향을 일으켰다. 1932년에 조선을 떠난 이래로 방한을 주저하고 있던 아오야기는 1971년 여름에 한국을 방문했고, 한국은 그녀를 호의적으로 맞이해주었다. 그녀는 "조선의 남북 분단에 책임이 있는 일본인의 한 사람으로서 무궁화가 피는 계절이 되면 애달픈 생각에 가슴이 미어진다"라는 글을 남겼다.[22]

동창생 중 한 사람은 "『백양』 33호에 실린 아오야기 미도리 님이 쓰신 글의 유려한 필치는 당시 일한병합 한가운데 존재했던 백양회가 한국을 단순히 그리워하는 망향의 마음으로만 보지 말고 역사적 사실을 바로 알아 한국을 이해하고, 이를 기반으로 우리야말로 마음으로부터 일한친선을 호소하는 입장에 서야 한다고 말하고 싶으셨음에 틀림없습니다"라고 말하며 그녀의 진의를 이해하고 이어받으려 한다.[23]

### S 씨아소 미호코(阿蘇美保子)의 『성장의 글生いたちの記』

"일본이 조선을 식민지 지배했다는 사실을 안 것은 언제인가"라는 질문에 S 씨는 다음과 같이 대답했다. "인양되고 나서이지요. 식민지였다는 것 자체는 알았다고 생각합니다. 다만, 식민지의 내용을 알게 된 것은 어느 정도 시간이 지난 후였어요. 역시 나라奈良[나라여자고등사범학교]에 가서 여러 정보를 알게 된 이후입니다. 정보가 없었으니까, 정보가 들어오고 나서 처음으로 식민지라는 것이 어떤 것인지 알게 되었습니다. 그리고 우리들이 거기서 어떻게 생활했는지에 대해 생각해야 했습니다." 이어서 그녀는 "글쎄요. 게다가 역사를 보는 눈 말인데요. 역사가 인간의 마음이나 감정으로 움직이지 않는다는 것은 자명한 이치이니까요. 역시 그 배경에 있는 자본주의의 구조적인 문제라고 할까, 그것과 인생의 관계이지요. 개개인에게는 여러 가지 일이 있겠지만, 그런 것이 기본이 되지 않으면 안 된다고 나는 생각합니다"라고 말한다. S 씨는 경성여자의학전문학교 재학 중에 패전을 맞이했다. 인양된 후 나라여자고등사범학교에 편입학해 사회과학을 배우는 과정에서 사회의 구조를 파악해 가는 가운데 식민지 문제를 인식하게 되었다. 패전 직후 민주화가 진전되는 과정에서 가난했지만 사회와 맞서고자 했던 학생들의 기운 속에 S 씨도 있었다.

S 씨는 식민지 생활을 자성적으로 정리한 『성장의 글』을 1977년에 자비로 출판했다. 여기에는 차별어인 줄 모르고 조선인을 '요보'라고 불렀던 것, 일본인에 대해서는 6할의 수당이 있었던 것, 교통과 관련된 일, 행상, 청소부는 조선인이 하는 일이라고 생각했던 것 등이 쓰어 있다. 또한 다음과 같이 술회하고 있다.

조선인에게는 큰 폐 정도가 아니라, 굴욕이었음에 틀림없다. (…중략…) 내선일체의 미명 아래 창씨개명을 강제하고 조선어를 금지하고 신사참배 등을 부추기고, 거기에다 비판적인 사람은 경찰과 헌병대가 연행해 가는 식이었다. 그렇기 때문에 거리에서는 조선어가 전혀 들리지 않게 되었다. 당시 우리는 정치적으로 아주 무지했기 때문에 대수롭지 않게 지냈던 것이다.[24]

이 책은 참고문헌으로 야마베 겐타로山辺健太郎의 『일본 통치하의 조선日本統治下の朝鮮』岩波書店, 1971과 모리타 요시오森田芳夫의 『조선 종전의 기록-미소 양군의 진주와 일본인의 인양朝鮮終戦の記録-米ソ両軍の進駐と日本人の引揚』岩南堂書店, 1964 그리고 김달수의 『조선-민족·역사·문화朝鮮-民族·歴史·文化』岩波書店, 1958를 들고 있다. 정확하게 사실史實에 기반해서 저술되어 식민자로서의 반성을 말하고 있다. 게다가 S 씨는 퇴직하고 나서 한국어 공부를 시작하는데, 이때의 생각을 다음과 같이 전하고 있다.

나에게는 고향이 없다. 그곳은 더 이상 편안하게 얼굴을 들고 다닐 수 없는 외국이다. (…중략…) 패전 무렵, 의대생이었던 나는 인양된 후 32년의 교원 생활을 퇴직하고 곧바로 한국어를 배우기 시작했다. 그 까닭은 일찍이 고향 아닌 고향이었던 한국에 대해 너무나 모르고 또 이웃으로서 부끄럽다고 생각했기 때문이다. 또한 이미 역사상의 일이 뇌었지만, 아직까지도 끝났다고 말할 수 없는 식민지 조선 사람들에 대한 속죄의 마음이 있었기 때문이다. 조부 세대의 책임을 다음 세대 역시 짊어져야만 한다. 자신이 어렸을 때 무슨 일이 있었는가.[25]

S 씨는 식민지 지배 책임을 자신들 세대가 짊어져야 한다고 명확하게 말하고 있다. 그녀는 한국어 단기연수를 위해 3개월 동안 한국에서 유학했다. 이때 만난 경성여자사범학교를 나왔다는 하숙집 여주인의 유창한 일본어에 충격을 받았다고 한다. 식민지 지배 과정에서 일본어를 강요한 결과라는 것을 깨달았기 때문일 것이다. S 씨는 과거 경성여자의학전문학교에서 함께 공부한 동창생과 다시 만나 더듬더듬 한국어로 인사해 환영을 받았다.[26] 게다가 노스탤지어가 주류인 동창회에 대해서 "동창회에 가보면 그곳의 전체적인 분위기란 과거는 좋았다, 그때는 이러이러한 생활을 했다고 그리워할 뿐입니다. 물론 그 마음도 알겠습니다. 나도 그랬으니까요. 편안하게 소녀 시절을 보냈던 사람이 대다수이니까요. 하지만 한걸음 더 나아간 시점이 없어서는 곤란하다고 나는 생각합니다"라고 비판적인 시선을 보내고 있다.

I 씨는 "대개 일본이 침략했다는 사실조차 배우지 않았습니다. 그러니까 알 수가 없었지요. 일본이라고 생각하면서 살았습니다." "그런 것[황국신민의 서사]도 그때는 그냥 그런 줄 알고 들었지만, 세상이 뒤바뀌어서 패전으로 일본으로 돌아가기도 하고 전쟁에서 지기도 했을 때 무엇이었던가, 우리들은 왜 그런 일을 했던 것일까, 생각했습니다"라고 술회했다. 조선이 식민지였다는 것은 "전후에 이쪽[일본]으로 돌아와서 책을 읽고 사람들의 이야기를 듣고 뉴스를 보거나 신문을 읽"으면서 알게 되었다고 한다. 그러나 그녀는 눈앞의 생활이 우선이었다. 일에 쫓기다가 양육을 마치고 남편의 병간호도 끝내고 시간적인 여유가 생기고 나서야 "군대가 무엇을 했는지, 왜 전쟁을 해야만 했는지에 대한 것이 머리에 떠올랐다. 그래서 열심히 시베리아 억류에 관한 책이라든지 학도 동원에 관한 책이라든지, 그림 전람회가 있으면 보러가고, 그러다 알게 되었다"고 한다. I 씨는 『들어라, 와다쓰미의 목소리 — 일본전몰학생 수기きけわだつみのこえ一日本戦没学生の手記』日本戦没学生手記編集委員会編, 東大共同組合出版部, 초판은 1949, 『여자들의 태평양전쟁 1~3女たちの太平洋戦争1~3』朝日新聞社編, 朝日新聞社, 1991~1992 등 많은 책을 닥치는 대로 읽었다. '2001년 와다쓰미회 8·15집회'에도 참가했다. 이처럼 읽고 행동하는 가운데 사고를 거듭할 수 있었다. 그리고 그녀는 2000년에 다음과 같은 글을 남겼다. "분단 비극의 원인遠因은 일본에 있다. (…중략…) 는 것을 전후가 되어서야 겨우 우리들은 알게 되었다. (…중략…) 아무것도 모르고 북

조선에서 태어나 경성에서 자랐다. 더군다나 나는 일본군의 군속으로서 가해자의 입장에 있었다."[27] 게다가 2003년에는 『잔조모양』을 간행했다. 거기에는 I 씨가 반세기가 넘는 동안 "조선이란 무엇이었던가", "전쟁이란 무엇이었나"에 대해 끊임없이 고민한 과정과 생각이 그려져 있다.

전후 56년 살아남은 것은 운명이었는지도 모르겠다. 하지만, 이대로 괜찮은 것일까. 뭔가 해야만 했던 일, 그것은 역시 살아남은 증인으로서 전쟁의 과오를 계속 이야기해서 미래로 연결하는 일이라고 생각한다. (…중략…) 조선에서 태어나서 자라고 생활해 온 교코京子[I 씨를 말함]들 일본인은 특별한 망향의 마음으로 그리우면서도 따뜻하고 친근하게 조선반도를 지켜봐왔다. 한국도 북한도 일본이 통치했던 때의 일도, 그쪽 사람들의 뿌리 깊은 '한'의 마음도 교코들은 조선에 있을 때 무엇 하나 배우지 못했다. 전후 일본에 인양되고 나서 조선인들의 국민운동을 보고 처음으로 알았을 정도이다. 지금 교코는 조선의 역사와 사람들의 생각을 더욱 이해하고, 과오에 대해서는 사죄하여 이웃나라로서 사이좋게 교류하고 싶다고 생각한다.[28]


**V 씨·K 씨 – 전후가 되어 학습을 통해서**

V 씨는 인양된 후 진학했던 도쿄여자대학으로 복학했다. 조선이 식민지라고 생각한 적은 "조선에 있던 동안에는 없었던 것 같습

니다. 인양되고 나서 여러모로 공부했는데, 이러한 과정을 통해서 일본에게 당했었구나, 라고 생각했습니다". 그녀는 이어서 "[대학교 때] 대단히 전문적으로 공부한 것은 아닙니다만, 여러 가지를 견문하고"나니 "점차 보이기 시작했습니다"라고 고백했다. 일본어를 강제하는 등 여러 측면에서 조선인이 참아야 했던 상황을 이제 와서 알게 된 것이다.

K 씨는 자식을 어느 정도 키우고 도쿄 시나노마치信濃町에 있던 위민즈 컬리지에 다니면서 역사를 배웠다. "지금까지 잘못된 역사밖에 알지 못했기 때문에" "큰딸에게 고등학교 교과서를 빌려서 열심히 공부했어요. 내가 배운 것과 완전히 달랐지요. 그래서 공부해 보고 싶다고 생각했습니다"라고 말했다. 그녀는 위민즈 컬리지의 졸업증서1970년 4월 1일 자를 소중하게 보관하고 있었다. "역시 일부 군국주의자가 있었구나, 하는 것을 점차 알게 되었어요." "국민을 전부 끌어들였으니까요"라고 말하면서 지식을 조금씩 쌓아갔던 과정을 이야기해 주었다.

**L 씨**다카하시 기쿠에(高橋菊江) 의 『**붉은 벽돌집**赤煉瓦の家』

L 씨는 "저도 패전이 되고 나서 식민지라는 말을 처음으로 들었습니다. 8월부터 11월 정도까지 학교[일본여자대학교]에 다니지 않았으니까 그사이에 무슨 책인가를 읽었습니다. 책 제목은 잘 모르겠어요." "그래요. 정말로 몸에 사무칠 정도로 내용을 이해했는지 물으면 그렇지도 않더군요. 다만 아, 그때 비참한 모습을 하고 있던 가난

한 사람들이 있었기 때문이구나, 우리들과 다른 세계에 살던 사람들이 많이 있어서 그 안에서 우리들은 편안하게 살았구나, 하는 것을 알게 되었습니다." 그녀는 "노로 에이타로野呂栄太郎의 『일본자본주의발달사日本資本主義発達史』岩波書店, 1935를 패전이 되고 나서 열독"했다. L 씨는 오랫동안 품어왔던 "조선인과 일본인 사이의 빈부의 차이는 왜 생겼을까?"라는 의문이 이 한 권의 책과의 만남으로 해결되었다고 한다. 또 그 과정을 다음과 같이 쓰고 있다.

일본과 조선의 관계가 식민지 지배에 의한 부조리하고 불평등한 관계였다는 사실을 마치 구름 낀 하늘이 맑아지는 것처럼 점차 이해하게 되었다. (···중략···) 식민지 지배라고 한마디로 말하지만, 그 내용은 정치, 경제, 교육, 문화, 군사, 경찰 등 다방면에 걸쳐 모든 분야에서 지배와 압력이 가해졌다는 것, 그 때문에 조선인은 35년 동안 말로 다할 수 없는 고통을 맛보아야만 했다는 것을 드디어 알게 되었다. (···중략···) 우리 가족의 생활 ― 그것이 자국의 이익만을 추구했던 조선에 대한 일본의 '식민지 지배'의 결과였음을 알게 되었을 때의 놀라움은 아주 컸다. 아버지와 오빠들이 범한 일본인의 죄를, 내가 어리고 또 아주 무지했다 하더라도, 아니 그렇기 때문에 앞으로 더욱 일생 짊어지고 살아가야만 하지 않을까, 라고.[29]

L 씨는 방송국과 출판사 근무를 거쳐 소설가가 되어 단편소설집인 『붉은 벽돌집』을 간행했다.[30] 그리고 이 책을 쓴 의도에 대해 "이

책은 타는 더위에 삽으로 계속 맞아가며 자갈길을 가는 달구지 — 그때 말이 토해내는 신음소리와 상냥했던 오모니의 모습 등 지금도 눈에 새겨진 조각난 기억을 바탕으로, 허구의 힘을 빌려 소녀의 눈에 비친 조선 민족의 고뇌를 살펴보고자 시도한 것입니다"라고 남기고 있다.[31] 조선인은 "성실하지 않다, 태생적으로 게으르다"고

다카하시 기쿠에의 『붉은 벽돌집』 표지

재단한 아버지와 식민지 지배에 대한 의문을 품고 조선민족의 고뇌에 마음 아파했던 큰오빠 사이의 대립 그리고 큰오빠의 죽음. 또한 조선인 고용인이었던 오모니의 가난, 어떤 사건을 계기로 아버지에게 해고당한 오모니가 "나에게는 일할 곳도, 지낼 곳도 없습니다. 나와 나의 아들들이 살아갈 곳을 빼앗은 사람은 당신의 아버지, 일본인입니다. 영원히 안녕"이라고 써서 남긴 편지, 여기에는 식민지 지배에 대한 작가의 강렬한 비판의식이 담겨 있다.

L 씨 본인은 이처럼 식민지 책임을 자각하고 있지만, "현재 조선이 식민지였던 것을 진정한 의미까지는 아니더라도 알고 있거나 그 의미를 느끼는 사람은 극소수이겠지요." "나는 소수라고 생각합니다. 대부분의 경우 조선 사람은 가난하고 불쌍했다, 그 정도까지는 생각할 거예요. 동정한다든지요." "하지만 그 이상의 구조라

든지, 일본이 어떠한 입장이었는지 등 그런 것을 아는 사람은 1할에도 미치지 않을 거예요"라고 말하며 일본의 상황에 대해 비관적 인식을 보여주고 있다.

L 씨는 이외에도 많은 작품을 발표했다.

**이케다 마사에池田正枝의 『두 개의 우리나라二つのウリナラ』**

이케다 마사에는 전후 앰네스티 회원으로 활동하면서 조선에서 성장한 것을 되돌아 보게 되었다.

앰네스티 회원이 되어 남아프리카에서 자행되는 심각한 차별을 보고 아연실색했던 날, 생각해 보니 우리들이 식민자로 같은 일을 해 왔다는 사실을 깨달았습니다. 어린아이를 집에 남겨둔 채 일하러온 중년 부인에게, 그녀의 이름은 알려고 하지도 않고 그저 '오모니'라고 부르면서 아무렇지도 않게 허드렛일을 시켰던 일, 학교에서는 아이들에게 조선어를 금지하고 일본 역사를 가르치면서도 조선 역사에 대해 알고 싶어 하는 아이를 위험 아동이라고 낙인찍는, 그런 시대였습니다. 일본인에게는 6할의 수당이 붙었습니다. TV 화면을 통해서 "나는 흑인을 차별한 적은 없습니다"라고 외치는 백인 소녀의 모습, 그것은 우리들 그 자체였습니다. 무지했습니다. 과거 제자들이 서울에서 정신대, 즉 위안부였다는 사실 때문에 괴로워하고 있다는 것을 알게 되었습니다. 이제 얼마 남지 않은 인생입니다만, 종군위안부 문제에도 참여해야겠다고 결심했습니다. 내년에 후쿠오카에서 열리는 동창회에서 여러

분과 함께 이러한 것에 대해 생각하는 시간을 꼭 갖고 싶습니다. 지하 갱도에서 일했던 사람도 강제 연행된 조선 분들입니다. 그 사실에 대한 목소리를 이제 겨우 내기 시작했습니다.[32]

이케다는 1999년에 『두 개의 우리나라』를 간행했다.[33] 이 책에는 "조선인이 일본인이 되는 것은 행복이다"라는 믿음 위에서 보통학교 교사로서 조선 아이들의 황민화 교육에 매진하고, 6명의 제자를 여자정신대로 보낸 것에 대한 회한과 사죄의 여행이 그려져 있다. 그 결과 이케다는 "관광 목적으로는 절대 방한하지 않는다"라고 맹세하고, 제자들을 찾아다니는 일을 스스로에게 부과했다. 그녀의 아버지는 금융조합에서 근무했는데, 이에 대해 "아버지는 조선 사람을 괴롭혔다"[34] "조선 사람을 괴롭히고 중국인은 또 그 조선인 아래 두는 심한 일을 저지른 세대였다"[35]고 쓰고 있다.

이상은 식민자로서의 책임을 자각하고 발신했던 인포먼트와 동창생들이 보여준 사례이다. 일본의 식민지 지배를 깨달은 뒤에 이를 그대로 방치해 두지 않고 끊임없이 고민함으로써 식민지 책임을 인식하게 되었다.

## 5. 식민자로서의 갈등 __ T 씨 호리우치 스미코(堀内純子)

T 씨는 하카타항 한쪽 구석에 붙어있던 "침략자인 너희들이 돌아와서 우리들이 굶주린다"라고 쓰인 종이를 발견하고 엄청난 충격을 받았다고 한다. 16세의 소녀에게는 가슴을 찌르는 아픔이었다. 이때부터 T 씨는 일본의 식민지 지배를 인식하기 시작한다. "패전 후 여러 사람에게 들었습니다. 열여섯 살이었지요. 충격이었습니다." T 씨는 장기간의 요양소 생활을 마친 후 아동문학가가 되었다. 그리고 자신의 체험을 말하기 시작했다.

### 가해자의 슬픔 — 『머나먼 종소리 はるかな鐘の音』

인양 후 약 30 몇 년의 세월이 지나고 나서 T 씨는 『머나먼 종소리』를 간행했다.[36] 이 책은 이미 죽었지만 혼이 되어 떠다니는 고지마 유키小島그ガ가 병상에 있는 미유키와 친구들, 3명의 병실에 나타나서 자신의 이야기를 하는 가운데, 이들 소녀들이 식민지 시대의 경성으로 시간 여행을 떠난다는 내용이다. 작가는 유키를 통하여 자신의 체험을 이야기함으로써 식민자로서 가슴에 담아둔 생각을 승화시켰다고 할 수 있다. 이 책에 나오는 몇몇 장면을 살펴보도록 하자.

패전이 가까울 무렵 미군이 하늘에서 삐라를 뿌린다. 조선어로 쓰여 있는 삐라는 함께 일본에 대항해 싸우자고 조선인에게 호소하는 것이었다. 영문도 모른 채 삐라 뭉치를 주운 유키와 친구들은 조선신궁에서 도리이鳥居에 돌멩이를 던지고 있었다. 이를 본 신사 관리인이 아이들을 엄하게 꾸짖다가 그들이 가지고 있던 삐라 뭉 치를 발견하고 얼굴색이 변해서, "어느 학교야?" 하고 따져 물었다. 공포에 질려서 겨우 학교 이름을 말했더니 학교로 전화해서 확인 하고, "너희들 일본인이었어?", "왜 그걸 진작에 말하지 않았어"라 며 관리인의 태도가 갑자기 돌변한다. 손바닥 뒤집듯이 바뀐 대응 에 심하게 상처받은 유키. 여기에는 "의심스러운 사람은 모두 조선 인"으로 보는 식민자의 전형이 그려져 있다. 또한 이러한 일종의 광기라고 할 수 있는 식민지 상황을 "이유도 알 수 없던 시대"라고 표현하면서, "일본인은 한국인의 마음까지 자기 것으로 만들려고 했고 반항을 두려워한 나머지 머리가 이상해졌지"라며 황민화 정 책을 비판한다. 그리고 패전의 바로 그날, '만세'를 외치며 기뻐하 는 조선인 물결과 조선신궁의 도리이를 향해서 돌을 던지는 조선 인의 모습이 묘사되어 있다.

또 다른 장면에서는 세 명의 병사가 등장한다. 전쟁에 나가기 전 에는 빈농이었던 '검은 도깨비', 집안 대대로 생선가게를 경영했던 '생선가게'와 국민학교 훈도 같은 '시바타 선생님'이다. 그들은 소 녀들에게 찰떡을 먹게 하는 등 아주 친절하다. "아저씨들 정말로 병사예요?"라고 소녀들이 묻는다. "총검을 겨누고 돌격하거나 대 포를 쏴서 건물을 부수는 뉴스 영화에서 본 병사와 이 사람들은 아 무래도 겹치지 않는다"라고 유키는 생각한다. 그러나 '검은 도깨비'는 실은 북지北支 전선에서 용맹을 펼쳐서 '도깨비 이와모토*'라는 별명으로 불렸던 병사였다. T 씨는 이 세 명의 병사를 제각각 배경이 있고 고향의 어머니와 가족을 그리워하는 인간으로 그리고 있다. 현재 시점에서 살아있는 미유키와 친구들, 세 소녀는 다음과 같이 대화를 이어나간다.

"언젠가 선생님에게 배웠어. 일본 병사가 중국에서 아주 잘못되고 가혹한 일을 저질렀대."

"너 참 바보구나." "검은 도깨비는 아이와 노래를 좋아하는 상냥한 사람이야. 그런 사람이 다른 장소에 있다고 잘못되고 잔인한 일을 했을 리가 없어."

"하지만 일본인이 중국에서 나쁜 일을 저질렀다는 것은 사실이야. 일본인으로서 절대로 잊어버리거나, 속이거나 해서는 안 되는 사실이라고 선생님이 말씀하셨어."

미유키는 눈을 감았습니다. 열이 나는 머릿속에서 여러 가지 생각이 소용돌이쳤습니다. 물론 검은 도깨비는 잔인한 일, 그런 일을 할 리가 없다. 하지만, 하지만, 그렇다면 그런 잔인한 일을 한 사람은 누구일까. (…중략…) 그런 사람들을 왜곡시키는 것, 그것은 무엇일까. 미유키는 알 수가 없었습니다.

---

* 이와모토 데쓰조(岩本徹三)를 가리킨다. 일본해군으로 중일전쟁, 태평양전쟁에서 격추왕으로 불렸다.

평범한 사람인 병사가 침략자 혹은 살인자가 되어 버리는 사실과 마주하고 혼란스러워 하면서 갈등하는 소녀들. 그럼에도 병사들을 광기로 이끄는 존재를 파악하려는 모습, 그리고 침략하거나 혹은 살인을 저지른 인간이 그 무게로 괴로워하는 모습이 그려져 있다.[37]

또 다른 장면도 확인해 보자. 남산의 숲속에서 유키와 소꿉친구인 오사무修가 예쁜 꽃을 발견하여 열중해서 따고 있다. 이때 하얀 조선옷을 입은 남자가 나타나서 조선말로 날카롭게 외치며 오사무의 손에서 꽃다발을 빼앗아 내던지고 그를 때린다. 하얀 조선옷을 입은 남자는 산지기였다. 산에서 나무를 베었다는 이유로 그의 아들은 일본 사람에게 붙잡혀갔다. 울며불며 애원해보았지만 소용이 없었다. 그 때문에 산지기는 꽃을 따던 일본 아이에게 "이 도둑놈" 하며 주먹을 휘두른 것이다. 향나무가 말한다. "이제까지 산은 언제나 모든 사람의 것이었어. 모두가 자유롭게 출입해서, 만약 있기만 하다면 나무를 잘라도 되는 장소였으니까. 산은 조상이 모두에게 주는 선물이었지. 부모도 또 그의 부모도 또 그의 부모도, 모두 그렇게 땔감을 얻으며 살아왔어. 그것이 이 나라의 풍습이었던 거야." 그리고 이어서 "나무는 다시 태어났지. 분명 그것은 위대한 업적이야. 하지만 젊은이는 목을 맸어"라고 나무를 잘랐다가 붙잡힌 젊은이의 비극을 말한다.

조선총독부의 산림정책에 대해서 역시 식민자 2세인 무라마쓰 다케시는 다음과 같이 엄격한 지적을 가하고 있다.

일본인은 나무를 사랑했을지도 모른다. 자연과 풍치風致를 해치는 것을 싫어했을지도 모른다. 그러나 조선인이 나무를 사랑하지 않았던 것은 아니다. 자연을 해치고 싶었던 것도 아니다. 바로 홍수와 가뭄 속에서, 그 안에서 살았던 것이다. 일본인이 자신의 자연관을 자찬하는 것은 좋다. 그러나 그러한 자연은 존재하지 않는다. 자연은 어떤 경우에도 대상이 아니다. 그것은 거기에 살고 있는 것을 의미하는 것이다. 일본인 식민자에게는 자연 속에서 살아가는, 바로 그 부분이 결정적으로 결여되어 있었다.[38]

무라마쓰는 조선인의 생활 그 자체를 이해하지 못한 식림정책과 그것을 자화자찬하는 일본인의 오만을 비판한다. 사실 T 씨의 아버지는 산에 나무 심는 일을 했고, 그 일에 자부심을 느끼며[39] 아사카와 다쿠미淺川巧*와도 교류했다. T 씨 자신도 아버지가 하는 일을 자랑스러워하며 성장했다. 하지만 이 작품은 일본의 산림정책이 조선인에게 고통을 주었다는 쪽으로 시선이 향하고 있다. 그것이 유키의 괴로움과 슬픔으로 표현되는 것이다.

마지막으로 T 씨는 식민자 2세의 책임을 묻는다. 향나무는 다음과 같이 말한다. "일본은 한국을 침략했다." "잘 기억해 두어라. 이것은 틀림없는 사실, 일본의 역사에서 지울 수 없는 오점인 것이

---

\* 아사카와 다쿠미(1891~1931)는 조선민예, 도예 연구가이다. 1914년 조선으로 건너와 조선총독부 산림과의 임업기사로 일했으며, 조선의 도자기와 목공을 연구하여 소개했다.

다. 하지만 개중에는 선의善意의 사람이 없었다고는 생각하지 않는다. 너의 아버지도 그러한 사람 중 하나였을 것이다. 그러나 ⋯." 여기에는 작은 선의 같은 것은 무시해 버리고, 경우에 따라서 교묘하게 이용하는 식민지 지배에 대한 시사示唆가 담겨 있다. 게다가 아버지가 선의로 했다고 가정하더라도 유키는 자신을 용서할 수 없다. "나는 아무것도 하지 않았거든. 아버지가 하는 일 덕분에 편안하게 눌러 앉아서 우쭐해 있었거든. 좋은 집에 살면서 좋은 학교를 다니고 그 나라의 식량을 먹고, 그것이 지극히 당연하다고 생각했지. 의심해 보려고 한 적도 없어. 분명 지나치게 우쭐했기 때문일 거야. 힘으로 저들을 굴복시키는 것을 도와주고 있었어." "아이에게도 어른에게도 동일한 무게를 지닌 죄라는 것이 있지. (⋯중략⋯) 저들을 인간으로 보지 않았기 때문이야. 풍경으로밖에 보지 않았으니까. 그것이 저들을 억누르는 힘의 근원이 되는 가장 깊은 죄였어. 저들의 분노와 슬픔을 나는 알지 못했어." 피식민자를 "개개인으로서 볼 수 없었고, 보려고도 하지 않았다." 그들의 '주체성'을 볼 수 없었던 것이다.[40] 여기에 식민자의 생활 그 자체가 식민지 지배를 지탱하고 있었다는 인식이 명확하게 드러나고 있다. 그것은 또한 어린아이라도 그 죄에서 벗어날 수 없다는 인식인 것이다.

더욱이 "내가 선택해서 한국에 있었던 것은 아니야. 태어나 보니 한국이었던 거지. 누구나 자기가 태어나는 장소를 선택하는, 그런 것은 할 수는 없어"라는 반론에 대해서, 조선반도에는 "백만 명 가까운" 일본인이 있었고 생활하고 있었다. 이동해 간 사람도 있지만, 그곳에서 태어난 사람도 있다. "이것이 남의 나라를 빼앗았다는 의미야. 태어난 것 자체가 우리들의 죄였어." "나에게 고향은 없어. 그곳을 고향이라고 말하면 안 되지. 그곳은 물론 그들의 것이고, 나는 그들을 업신여긴 적도 있었거든"이라고 대응한다. 유키는 "이 무거운 짐을 계속해서 언제까지나 짊어지고 가야만 해"라고 자신을 몰아넣어 간다.

유키는 원죄를 느끼고 완전한 자기부정에 자신을 몰아넣으면서도, 다른 한편으로는 조선이 고향이라는 생각을 버릴 수가 없다. "하지만, 나의 고향은 그곳이야. 어질어질할 정도로 눈부신 푸른 하늘. 선명한 산맥. (…중략…) 누구보다도 깊이 사랑하지.…하지만 역시 그곳은 나의 것이 아니야. 나는 그곳으로 돌아갈 수 없어. 그러니까 떠도는 거야. 언제까지나."

T 씨는 이처럼 죽었지만 혼으로 떠도는 유키라는 인물을 설정하여 자신 속에 있는 "식민자 2세로서 살았던 자신을 부정하지 않으면 안 된다. 하지만 완전히 부정하는 것은 너무나 괴롭다"는 내면의 갈등을 작품 속에서 그려내고 있다.

그리고 작품의 결말에서 T 씨는 유키를 구원해 준다. 이는 재일 조선인 영숙 씨의 등장으로 가능해진다. "용서받을 수 없어, 존재해서는 안 되는 인간이었어"라고 자기를 완전히 부정하는 유키에게 영숙 씨는 "태어나 보니 고향. 너의 고향은 서울. 우리는 고향의 형제." 그러니까 "서로 사랑하는 것입니다. 서로 감싸주는 것입니다"라는 말을 건네고, 유키의 혼은 이 말에 구원받아 고향인 조선으로 돌아간다.

　이러한 구원이 너무 미온적이라고 비판하는 것은 섣부른 판단일 수 있다. 이 책에서는 T 씨의 갈등을 쫓는 것이 목적이기 때문에 그 점에 대해서는 논하지 않겠다. 다만 이러한 구원의 결말은 T 씨의 실제 체험에 기반하고 있다. T 씨는 1980년에 집필한 신문 연재에서 "오랜 세월 품고 살아왔던" "가해자의 슬픔"에 대해서 쓰면서[41] 그것은 "출구가 없는 미로와 같은 세계"였다고 언급하고 있다. 이 미로의 세계에 한 줄기 빛을 전해 준 것이 어떤 한국인이 방문해서 했던 말, "태어나보니 고향, 우리들은 고향의 형제"였다고 한다.[42] "식민자 2세로 살아온 자신을 부정하지 않으면 안 된다. 그러나 완전히 부정하는 것은 너무나 괴롭다"는 갈등을 써나간 식민자 2세로서 T 씨는, 피식민자였던 한국인이 건네준 말에 의해 그러한 괴로움과 슬픔으로부터 구원을 받았던 것이다.


### 대화를 거절하는 벽 –「유코의 길」

　1989년부터 T 씨는 「유코의 길」을 연재하면서 식민자와 피식민자를 가로막는 두꺼운 벽에 대해서 이야기하고 있다.[43]

　작품 속 주인공인 유코는 "집 주변과 학교에 일본인밖에 없"는, 조선인도 조선어도 모르는 세계에 살고 있다. 어느 날, 집 담장 앞에서 인기척이 났다. 무슨 소리인지 알 수 없는 말조선어로 뭔가를 말하고 있다. 머리가 두 개 있는 것 같다. 흠칫흠칫하며 살펴보니, 잿빛 누더기를 걸친 물체가 움직이고 있다. 유코는 그것이 "거지

아이야. 진짜 거지"라는 것을 알아차렸다. 조선에는 일본인 거지가 없기 때문에 유코는 여태까지 거지를 본 적이 없었다. 머리는 덥수룩하고 누더기로 몸을 감싼 두 사람이 빈 깡통에서 뭔가를 먹고 있다. 이때 유코는 생각했다. "지금 무엇을 해야 하는지는 알고 있다. 거지에 대해서라면 전문이다. 당연히 뭔가를 주어야만 한다." 하지만 유코는 자신이 아무것도 가지고 있지 않다는 것을 깨달았다. 어머니와 고용인 언니에게 말하면 "당연히 혼날 거다". 고민 끝에 유코는 정원에서 클로버 꽃을 따고, 언니가 집에 돌아오는 시간에 맞추어 식탁 위에 준비해 두었던 간식에서 비스킷을 집어 호주머니에 넣었다. 마음을 먹고 현관으로 나가 문으로 걸어갔을 때 언니가 얼굴이 새파래져서 들어왔다. 소학교 하굣길에 언니의 눈앞에서 그 두 사람이 경찰에 끌려간 것이다. 언니는 말했다. "한 사람은 부스럼투성이고", "또 한 아이는…. 눈이……눈이 멀어 있었어." 이것으로 유코의 작은 동정과 선의의 계획은 물거품이 되어버렸다.

경성제일고녀에 진학한 유코. 어느 날 길에서 소나기를 만났다. 뒤쪽에서 격렬하게 내리는 비를 맞으며 오는 조선인 할머니에게 유코는 우산을 씌워주었다. 할머니는 조선어로 뭐라 말하고 몸짓으로 자신은 아래쪽 조선인 마을로 가고 유코는 위쪽 일본인 마을로 간다고 하면서 우산을 거절했다. 유코는 끈질기게 우산을 씌워주고 함께 할머니 집 쪽으로 향했다. 할머니는 곤란한 듯이 계속해서 손을 흔들어 거절의 의사를 보였다. "할머니가 반드시 좋아하지 않을 거라는 것은 유코도 알 수 있었다." 하지만 비에 흠뻑 젖은 할머니를 그냥 방치할 수 없어서 "말이 전혀 통하지 않는 우산 속 두 사람은 억수같이 쏟아지는 빗속을 계속 걸었고", "할머니는 포기하고 더 이상 아무 말도 하지 않았다." 조선인 마을로 들어서서 어느 조선 풍의 집 앞에 멈춰 선 할머니는 "유코의 우산에서 뛰쳐나가 쏜살같이 그 집 안으로 들어갔다." 할머니를 맞이한 아이들은 "수상하다는 듯이" 자신을 쳐다봤다. 그리고 유코는 생각했다. "유코로부터 해방된 순간, 되살아난 듯이 재빨리 서둘러서 가버린 할머니, 집 안에서 유코의 모습을 지켜보는 아이들, 저들은 도대체 뭐였다는 말인가"라고.

여기에는 식민자가 아무리 선의를 가지고 피식민자를 대하려고 해도 둘 사이에 두꺼운 벽이 존재한다는 사실이 그려져 있다. 말도 통하지 않고, 마음도 통하지 않는, 선의가 도리어 상대에게 공포심마저 불러일으키는 대화 불가능한 세계인 것이다. 피식민자에게 일본인은 행여 소녀라고 할지라도 그러한 존재로 비치지 않았을까 질문하면서 스스로가 식민자 2세로서 생활했던 것에 대한 괴로움을 그려내고 있다.

T 씨가 이런 식으로 피식민자를 표현한 것은 아마도 과거 저술한 식민지 경성을 무대로 한 동화에 그려진 삽화를 보고 '흠칫' 놀랐던 경험 때문이라고 추측할 수 있다. 삽화는 "심술궂은 일본인 아이와 그 시선에 꼼짝 못하며 고개를 숙이고 있는 조선인 아이"의 모습이었다. "나는 그 그림을 보고 처음으로 우리를 향한 타자의 시선을 알 수 있었다." "우리들 일본인은 거기에 아무도 없는 것처럼, 그 정

도로 자기 것인 양 그 땅에서 생활하고 있었던 것이다."[44]

「유코의 길」은 식민자 2세로 태어난 소녀의 성장과정을 따라가면서 소녀의 시선을 통해서 식민지에서 식민자로서 살았던 것에 대한 의미를 되묻고 있다.

### 식민지 지배와 개인의 책임 – 『포도색 노트』

T 씨는 2002년에 『포도색 노트』를 간행했다.[45]

호리우치 스미코의 『포도색 노트』 표지

이 작품은 T 씨의 어머니가 유품으로 남긴 노트를 바탕으로 하고 있다.[46] 이야기는 할머니인 유키가 손녀딸 고즈에(梢)에게 서울행 티켓을 선물한다는 설정으로, 이후 고즈에가 시간 여행자가 되어 패전을 둘러싼 할머니 유키 가족의 역사를 알아간다는 내용이다. 한국을 여행하려는 고즈에에게 친구는 "일본은 글쎄, 옛날에 한국에서 가혹한 일을 저질렀대'라고 하여, 현재 시점에서의 인식을 보여준다. 한편 과거 경성 시절에 살았던 유키 언니의 친구는 다음과 같은 말을 한다.

글쎄, 우리들은 사실은 여기에서 살면 안 되는 거였대. 여기에 살아도 되는 사람은 조선인뿐이래.

여기는 조선이지 일본이 아니기 때문이지. 여기 와서 살고 있는 일본인은 빼앗고 있는 게 되는 거래. 죄 없는 일본인은 한 사람도 없대.

친구의 아버지는 목사인데, 이른바 위험사상 소지자로 지목되어 어느 날 갑자기 가족과 함께 모습을 감췄다. 패전으로 인해 인양한 뒤 요양소에서 지내는 유키는 다음과 같은 생각을 한다.

전쟁이 나쁜 거였다니 나는 전혀 알지 못했다. 다른 사람은 모두 다 알고 있었지만, 말을 하게 되면 무시무시한 일을 당하기 때문에 침묵하고 있었을 뿐이라고 한다. 일본인이 조선에 살아서는 안 된다는 것 역시 그렇다. 나는 우리가 거기서 사는 것이 전혀 나쁘다고 생각하지 않았으니까…. 왜냐하면 아버지가 했던 일은 이 세상에서 가장 좋은 일이었는 걸…. 그러면 안 되는 거였다고 한다면, 이제 모든 게 부정되는 것과 마찬가지야. 어쨌든 나는 살아서는 안 되는 인간인 거야. 우리들은 침략자라는 나쁜 사람인데, 일본으로 뻔뻔스럽게 돌아와 식량을 축내는 바람에 많은 사람이 굶어죽게 된다고 한다.

여기에 열여섯 살에 인양되어 하카다 부두 한쪽 구석에 붙어 있는 문구에 충격을 받았던 T 씨가 품었던 고뇌가 그려져 있다. 존경했던 아버지를 시작으로 모든 식민자에 대한 전체 부정과 마주해야만 했던 것이다. 인양자에게 향했던 '침략자'라는 단정적인 시선에 대해 유키는 다음과 같이 언급하고 있다.

그렇지만 모두가 다 그렇게 말하지. 주변에 있는 평범한 일본인도, 책이나 신문, 라디오에서도 말이야. 여론이라고 할까. 어쨌든 반복해서, 반복해서 모두가 말하는 것을 계속해서 듣고 있으면 나는 나쁜 존재구나, 하는 생각을 하게 돼버려. 아이였으니까. 이제 이쪽은 포기했는데, 그런데도 여전히 계속해서 때려잡으려고 하지. 아주 압도적인 힘으로 말이야. 거스를 수도 없어.

그리고 유키는 "내가 살아 있어도 되는 것일까", "침략자인데, 이렇게 살아있어도 되는 것일까"라고 계속해서 자문한다. 그 결과 한 번은 그런 생각을 봉인한다. "경성에 대한 것은 생각하지 않는다. 마음에 자물쇠를 단단히 잠가 버렸으니까"라는 문장이 이를 보여 준다.

그러나 생각을 봉인하면서도 식림사업에 일생을 바친 아버지에 관한 것은 T 씨를 붙잡고 떨어지지 않는다. 조선의 산을 위해 모든 것을 바친 아버지를 침략자라고 단죄해버리는 것에 대한 위화감, 저항인 것이다. T 씨는 1980년의 시점에 아버지에 대해 다음과 같은 글을 쓰고 있다.

아버지가 산에 나무를 심었던 것은 일본이 조선을 불행하게 했던 일과도, 이념이나 사상과도, 인종의 차이와도 아무런 관계가 없다. 다만 인간으로서 훌륭한 일이었다고 지금도 나는 생각한다. 그렇게 생각하는 것만은 스스로에게 허락하고 있다. 물론 아버지와 나는 별개의 인간이기 때문에 아버지가 한 일 덕분에 내가 우쭐댈 수 있다고는 꿈에도 생각하지 않지만.[47]

T 씨는 아버지가 한 일에 면죄부를 주지는 않지만, 그렇다고 그 일만은 부정당하고 싶지 않다고 생각한다.

"나의 부모를 침략자라고는 결코 생각할 수 없었어. 그렇게 열심히 그 나라의 산을 위해 최선을 다했던 것을 분명하게 봐버렸거든. 그걸 한통속으로 나쁘다고 일방적으로 단정해버려도 되는 것일까"라고 고백하는 유키. 조카인 마미는 "일본은 어리석은 침략 전쟁을 했지만, 할아버지가 한 것은 별개"라면서 "민둥산에 나무를 심는 것은 이 세상에서 가장 멋진 일이야"라고 한다. 그러나 이 말에 대해 다시 질문을 던진다. "인간은 타인을 위해 최선을 다한다. 진심으로 최선을 다한다. 그 결과 일 자체에서는 성과를 거둔다. 하지만 그것은 반드시 상대의 기쁨과 연결되지는 않는다." 여기서는 『머나먼 종소리』에 그려진 식림 산업에 대한 비판이 반복된다. 마지막에 고즈에는 "물론 일본이라는 나라가 한 것은 당연히 나쁜 일이었지. 그리고 산에 대한 일이 일본의 정책과 전혀 관계가 없었다고는 말할 수 없다고 생각해." "일본이 한 일은 나쁘지만, 그렇다고 선의를 가진 사람이 있었다는 것은 부정할 수는 없는 거야"라고 말한다. 이들 대화 속에서 국책의 수행과 개인의 책임이라는 문제가 선명하게 드러나고 있다.

이러한 문제는 작품 속에서 다음과 같이 매듭지어진다.

옛날 일이 확실하게 보이는 것은 그로부터 많은 시간이 지났기 때문이다. 지금의 눈으로 과거를 재단하는 것은 간단하지만, 거기에 관련되어 살아간 한 사람 한 사람을 재단하는 것은 잘못되었다고 생각한다.

「후기」에서 T 씨는 식민자를 "국익에 관계된 침략자'라고 옭아매는 권리가 누구에게 있을까. 나라의 정책과 그 속에서 살아간 사람들을 동일시해서는 안 된다. 여러 사람들이 있었다. 선의의 사람 역시 있었다. 그것을 제대로 말하는 것이 중요하지 않을까"라고 말하고 있다. 식민지 지배와 개인의 책임에 대해 문제를 제기하는 것이다.

선의의 식민자가 식민지 지배에서 수행한 역할에 대해서는 이미 날카롭게 지적된 것처럼, 선의가 식민지 지배를 지탱하는 경우가 있었다.[48] 이 문제에 관해서 아사카와 다쿠미에 대한 연구를 둘러싸고 다음과 같은 논쟁이 벌어졌다. 가지무라 히데키는 "고뇌 끝에 창조된 아사카와 다쿠미의 매력적인 삶에 의지해서 쉽게 면죄부를 주거나, 일본인으로서의 구원을 베풀어서는 안 된다"고 지적했다.[49] 이에 대해 다카사키 소지는 "맞는 말이다. 그러나 중요한 것은 다쿠미가 일본제국주의의 앞잡이였다 하더라도 잘라 내버리면 안 된다는 것이다. 왜냐하면 그 시대 조선을 지배하는 데 있어서 일본 정부와 공범이라는 책임에서 벗어날 수 있는 일본인은 단한 사람도 존재할 수 없었기 때문이다. 그리고 그러한 모순 속에서 반짝 빛나는 존재의 정체를 분별하는 것이야말로 중요한 일이기 때문이다"[50]라고 주장했다. T 씨 역시 일본 정부와 공범이라는 책임으로부터 벗어날 수 있는 일본인은 단 한 사람도 존재할 수 없었다는 상황 속에서, 식민자 개개인의 모습으로 시선을 돌릴 것을 제안하는 것이다.

이처럼 T 씨는 작품을 발표하면서 사고를 거듭해 왔다. 여기에는 자신을 완전하게 부정할 수 없기에 계속해서 갈등하며 흔들리는 과정이 보인다. 모리사키 가즈에처럼 완전하게 자기를 부정할 수는 없지만, 그러나 식민자였던 자신을 직시하고자 하는 강한 자세가 드러난다. 식민자로서의 자신과 성실하게 마주하며 갈등을 거듭하는 것이다. 오다 미노루小田実는 피해 체험에 기대어 건설된 평화와 민주주의의 강함과 약함에 대해 쓴 글에서, "자기 안에 있는 가해자 체험(혹은 그 가능성)을 자각하고 그것을 타자의 가해자 체험과 동시에 집요하게 고발해 가는 태도가 요구된다"라고 지적하고 있다.[51] T 씨의 경우에서 살펴보았듯이 계속해서 되묻는 행위 자체가 자기 안에 있는 식민지주의를 자각하고 극복해 가는 것과 연결된다고 생각한다.

## 맺음말

1945년 8월 15일 이후 일본은 격동의 세월을 겪으면서 '평화적 문화국가'를 지향하는 나라로 발걸음을 내딛기 시작했다. 평화를 향한 희구는 온 국민을 사로잡았다. 반면에 전쟁 및 식민지에서의 가해라는 문제가 후경으로 밀려났다. 가해의 전체상을 제쳐두고 피해자 의식을 기반으로 만들어진 평화란 위험하다는 사실은 일찍이 오다 마코토가 지적한 바 있다. 최근에는 피해 체험에 근거한 평화나 민주주의가 지닌 위험성에 대해 비슷한 지적이 제기되고 있다.[1] 본서에서 다루는 주제에 집중하는 가운데 저자는 이 같은 평화의식을 아무리 쌓는다고 해도 전쟁의 가해 책임이나 식민지 책임에 대한 자각에는 도달할 수 없는 것은 아닐까 하는 생각을 갖게 되었다. 본서를 통해 세상을 향해 질문을 던지려 한 것은 바로 이 때문이다.

이 책에서는 경성제일공립고등여학교 동창생의 식민지 경험에 초점을 맞춰 서술했다. 이 책의 목적 중 하나는 인포먼트를 포함한 동창생들에게 있어 식민지란 무엇이었는지, 소녀들의 눈에 식민지는 어떻게 비치고 있었는지를 밝히는 것이었다. 그들이 체험한 많은 사건들을 서로 연관지어 식민지에서 태어나 살았던 여성 식민자 2세의 생활세계를 재현하려 한 것이다. 처음부터 구조적 강자였던 그들은 풍요로운 생활을 향유했다. 학교생활은 엄격한 규칙도 있었지만, 수준 높은 교육을 받을 수 있었고 다채로운 행사도 있어서 자아 형성을 촉진하는 개방적인 것이었다. 진취적인 기운으로 충만하여 식민지적 기질이라고도 할 수 있는 것을 배우고 익혔던 것이다.

다른 한편으로 생활 속에서 소녀들은 식민지주의를 내면화하고 있었다. 식민지라는 것을 위화감 없이 받아들이도록 하는 식민지 지배의 구조적인 힘이 그곳에서 작동하고 있었다. 이들 중에는 식민지 지배의 균열을 엿보았던 사람도 있었지만, 조그마한 의문을 가지게 되더라도 그것을 골똘히 생각하는 일에는 미숙했다. 피식민자였던 조선인은 인격을 지닌 개인=주체가 아니라 마땅히 존재하는 풍경으로서 파악될 뿐이었다. 식민지 지배의 불가시화이다.

풍요 속에서 성립한 생활은 일본제국의 붕괴에 의해 곧바로 근거를 잃어버리고 혼란에 빠지게 되었다. 그 혼란은 "우리에게는 패전이 시작이었다"라는 말로 집약된다. 인포먼트에게 패전은 '해방'이나 '안도'가 아니라 "전쟁의 시작"이었다. 소녀들은 권력관계의 역전을 경험하고, 조선인을 지배하고 멸시해 왔다는 사실을 깨달았으며, 패전 국민이 되는 고통스러운 경험을 몸소 체험했다. 제국의 붕괴에 따른 각각의 패전 체험은 차이가 있기는 했지만, 품고 있던 식민지주의를 뒤흔드는 계기가 되었다.

조국 일본으로의 귀환, 그곳에서 겪은 '인양자'에 대한 냉대와 차별은 인포먼트들에게는 괴로운 일이었다. 제국의 붕괴로 인해 국가로부터 버림받았는데, 귀환한 조국 역시 그녀들을 지켜주지 않았다. 이중으로 배반당했던 것이다. 생활의 기반을 갖추지 못한 이들은 삶을 재건하는 일로 바빴고, 일, 결혼, 육아 등으로 하루하루를 살아가는 것조차 버거웠다.

그러나 식민지 지배는 끝났어도 그녀들의 식민지 경험은 끝나지 않았다. 식민자 2세였다는 사실을 돌이키면서 살아가게 된 것이다. 전후의 삶의 언저리에서 식민지 경험을 반추하고 생각하기 시작한 것이다. 이 책의 두 번째 목적은 저마다의 삶을 살아가는 가운데 식민자 2세라는 사실을 어떻게 반추하면서 인식을 심화해 나가는가를 밝혀내는 것이었다. 그리고 여성 식민자 2세는 식민지주의를 어떻게 극복하려 하는지를 해명하는 것이었다.

이 책에서는 기존 연구를 통해 밝혀진, 이를테면 모리사키 가즈에에게서 발견되는 '완전한 자기부정'에서 출발하는 한 가지의 전형 이외에 네 가지 유형을 제시한다. 우선 내적인 식민지주의에 대한 자각까지는 이르지 못하지만, 식민자 2세였던 것에 대한 "불편한 심사"나 "아무것도 알아차리지 못했다는 사실에 대한 통석痛惜과 송구스러움"을 마음에 품은 2가지 유형을 제시했다. 그녀들이 식민자였다는 사실을 자성할 정도로 내적 갈등을 품고 있지는 않지만, 자성을 촉구하는 계기가 이들 앞에 열려있다고 필자는 생각하고 있다.

다음으로, 식민자 2세였다는 사실을 자각하고 반성하고 있는 8명을 살폈다. 내적인 식민지주의를 극복하고 해체하는 지점까지 다다른 인포먼트와 동창생이다. 이들 8명은 제각기 자각과 의문을 방치하지 않고 사고를 거듭해 나갔다. 필자는 이처럼 "사고를 거듭하는" 과정이 매우 중요하다고 생각한다. 식민시에서의 경험을 반추하면서 사고를 거듭하는 일은, 때에 따라서는 살점을 베어내는 듯한 괴로움을 수반하는 것이었으리라 추측한다. 이토록 고뇌에 가득 찬 과정을 거친 뒤에, 그 속에서 저작이라는 형식으로 자신의 경험을 발신하고 있는 그녀들에게 진심 어린 경의를 표한다.

또 하나의 유형으로서 계속해서 갈등하고 있는 T 씨를 다루었다. T 씨 또한 식민자 2세였다는 사실에 대한 자각과 반성에 이른 사람 중 하나이다. 이 점에서는 앞의 8명과 동일하다. 다만 또 한 가지, T 씨가 제기한 독자적인 의문은 "식민지 지배와 개인의 책임"이라는 것이다. 여기에서 되돌아볼 필요가 있는 것은 식민지 책임의 고유성이라는 문제와 이에 대해 마루야마 마사오가 제기한 지적일 것이다(본서 머리말). 이러한 문제제기는 역사학의 식민지 책임 연구를 향해 질문을 던지는 것이라고 필자는 생각하고 있다. T 씨는 갈등을 계속하고 있는데, 이렇게 '갈등을 계속하는' 과정은 '사고를 거듭한다'와 같은 의미이다. 이러한 행위가 식민지주의의 극복을 향한 길을 여는 것이라고 생각된다.

지금 일본에서는 인터넷에 헤이트 스피치Hate Speech가 넘쳐나고, 배외주의적 사고가 사회를 떠돌고 있다. 오키나와에 대해서도 후쿠시마福島에 대해서도 식민지주의적 사고가 사회를 뒤덮고 있다. 이 같은 사회상황에서 자신의 내적인 식민지주의를 반추하고 극복하려 한 인포먼트나 동창생의 사상적 움직임은 사회를 변화시켜 나가는 힘을 가진 것이다.

필자가 의도한 것이 이 책에서 얼마나 달성되었는지는 독자의 판단을 기다릴 수밖에 없다. 다만 이 책이 식민지 책임 연구, 특히 여성의 식민지 책임 연구에 약소하나마 기여할 수 있다면 더할 나위 없는 기쁨이 될 것이다.

# 후기

이 책은 필자가 최근 5년간 발표한 저작을 바탕으로 하고 있다. 각각의 초출은 아래와 같다(이 책에 싣기 위해 대폭 수정했다).

2009~2011년도 과학연구비 보조금(기반연구C)연구성과 보고서『제국의 소녀의 식민지 경험 - 경성제일고등여학교를 중심으로』, 2012.

「식민지에서 본국으로 - 어느 여성식민자 2세의 갈등」, 『이민연구연보』제19호, 2013.

「식민지 지배와 젠더 - 조선에 있어서 여성 식민자」, 『젠더사학』제10호, 2014.

「조선에 있어서 여성 식민자 2세 - 경성제일공립고등여학교 학생의 경험」, 『이화사학연구』제53집, 2016.

"The Identity of Second Generation Colonizers : Focused on Female Colonizers", 『여성과 역사』27, 2017.

지금까지 도서관 등에서 자료나 사료를 탐색, 수집하여 논문을 썼던 필자에게 본 연구는 전혀 새로운 경험이었다. 연구를 개시하고 인포먼트를 찾아 설문조사를 의뢰하고 인터뷰를 거듭했다. 설문조사에 대한 회답 봉투가 도착하고, 그것을 한 통 한 통 훑어볼 때 인포먼트의 체험의 다채로움에 마음을 빼앗겼다. 이 다채롭고도 풍부한 경험에 대해 글을 쓰고 싶다는 생각이 강해졌다.

인터뷰를 하기 위해 북쪽 홋카이도의 아사히카와旭川에서 남쪽의 오사카까지 발걸음을 했다. 모두 친절하게 응대해 주셨다. 이야기가 길어지는 통에 식사대접까지 받은 경우도 있었다. 집으로 돌아와 노트를 정리하고 녹음을 몇 번이고 되풀이해서 듣는 작업이 반복되었다. 인터뷰에서 듣지 못했던 상황에 대해서 우편이나 이메일을 통해 질문했는데, 모두가 친절하게 대답해 주셨다. 인터뷰하는 과정에서 인상적이었던 점은 한결같이 "무엇 때문에 그런 옛날 일을 들으려 하느냐"라는 질문을 받았던 것이다. 그 물음에 답한 뒤 허가를 얻어 녹음기를 틀고 이야기하기 시작하면 모두들 흘러넘치는 듯 기억의 실타래를 펼쳐내는 것이었다. 인터뷰와 별도로 백양회 삿포로 지부의 여러분들은 연 1회의 모임에 불러주셨다. 함께 점심식사를 하면서 식민지 시대의 이야기를 여쭤보는 일은 흥미롭고도 즐거운 시간이었다. 이 같은 작업을 반복하면서 이 책의 윤곽이 어렴풋하게나마 보이기 시작한 것은 2015년경의 일이었던 것으로 기억한다.

그렇지만 설문조사나 인터뷰만으로 책을 쓰는 것은 불가능했다. 개인의 체험을 역사 속에서 의미화하기 위해서는 당시의 자료나 사료, 문헌을 펼쳐놓고 가능한 만큼 검증할 필요가 있었다. 식민지의 여학교에 대해 어떠한 역할이 기대되고 있었는지, 여학생들은 어떤 시선을 받고 있었는지, 식민지 지배와의 관계를 어떻게 생각하면 좋은지, 전시체제가 강화되는 가운데 여학교의 생활은 어떻게 변하고 있었는지, 패전 당시 경성의 상황은 어떠했는지, 식민지 조선으로부터의 인양은 어떻게 이루어졌는지 등을 조사할 필요가 있었다. 이 점에 대해서는 이 책의 주석에서 제시한 많은 사료와 자료, 문헌에 의거했다. 그 가운데에서도 당시 식민지의 상황을 파악함에 있어, 식민지 조선에서 발행된 신문『매일신보每日申報』,『오사카아사히신문大阪朝日新聞』,『경성일보』와 잡지『조선공론朝鮮公論』,『조선급만주朝鮮及滿洲』의 도움을 받았다.

개인의 경험과 역사를 접근시켜 나가면서 이 책을 쓰기 시작했다. 인포먼트의 얼굴이나 말투를 떠올리면서 책을 써 나가는 일은 행복한 시간이었다. 다만 좀 더 일찍 마무리를 못한 점은 안타깝기도 하다.

최근 구술사에 관심이 집중되고 있다. 남성에 비해 문헌자료를 남길 기회가 부족했던 여성의 역사를 해명하기 위해서는 구술사라는 방법이 유효하다는 것이 지적된 지 오래이다. 이 책은 이러한 구술사 연구로부터 많은 것을 배웠다(머리말 참조). 그렇지만 필자의 입장에서는 미지의 분야에 끼어 들어가 줄곧 헤맨 끝에 가까스로 이 책을 마무리했다고 하는 편이 사실에 가깝다.

이 연구를 계기로 한국의 연구자들과 교류를 할 수 있게 된 것은 즐거운 일이었다. 과학연구비 보조금을 받을 수 있어서 2014년 8월 서울 대학로의 낙성대경제연구소에서 열린 세미나에 참가해 발표할 기회를 얻었다. 이것이 인연이 되어 11월에는 고려대 아세아문제연구소에서 개최된 학술대회 '패전후 인양한 일본인의 기억의 다이나미즘과 식민지·제국 의식'에서 발표할 수 있었다. 또한 이화여자대학교 역사학부에서 개최된 2016년 1월의 국제학술회의 '여성과 문화', 한국여성사학회가 주최한 2017년 11월 국제학술회의 '아시아의 여성 이민과 문화'에서도 발표의 기회를 갖고 많은 조언을 얻을 수 있었다. 감사를 전한다. 한국의 연구자와의 연구 교류는 너무도 소중한 것이어서 이후로도 계속해서 이어 나가고 싶다. 이 외에도 일본의 학회나 연구회에서 발표를 하면서 많은 연구자 분들로부터 귀중한 의견을 들었다. 이 자리를 빌어 감사를 전한다.

대학원 시절부터 학은을 입고 있는 가노 마사나오鹿野政直 씨로부터는 여성사 공부의 의의와 방법론을 비롯해 약자에 대해 공감을 가지고 다가서는 태도나 "아픔을 잊지 않는" 연구 자세를 배웠다. 가노 씨는 지금 일본 일본의 상황에 대해 '세상을 바로잡자'는 마음으로 대척하고 있다. 오키나와에 대한 정치적 행동이나 시민운동의 추진에 관여하고 있는 것은 일본에 만연한 식민지주의에 대한 깊고도 예리한 비판의 일환으로, 주변으로 내쫓기고 있는 사람들에 대한 격려와 연대의 행위라 할 것이다. 그 열정을 마음 깊이 배우려 한다.

이 책이 출판될 때까지 많은 이들의 협력을 얻었다. 특히 처음부터 나의 연구 의도를 이해해 주고 협력을 아끼지 않았던 요시오카 마리코吉岡万里子 씨에게 감사의 뜻을 표한다. 요시오카 씨가 없었다면 이 책을 마무리할 수 없었을 것이다. 돌아가신 호리우치 스미코

씨의 경우 직접 만날 수는 없었지만, 편지와 이메일로 당시의 경험을 상세하게 가르쳐 주었다. 이 책을 그분의 영전에 바치고 싶다. 더불어 설문조사와 인터뷰에 정성껏 응해주신 인포먼트 분들께도 감사의 마음을 전하고 싶다. 고령에도 불구하고 모두들 기꺼이 회답을 보내 주셨다. 호리우치 씨를 비롯해 이미 이 세상을 떠난 분들도 있다. 너무도 안타까운 일이다.

본 연구를 행함에 있어 이하의 보조금을 받았다.

2009~2011년도 과학연구비 보조금(기반연구C) 「제국 소녀의 식민지 경험 – 경성제일고등여학교를 중심으로」

2013~2016년도 과학연구비 보조금(기반연구C) 「여성의 식민지 책임에 관한 연구 – 조선을 중심으로」

2013~2016년도 과학연구비 보조금(기반연구A) 「제국 일본의 이동과 동원」(대표 : 이마니시 하지메今西一)

이 책을 출판하기까지 오쓰키쇼텐大月書店 편집부의 쓰노다 미카角田三佳 씨에게 큰 신세를 졌다. 학술서의 출판 사정이 좋지 못한 상황에서 출판을 위한 노력을 기울여준 가도타 씨를 비롯 오쓰키쇼텐의 여러분들에게 마음에서 우러나오는 감사를 전하고 싶다.

마지막으로 개인적인 인사가 될 터인데, 늘 나의 응원단이 되어주는 98세의 어머니와 딸 유키노雪乃에게 감사를 전하고 싶다.

그리고 인생의 동반자인 남편은 전공 분야는 다르지만 논의를 하는 가운데 지적인 자극과 많은 깨달음을 주었다. 남편 다이라코 도모나가共子友長에게 진심어린 감사를 바치는 것을 독자께서 허락해 주신다면 기쁘기 그지 없을 것이다.

## 들어가며 | 문제의식과 방법

1  자세한 사항은 吉田裕, 『日本人の戦争観―戦後史のなかの変容』, 岩波書店, 1995를 참조할 것. 다만 야마다 쇼지는 1978년 만주 이민에 관한 연구에서 소련의 참전, 중국인·조선인 농민의 습격 가운데 군인들은 도망하고 "식민지 지배의 책임이 가장 작은 민중이 그 책임을 지는 결과가 되었다"고 지적하면서 이른 시점에서 식민지 지배의 책임이라는 개념을 제기하고 있다. 山田昭次, 「ふりかえる日本の未来―解説·満州移民の世界」, 山田昭次編, 『近代民衆の記録―満州移民』, 新人物往来社, 1978, 46면.

2  水野直樹編, 『生活の中の植民地主義』, 人文書院, 2004, 7면.

3  더반 회의에 대해서는 ダーバン2001編, 『反人種主義·差別撤廃世界会議と日本』, 月刊 『部落解放』, 502, 2002년 5월호(증간호)가 상세하다.

4  永原陽子, 「「植民地責任論」試論―ヘレロ補償問題を手がかりに」, 『歴史評論』 677, 2006.9.

5  板垣竜太, 「植民地支配責任を定立するために」, 岩崎稔·大川正彦·中野敏男·李孝徳編, 『継続する植民地主義―ジェンダー/民族/人種/階級』, 青弓社, 2005, 296면.

6  위의 책, 298면.

7  永原陽子, 「「植民地責任論」試論」, 앞의 글.

8  위의 책. 또한 永原陽子, 「序「植民地責任」論とは何か」, 永原陽子編, 『「植民地責任」論―脱植民地化の比較史』, 青木書店, 2009. 28~29면. 나가하라는 당면한 식민지 지배 '피해'의 회복을 중시하는 '식민지 지배책임론'과 문제의식을 공유하는 한편으로 한걸음 더 나아가 '식민지 책임'이라는 말을 사용하는 이유에 대해서, 주로 구미의 노예무역·노예제와 식민지 지배의 역사를 다루기 위해 보다 넓은 시야를 가진 개념이 필요하기 때문이라고 한다. 나가하라는 식민지주의의 역사를 둘러싼 사람들의 이해와 인식의 변화를 탐색하면서 이를 현대사 가운데에서 위치를 부여하고 이해하는 것에 주안점을 두고 있다. 식민지 지배 속에서 태어나고 그 지배의 일부분을 담당하게 된 일본인 여성의 경험을 통해서 식민지 지배의 역사를 고찰한다는 문제의식으로부터 필자는 나가하라의 지적에 동의하면서 '식민지 책임'이라는 개념을 사용하려 한다.

9  水野直樹編, 앞의 책.

10  식민지주의에 대해서는 다양한 논의가 있는데 필자는 위르겐 오스터함멜(Jürgen Osterhammel)의 정의 곧 "집단간의 지배·피지배의 관계이자", "식민화된

쪽의 생존방식에 대한 기본적인 결정이, 문화적으로 별종이면서도 적응하려는 의지가 거의 없는 지배자 쪽의 소수집단에 의해서, 외부의 이익을 우선적으로 고려하여 이루어지고 실시되며", 식민지주의 사상에는 "식민지 선주민을 함께 할수 없는 이질적 존재로 인식함으로써" "식민지화를 더 높은 문명의 세례를 받게 하는 길이라고 제멋대로 간주하며" "식민지를 순화된 형정의 유토피아로 간주하는" 세 가지의 기본 요소가 있다는 지적에 따른다. ユルゲン・オースタハメル, 石井良訳, 『植民地主義とは何か』, 論創社, 2005, 37면, 219면.

11  任展慧, 「朝鮮統治と日本の女たち」, もろさわようこ編, 『ドキュメント女の百年 5 ―女と権力』, 平凡社, 1978, 87~88면.

12  高崎宗司, 「緑旗連盟と「皇民化」運動」, 『季刊三千里』 31, 1982.8.

13  森崎和江, 『慶州は母の呼び声―わが原郷』, 新潮社, 1984, 226면.

14  자세한 사항은 歴史科学協議会編, 『女性史研究入門』, 三省堂, 1991, 135~140면 참조. 한편 이 시기 여성의 전쟁책임이라는 연구가 왜 성립하게 되었나에 대해서는 米田佐代子, 「平塚らいてうの「戦争責任」論序説」(「特集―戦争参加と女性」), 『歴史評論』, 552, 1996.4 참조.

15  加納実紀代, 「満州と女たち」, 『岩波講座近代日本と植民地 5 ―膨張する帝国の人流』, 岩波書店, 1993. 201면, 218면.

16  石井智恵美, 「淵沢能恵と「内鮮融和」―日本の朝鮮統治下における女性クリスチャンの一断面」, 『基督教論集』 35, 1992.3.

17  広瀬玲子, 「女性にとって15年戦争とは何であったのか―「満洲」認識を中心に」, 『アジア女性史国際シンポジウム報告論文集』, 1996.3, 100면, 103면. 이 심포지엄의 성과에 대해서는 林玲子・柳田節子監修, アジア女性史国際シンポジウム実行委員会編, 『アジア女性史―比較史の試み』, 明石書店, 1997 참조.

18  다바타 가야, 「식민지 조선에서 살았던 일본 여성들의 삶과 식민주의 경험에 관한 연구」, 이화여대 석사논문, 1996.

19  咲本和子, 「「皇民化」政策における在朝日本人―京城女子師範学校を中心に」, 津田塾大学修士学位論文, 1996. 咲本和子, 「「皇民化」政策期の在朝日本人―京城女子師範学校を中心に」, 『国際関係学研究』 25, 1998. 咲本和子, 「植民地のなかの女性教育」, 『知の植民地支配』, 社会評論社, 1998.

20  洪郁如, 「日本の台湾統治と婦人団体―1904~1930年の愛国婦人会台湾支部に関する一試論」, 『立命館言語文化研究』, 10~5・6, 1999.

21  「特集にあたって」(特集 : 「帝国」・植民地の女性), 『歴史評論』 612, 2001.4.

22  河かおる, 「総力戦下の朝鮮女性」(特集 : 「帝国」・植民地の女性), 『歴史評論』 612, 2001.4.

23  粟屋利江, 「白人女性の責務(The White Women's Burden)―インド支配とイ

ギリス人女性をめぐる研究動向」(特集：「帝国」・植民地の女性),『歴史評論』
612, 2001.4.

24  「特集にあたって」(特集：東アジア女性の「帝国」観と植民地認識),『歴史評論』
624, 2002.4.

25  米田佐代子,「「帝国」女性のユートピア構想とアジア認識」(特集：東アジア女
性の「帝国」観と植民地認識),『歴史評論』624, 2002.4.

26  金炅一,「「植民地期朝鮮の〈新女性〉－その他者認識とアイデンティティ」(特
集：東アジア女性の「帝国」観と植民地認識),『歴史評論』624, 2002.4.

27  주요한 것으로 富坂キリスト教センター編,『女性キリスト者と戦争』, 行路社,
2002; 早川紀代,「女性の対抗するアイデンティティー帝国日本と傀儡国家満
洲国」, 東海ジェンダー研究所,『ジェンダー研究』5, 2002.2; 広瀬玲子,「『婦女新
聞』に見る満洲認識－戦争とジェンダー」,『北海道情報大学紀要』15(2), 2004.
3. 早川紀代編,『戦争・暴力と女性3－植民地と戦争責任』, 吉川弘文館, 2005;
박윤진,「대일본부인회조선본부(1942~45년)의 결성과 활동」, 이화여대 석사
논문, 2007; 堀内真由美,『大英帝国の女教師－イギリス女子教育と植民地』, 白
澤社, 2008; 히로세 레이코,「대한제국기 일본 애국부인회의 탄생」,『여성과 역
사』13, 2010; 広瀬玲子,「植民地朝鮮における愛国婦人会－1930年代を中心
に」,『北海道情報大学紀要』22(2), 2011; 平子(広瀬)玲子, 平成21~23年度科
学研究費補助金(基盤研究C)研究成果報告書『帝国の少女の植民地経験－京
城第一高等女学校を中心に』, 2012; 広瀬玲子,「植民地から本国へ－ある女性
植民者二世の葛藤」,『移民研究年報』19, 2013.3; 広瀬玲子,「植民地支配とジェ
ンダー－朝鮮における女性植民者」,『ジェンダー史学』10, 2014; 広瀬玲子,「植
民地朝鮮における愛国婦人会－韓国併合から満州事変開始まで」,『北海道情
報大学紀要』28(1), 2016; 広瀬玲子,「朝鮮における女性植民者二世－京城第
一公立高等女学校生の経験」,『이화사학연구』53, 2016; 広瀬玲子,「植民地朝
鮮における愛国婦人会－満州事変から日中戦争開始まで」,『北海道情報大学
紀要』29(1), 2017.12; Hirose Reiko, "The Identity of Second Generation Coloniz-
ers: Focused on Female Colonizers",『여성과 역사』27, 2017; 広瀬玲子,「植民地
朝鮮における愛国婦人会－併合から満洲事変までの軍事援護と救済活動」, 今
西一・飯塚一幸編,『帝国日本の移動と動員』, 大阪大学出版会, 2018 등.

28  마루야마 마사오는 "문제는 흑백으로 나누는 데 있지 않고, 일본의 각 계층, 집
단, 직업, 그리고 그 속의 개개인이 1931년부터 1945년에 걸친 시기 동안 일
어난 일본의 도정과 진행을 어떠한 작위 혹은 부작위를 통해 도왔던가 하는
관점에 입각하여, 개개인의 오류, 과실, 착오의 성질과 정도를 가려내는 데 있
다"라고 전쟁 책임에 대해 말하고 있다. 丸山眞男,「戦争責任論の盲点」,『思想』

381, 1956.3. 이 같은 지적은 식민지 책임을 생각할 때도 유효하다고 본다.

29 이형식 편,『제국과 식민지의 주변인－재조 일본인의 역사적 전개』, 보고사, 2013 참조.

30 권숙인,「식민지 조선의 일본인－피식민 조선인과의 만남과 식민의식의 형성」,『사회와 역사』80, 2008.

31 권숙인,「식민지배기 조선 내 일본인 학교－회고록을 통해 본 소·중학교 경험을 중심으로」,『사회와 역사』77, 2008.

32 권숙인,「식민지 조선의 일본인 화류계 여성－한 게이샤 여성의 생애사를 통해 본 주변부 여성 식민자」,『사회와 역사』103, 2014.

33 권숙인,「식민지 여자·제국의 주부·군국의 어머니－『조선공론』지면을 통해 본 재조 일본인 사회의 젠더 담론」,『일본비평』18, 2018.

34 송혜경,「일제강점기 재조일본인 여성의 위상과 식민지주의－조선 간행 일본어 잡지에서의 간사이(韓妻) 등장과 일본어 문학」,『일본사상』33, 2017.

35 송혜경,「재조일본인의 가정담론 형성과 식민지주의－조선에서 개최된 가정박람회(1915)를 중심으로」,『아시아문화연구』46, 2018.

36 이연식,「패전 후 한반도에서 돌아간 일본인 여성의 귀환체험－남북간의 지역차를 중심으로」,『한일민족문제연구』17, 2009.

37 梶村秀樹,「植民地朝鮮での日本人」, 金原左門編,『地方文化の日本史第九卷 地方デモクラシーと戦争』, 文一総合出版, 1978(『梶村秀樹著作集第1卷 朝鮮史と日本人』, 明石書店, 1992, 240~241면); 尹健次,「植民地日本人の精神構造－「帝国意識」とは何か」,『思想』778, 1989.4.

38 Uchida, Jun. "A Sentimental Journey: Mapping the Interior Frontier of Japanese Settlers in Colonial Korea." *The Journal of Asian Studies*, Vol.70, No.3, 2011.

39 Sug－In KWEON "Japanese Female Settlers in Colonial Korea: Between the 'Benefits' and 'Constraints' of Colonial Society." *Social Science Japan Journal*, Vol.17, No.2, 2014.

40 오성숙,「재조 일본여성 '조센코' 연구－쓰다 세쓰코,『녹기』그리고 청화여숙」,『일본언어문화』27, 2014.

41 송혜경,「일본 여성작가의 식민지 조선 경험과 식민지 기억－호리우지 스미코(堀内純子)의 식민지 조선 관련 작품 연구」,『한일군사문화연구』23, 2017.

42 히로세 레이코,「대한제국기 일본 애국부인회의 탄생」, 앞의 글; 広瀬玲子,「植民地朝鮮における愛国婦人会－1930年代を中心に」, 앞의 글; 広瀬玲子,「植民地朝鮮における愛国婦人会－韓国併合から満州事変開始まで」, 앞의 글; 広瀬玲子,「植民地朝鮮における愛国婦人会－満州事変から日中戦争開始まで」, 앞의 글; 広瀬玲子,「植民地朝鮮における愛国婦人会－併合から満洲事変まで

の軍事援護と救済活動」, 앞의 글.

43 平子(広瀬)玲子, 『帝国の少女の植民地経験－京城第一高等女学校を中心に』, 앞의 글.

44 Hirose Reiko, "The Identity of Second Generation Colonizers: Focused on Female Colonizers", 앞의 글.

45 広瀬玲子, 「植民地から本国へ－ある女性植民者二世の葛藤」, 앞의 글.

46 広瀬玲子, 「植民地支配とジェンダー－朝鮮における女性植民者」, 앞의 글; 히로세 레이코, 「여성 식민자의 식민지의식과 그 변천－제국의 붕괴·귀환을 둘러싸고」, 『패전후 귀환 일본인의 기억의 다이나미즘과 식민지·제국 의식』, 고려대 아세아문제연구소, 2014; 広瀬玲子, 「朝鮮における女性植民者二世－京城第一公立高等女学校生の経験」, 앞의 글.

47 조선의 '식민지근대'를 둘러싼 논의에 대해서는 松本武祝, 「研究動向「植民地近代」をめぐる近年の朝鮮史研究－論点の整理と再構成の試み」, 宮嶋博·李成市·尹海東·林志弦編, 『植民地近代の視座－朝鮮と日本』, 岩波書店, 2004 참조. 또한 젠더 시점에서의 '식민지 근대'에 대해 논한 것으로 金津日出美, 「植民地近代とジェンダー研究－韓国の近年の研究から」, 『女性史学』 18, 2008이 있다.

48 安丸良夫, 『出口なお』, 朝日新聞社, 1977, 258면.

49 구술사에 대해서는 많은 연구가 있지만, 여기에서는 우선 桜井厚編, 『ライフストーリーとジェンダー』, せりか書房, 2003; 桜井厚, 「オーラル·ヒストリーと女性史」, 『歴史評論』 648, 2004.4; 倉敷伸子, 「女性史研究とオーラル·ヒストリー」, 『大原社会問題研究所雑誌』 588, 2007.11; 桜井厚, 「オーラルヒストリーとジェンダー史－歴史叙述との関連で」, 『ジェンダー史学』 11, 2015; 桜井厚, 「個人史の語りと歴史との接点－オーラル資料の構成と解釈」, 『歴史評論』 777, 2015.1; 大門正克, 『語る歴史, 聞く歴史－オーラル·ヒストリーの現場から』, 岩波新書, 2017 등을 들 수 있다.

50 ダニエル·ベルトー, 小林多寿子訳, 『ライフストーリー－エスノ社会学的パースペクティブ』, ミネルヴァ書房, 2003, 66면.

51 桜井厚, 「「事実」から「対話」へ－オーラル·ヒストリーの現在」, 『思想』 1036, 2010.8, 240면, 245~246면, 250면. 사쿠라이는 스토리는 주관적인 보고가 아니라 인터뷰라는 상호작용을 통해서 생성된 산물이라 간주하는 내러티브의 입장을 취하면서도 이를 전면적으로 받아들이지는 않는다. "인터뷰라는 상호행위는 '지금 이곳'에서 성립하지만, 이야기되는 과거의 경험은 '그 때 그 곳'의 이야기이다." "사람들은 자신의 '히스토리'에 근거해서 '스토리'를 이야기하는 것이므로, '스토리'가 '히스토리'를 구축하고 있다고 인식할 수 있는 것

은 체험을 공유하지 않는 인터뷰어 쪽이다"라는 것이다. 그리고 "역사적 사건이 화자에게 어떠한 의미를 가진 것인지를 적절한 문맥에서 이해하는 것이 중요한데, 이는 통상의 리얼리스트 역사가가 묘사하는 역사의 문맥과 반드시 일치하는 것은 아니다. (…중략…) 경험적 이야기는 과거를 향해 상상적으로 관계되는 것만은 아니며, 현재 자신의 생활이나 생존 상황에 근거해서 사람들은 이야기할 값어치가 있는 것, 이야기로 전해야만 하는 것으로서 미래와 관련될 수 있는 의사나 욕망, 원망(願望)을 드러내고 있다"고 주장한다. 또한 경험의 중시라고 하는 점에 대해서는 長谷川貴彦, 「物語の復権/主体の復権-ポスト言論論的展開の歴史学」, 『思想』1036, 2010.8에서 시사를 얻었다.

52  蘭信三, 「満洲引揚者のライフヒストリー研究の可能性-歴史実践としての 「下伊那のなかの満洲」」, 福間良明·野上元·蘭信三·石原俊編, 『戦争社会学の構想-制度·体験·メディア』, 勉誠出版社, 2013, 160면.

53  浅野豊美, 「折りたたまれた帝国-戦後日本における「引揚」の記憶と戦後的価値」, 細谷千博·入江昭·大芝亮編, 『記憶としてのパールハーバー』, ミネルヴァ書房, 2004, 274~275면, 309~310면.

54  아오야마 가오루는 이와 같은 "변화의 체현자로서의 에이전트"에 해당하는 소수자에 착목하는 일의 중요성을 지적하고 있다. 大会シンポジウムB批評 「「主体」から「エイジェント」へそして少数派の発想へ」, 『ジェンダー史学』10, 2014, 127면. '에이전트'라는 개념에 대해서는 青山薫, 『「セックスワーカー」とは誰か-移住·労働·人身取引の構造と経験』, 大月書店, 2007 참조.

55  경성제일공립고등여학교 동창회지. 전후의 동창회 재건은 1950년경 진행되었으며, 동창회지는 『인초(しのぶ草)』라는 이름으로 1950년 9월에 발간된 뒤 1952년 11월부터 『白楊』으로 바뀌었다. 이후 매년 1회 발행되어 2008년 59호로 종간했다. 국립국회도서관 소장.

---

## 제1장 | 조선에서의 생활

1  森田芳夫, 『朝鮮終戦の記録-米ソ両軍の進駐と日本人の引揚』, 巌南堂書店, 1964, 2면.

2  朝鮮総督府, 『朝鮮総督府統計年報昭和一七年版』, 1943.

3  1911년부터 1946년 사이에 궁내 대신의 관할 하에 왕족 일가의 업무를 담당하던 기관으로 경성부에 설치되었다. 궁내성(宮内省)의 외국(外局).

4  니콜라옙스크 사건이란 1920년 아무르 강 하구의 니콜라옙스크에서 러시아 혁명 후의 적군, 백군, 빨치산 부대가 난입하는 가운데, 적군 빨치산이 일으킨

대규모의 주민학살 사건이다. 피해자 가운데 일본인 거류민, 일본영사 일가, 주둔 일본군 수비대가 포함되어 있었다. 또한 건축물이 완전히 파괴되고 거리가 폐허가 되었다(原暉之, 『シベリア出兵-革命と干渉1917~1922』, 筑摩書房, 1987; 麻田雅文, 『シベリア出兵-近代日本の忘れられた七年戦争』, 中公新書, 2016).

5　「朝鮮台湾満洲及樺太在勤文官加俸令」(明治四三年勅令第三八四号, 10월 1일 공포, 같은 날 시행)으로 정해졌다. 조선인 관리에게는 수당이 없다는 점에서 명백한 민족적 차별이었다. 1945년에 조선인 관리도 수당의 대상이 되었지만, 내지인 우대는 이어졌다. 자세한 내용은 岡本真希子, 「俸給制度と民族差別」, 『植民地官僚の政治史-朝鮮·台湾総督府と帝国日本』, 三元社, 2008, 180~202면 참조.

6　많은 연구에서 이 점을 지적하고 있다. 대표적인 것으로 Uchida, Jun. "A Sentimental Journey", p.711.

7　岡本達明·松崎次夫編, 『聞書 水俣民衆史-植民地は天国だった』, 草風館, 1990.

## 제2장 | 식민지 여학교

1　자세한 연혁은 〈표 3〉 참조. 연혁은 『白楊会会員名簿創立100周年記念』, (京城第一公立高等女学校白楊会, 2008.5.1)과 설문조사 인터뷰를 바탕으로 작성했다.

2　「京城の婦人界(二)京城の女生徒」, 『婦女新聞』 487, 1909.9.10.

3　「雑報 京城民団高女校拡張」, 『婦女新聞』 509, 1910.2.18.

4　「京城より」, 『婦女新聞』 512, 1910.3.11.

5　「京城より京城高等女学校長三浦直氏を訪ふ(上)」, 『婦女新聞』 513, 1910.3.18.

6　「京城より京城高等女学校長三浦直氏を訪ふ(下)」, 『婦女新聞』 514, 1910.3.25.

7　「寺内夫人と李王妃殿下」, 『婦女新聞』, 543, 1910.10.14.

8　「高等女学校に補助」, 『毎日申報』, 1911.6.9. 『매일신보(毎日申報)』는 1938년 4월 29일부터 『매일신보(毎日新報)』가 되는데, 이 책에서는 『毎日申報』로 통일해서 사용한다.

9　三浦直, 「植民地の女学生」, 『婦女新聞』 682, 1913.6.13.

10　成田忠良, 「創立十周年にあたりて」, 『白楊会誌』 5, 1918.6. 『백양회지』는 경성제일공립고등여학교의 동창회지로 식민지 조선에서 발행되었다.

11　森田安次郎, 「巻頭言」, 『白楊会誌』, 27, 1931.7.

12　白眼頑童, 「公開状(二)『うきよ』を読みて成田女学校長に与ふ」, 『朝鮮公論』, 3

권 2호, 1915.2.

13 「女生徒に不純な恋をしかけられて潔く退鮮した第一高女の男教師小泉藤三
氏の事ども」, 『朝鮮公論』10권 12호, 1922.12.

14 木槻哲夫, 「ある女学校の明治」, 林英夫編, 『地方文化の日本史 第8巻 青雲の
志と挫折』, 文一総合出版, 1977; 堀場清子, 『青鞜の時代ー平塚らいてうと新
しい女たち』, 岩波新書, 1988, 15면. 香川由紀子, 「女学生のイメージー表現す
る言葉の移り変わり」, 『言葉と文化』6, 2005.3.

15 「学芸会と子供の芸術 南大門と第一高女」, 『大阪朝日新聞』, 1922.12.1. 『大阪
朝日新聞』은 1925년 4월 1일부터 『朝鮮朝日』로 바뀌고, 1935년 2월 12일부
터 다시 『大阪朝日新聞』이 되는데, 이 책에서는 『大阪朝日新聞』으로 통일해서
사용한다.

16 「入学期迫る 学校案内記 京城第一公立高女校」, 『大阪朝日新聞』, 1923.2.18.

17 小山静子, 『良妻賢母という規範』, 勁草書房, 1991, 170~197면.

18 「京城府の学校組合会議で教育界の腐敗が問題となる」, 『大阪朝日新聞』,
1925.4.8; 「議論沸騰した京城の学校組合会 第一高女と教員異動問題で」,
『大阪朝日新聞』, 1925.4.17.

19 小山静子, 『良妻賢母という規範』, 앞의 책, 188면. 위의 책은 『文部省年報』에
의거하고 있다.

---

### 제3장 | 소녀들에게 있어 경성제일공립고등여학교

1 권숙인은 학교 간의 서열화와 입학시험에 대해서 같은 지적을 하면서 학교는
사회 위계의 축소판이었다고 언급한다. 권숙인, 「식민지배기 조선 내 일본인
학교」, 앞의 글, 64~78면.

2 京城南山小学校同窓会, 『京城南山公立尋常小学校創立七〇周年記念誌 坂道
とポプラと碧い空と』, 1996, 123~124·245면.

3 沢井理恵, 『母の「京城」·私のソウル』, 草風館, 1996, 90면.

4 위의 책, 77면.

5 阿蘇美保子, 『生いたちの記』, 자비출판, 1977, 67~68면.

6 政次喜代子(38)·木佐貫喜美子(재1), 「母の遺品より」, 『白楊』56, 2005.10. 이
생도수첩의 소유자가 입학한 것은 아직 경성공립고등여학교 시대로 하카마를
입고 등교했다.

7 大原済(36), 「残心」, 『白楊』17, 1966.10.

8 오바 유노스케(大場勇之助)는 조선육군음악대 소속이었던 경력으로 1921년

4월 1일 자로 오사카 시의 소학교 훈도에서 제일고녀로 부임했다(『京畿道報』 462, 1921.5.2.). 그 후 우치노 겐지(內野健児), 다다 기조(多田毅三)와 예술잡지 『아침(朝)』을 창간했다(「朝鮮芸術への黎明」, 井上收, 『半島に聴く』, 京城: 炎車堂書房, 1926, 145면). 제일고녀 교가와 「경성부가(京城府歌)」를 작곡했으며, 전후에는 제일고녀 동창회 조직에 정력을 쏟았다.

9    이는 1940년 6월 15일과 16일에 부민관에서 개최됐다. 신향(新響, 현재의 N 향)의 공연이었다. 野口克子, 「64年前の公演」, 『朝日新聞』, 2004.6.12. 「신교 향악단대연주회」, 『大阪朝日新聞中鮮版』, 1940.6.13. 여학생과 백의의 용사 초대연주회는 16일 오후에 개최됐다.

10   당초에는 모래주머니를 짊어졌는데, 도중에 버리는 생도가 나왔기 때문에 쌀을 넣은 주머니로 바뀌었다고 R 씨는 말한다.

11   京城南山小学校同窓会, 『京城南山公立尋常小学校創立七〇周年記念誌』, 앞의 책, 132면. 40킬로 행군은 평양고등여학교에서도 진행됐다(平川武士編, 『平壤高女の思い出』, 1968, 138면, 174면, 180면).

12   葛原貞子(18), 「松田ゆき様を悼む」, 『白楊』 40, 1989.10.

13   부여신궁은 1939년에 관폐대사(官幣大社)로서 창립이 결정되어 1943년 진좌(鎭座)를 목표로 했다. 하지만 완성되기 전 1945년 패전을 맞이하여 11월 17일에 폐지되었다. 더욱이 조선에서 학도근로동원은 1938년부터 개시되었다. 허수열, 「조선인 노동력 강제동원의 실태」, 차기벽, 『일제의 한국식민통치』, 정음사, 1985, 328~333면.

14   2009년 11월 29일 자로 필자에게 보낸 I 씨의 서간

15   高尾和子(29), 「青い林檎」, 『白楊』 16, 1965.11.

16   三浦直, 「植民地の女学生」, 앞의 글.

17   祖父江孝男, 『県民性文化人類学的考察』, 中公新書, 1971. 210면.

18   『京城府史第 3 巻』, 1941, 476면.

19   「職業的に自覚してきた内鮮女学生」, 『朝鮮及満洲』 185, 1923.4.

20   『昭和十九年四月京城商工会議所調査課京城商工会議所調査資料第八輯ノ二 京城府内に於ける女学校以上卒業者の状況』

21   沢井理恵, 『母の「京城」・私のソウル』, 앞의 책, 116면.

22   堀場清子・鹿野政直, 『祖母・母・娘の時代』, 岩波ジュニア新書, 1985, 86면.

23   広瀬玲子, 「植民地朝鮮における愛国婦人会韓国併合から満州事変開始まで」, 앞의 글.

24   「内鮮学生児童連合大音楽会 徂く春を歌ふ旋律の高鳴り胡蝶と舞ふ五百の少女 内鮮児童七百の春の歌」, 『大阪朝日新聞』, 1924.5.14.

25   「秋の夕べを飾る乙女たちの奏で 内鮮女子中等学校音楽大会はいよいよ旬日

に迫る」, 『大阪朝日新聞西北版』, 1928.11.6.

26 「優美な繊細なメロディーに陶酔境へと聴衆を導いた本社京城支局主催女子
中等校音楽会の盛況」, 『大阪朝新聞南鮮版』, 1930.11.18.

27 「おゝ甘美の旋律よ至純の陶酔境よ 気高く清らかなこの集り本社支局主催女
子音楽会の盛況」, 『大阪朝日新聞南鮮版』, 1932.11.25.

28 「大日章旗の前に聖純な楽の調べ 京城女子中等音楽大会 果なき聴衆の感激」,
『大阪朝日新聞南鮮版』, 1936.2.14.

29 「歌ふ乙女群像 京城女子中等音楽大会前期⑥ 荘厳極る調べ 悠久の祖国を謳
ふ「肇国」第一高女」, 『大朝日新聞中鮮版』, 1941.2.8.

30 「京城両高女鮮語を教ふ 当分は課外」, 『大阪朝日新聞』, 1926.5.6. A 씨는 과외
로 조선어를 배웠던 것을 기억하고 있었다.

31 「高女生も演習に参加 陸軍記念日」, 『大阪朝日新聞』, 1925.2.25.

32 「第一高女通学生の麗はしき献金」, 朝鮮軍司令部愛国部編纂, 『愛国』 3,
1934.5.

33 조선인 여학생이 다녔던 대구공립여자고등보통학교에서도 1937년 10월부터
「황국신민의 서사」를 암송했다(太田修, 「戦時期大邱の朝鮮人女学生の学校生
活 1937年の日記から」, 第二回佛教大・東国大学校共同研究, 『植民地朝鮮の
日常を問う』, 思文閣出版, 2012, 250~253면).

34 阿蘇美保子, 『生いたちの記』, 앞의 책, 97~98면.

35 樋浦郷子, 「一九三〇年代後半の朝鮮神宮における夏季早朝参拝」, 『朝鮮学報』
215, 2010.4. 164면.

36 경성호국신사는 1943년 11월 26일에 창립・진좌되었다(「京城護国神社二廿六
日に御鎮座祭内鮮千五百の遺族参列」, 『朝日新聞中鮮版』, 1943.11.19). 따라서
1942년 3월 졸업한 I 씨의 봉사는 고학년 때, 아마도 5학년 때라고 추측된다.

37 「各道支部事務担任者会議諮問回答申書 昭和十四年二月愛国婦人会朝鮮本部」,
『大野緑一郎関係文書』, R207 분류번호 1829; 「第一高女의愛国子女団組織」,
『東亜日報』, 1937.12.21.

38 미혼여성을 대상으로 학교나 직장에서 조직되었다. 조선에서는 1937년 6월
에 결성의 방침이 내려졌다(1937년 6월 3일 「愛国子女団設置に関する件」).
식민지 조선에서의 애국부인회에 대해서는 広瀬玲子, 「植民地朝鮮における
愛国婦人会1930年代を中心に」, 앞의 글 참조.

39 高等女学校規程改正趣旨.

40 咲本和子, 「「皇民化」政策期の在朝日本人－京城女子師範学校を中心に」, 83면.

41 오성숙, 「재조 일본여성 '조센코' 연구」, 앞의 글, 716~722면.

42 허수열, 「조선인 노동력 강제동원의 실태」, 앞의 글, 328~333면. 학도근로동

원에 관한 사항은 본 논문에 의거한다.

43 「京畿道中等学校勤労報国隊結成式朝鮮神宮で盛大に挙式」, 『大阪朝日新聞南鮮版』, 1938.7.22.

44 「全鮮学生・生徒の愛国労働奉仕作業」, 『朝鮮及満洲』 369, 1938.8.

45 上野アキ(32)・山田百合子(37A), 「スライド写真説明シナリオ」, 『白楊』 39, 1988.10.

46 「運ふ針真心籠めて 高女生の軍役奉仕」, 『京城日報』, 1943.1.21(석간).

47 堀田〔堀内의 오기인 듯〕純子(37B), 「昭和十九年の日記から」, 『白楊』 7, 1956.11.

48 桜井啓子(제3), 「追憶の糸ぐるま(在三会より)」, 『白楊』 43, 1992.10.

49 「流石は瑞穂の乙女 一段を四十分第一高女で田植手伝ひ」, 『京城日報』, 1941.6.11(석간).

50 「半島乙女の希求に応へ 救護看護婦志願者に温い親心」『大阪朝日新聞中鮮版』, 1942.7.31. 樋口雄一, 「太平洋戦争下の女性動員ー愛国班を中心に」(『朝鮮史研究会論文集』 32, 1994)에 의하면 1943년 11월 21일 『매일신보』는 "나라를 사랑하는 여성이라면 나서서 백의 천사가 되라"고 보도했다. 「戦時女性の聖職 半島乙女よ, 挙つて応募せよー皆川少将白衣天使を語る」, 『京城日報』, 1943.2.1. 내지에서도 임시구호간호부로서 여학생을 모집하는 움직임이 활발하게 진행되었다(亀山美知子, 『近代日本看護史Ⅱ 戦争と看護』, ドメス出版, 1984, 144~150면).

51 「戦ふ女性群③ 従軍の日を待つ 赤十字看護婦」, 『大阪朝日新聞中鮮版』, 1942.3.25.

52 水野真知子, 「高等女学校の研究(下)」, 『野間教育研究所紀要』 48, 2009. 743면.

53 阿蘇美保子(37A), 「最後のお手紙から」, 『白楊』 38, 1987.10.

54 위의 글.

55 樋口雄一, 「太平洋戦争下の女性動員」, 앞의 글; 「養蚕を学ぶ乙女達 素砂で四高女校の実習始まる」 『京城日報』, 1943.6.2.

56 「麦刈る乙女ら」, 『京城日報』, 1943.6.23; 이외에도 여학생의 근로동원에 관한 기사가 실려 있다. 「妾達も増米戦士"京城女師生の聖汗」, 『京城日報』, 1943.6.8; 「情熱こめて 茄子やトマトは伸びる培花高女の園芸実習」, 『京城日報』, 1943.6.26.

57 「学校を工場化 軍需生産に責任を負ふ」, 『京城日報』 1944.5.17.

58 高木由貴子(제2), 「おもい出となった雲母」, 『白楊』 8, 1957.11.

59 近藤喜助, 「私を語る」, 『白楊』 18, 1967.11.

60 桜井啓子, 「追憶の糸ぐるま」, 앞의 글.

61 위의 글.

62 木山蔦枝(재3)의 글(미발표). 이 글을 제공해준 고바야시 지요코(小林千代子) 씨에게 감사를 전한다.

63 山口多恵子(37A),「百周年記念大会の中の三十七A回生」,『白楊』59, 2008.10.

64 「扶余神宮御造営勤労奉仕の日 割総員は四万人突破」,『大阪朝日新聞中鮮版』, 1942.3.6.

65 『京城彙報』, 1938.11; 1939.1; 1939.2; 1939.9; 1939.12.

66 津田節子,「銃後の半島婦人」,『朝鮮』, 1939.9.

67 「二日間とも大盛況 京城の「国民総力の夕」」,『大阪朝日新聞中鮮版』, 1940.12.20.

68 「一校から四名受賞 大喜びの第一高女」,『大阪朝日新聞中鮮版』, 1941.9.20.

69 「凛々しく乙女群像女学校体育会に描く戦時色」,『大阪朝日新聞中鮮版』, 1941.10.8.

70 『京城彙報』, 1937.8; 1937.9.

71 「家庭防火組合婦人の防護演習」,『京城彙報』, 1938.12. 게재된 사진에는 일본 여성이 앞치마, 몸뻬, 머릿수건의 복장으로 정렬하고 있는 것과 양동이를 들고 연습하는 모습이 담겨 있다. 국민복을 입은 남성과, 경관 같은 남성이 사이사이에 서서 감독하고 있다.

72 「中鮮地区防空訓練京城府実施計画」,『京城彙報』, 1939.10.

73 「"歩け通学"の再出発 範囲を二キロ以内に緩和」,『大阪朝日新聞南鮮版』, 1941.8.9. 1940년 8월 이후 일제 도보 통학(하교 시)을 실시했지만, 날씨, 계절, 체격, 연령 등에서 과한 부담이라 생각되어 재검토한 결과, 학교에서 2킬로 이내에 거주하는 생도·학생에게 도보 통학을 부과했다.

74 「男女中等学校の制服統一 新学期から全鮮一様に」,『大阪朝日新聞中鮮版』 (1942.3.20) 사진도 게재되어 있다.『매일신보』(1942.5.22)에도 사진이 게재되어 있다.

75 각 여학교에서는 방공활동을 철저히 하기 위해 생도에게 '몸뻬'를 입게 한다는 보도가 있다.「モンペ服地指定するな, 廃物利用してもよいと各女学校に注意」,『毎日申報』, 1943.5.8; 井上和枝,「農村振興運動－戦時体制期における朝鮮女性の屋外労働と生活の変化」,『国際文化学部論集』(鹿児島国際大学) 11(2-4), 2011.3.

76 吉見光野(38),「三十八回の皆様へ」,『白楊』13, 1962.9.

77 『毎日申報』, 1944.8.5. 井上和枝,「農村振興運動－戦時体制期における朝鮮女性の屋外労働と生活の変化」, 앞의 글.

78 송지(松脂)에서 송근유를 만들어 항공연료로 사용하기 위해서였다.

79 1944년 제 1기생으로서 여성 200명 정도가 모였고, 입대하여 엄격한 교육훈련을 받은 후 군무를 시작했다. 근무는 주간, 야간, 새벽의 3교대 체제였다. 처음에는 애국정신에 넘쳐서 임무를 수행했지만, 점차 지는 전쟁이 되어갔다고 I 씨는 기록하고 있다(和賀君子, 『ねずみのあしあと』, 私家版, 발행연도 불명, 19~20면).

## 제4장 | 조선 인식과 식민지 인식

1 기무라 겐지도 같은 지적을 하고 있다. 木村健二, 「植民地新義州在住日本人の異文化接触」, 戸上宗賢編, 『交錯する国家・民族・宗教－移民の社会適応』, 不二出版, 2001, 86면.

2 이은혜, 「경성부의 민족별 거주지 분리에 관한 연구－1935년을 중심으로」, 『대한지리학회지』 19, 1984.

3 阿蘇美保子, 『生いたちの記』, 앞의 책, 65면.

4 平田由美, 「"他者"の場所－"半チョッパリ"という移動経験」, 伊豫谷登士翁・平田由美編, 『"帰郷"の物語 / "移動"の語り－戦後日本におけるポストコロニアルの想像力』, 平凡社, 2014, 53면.

5 フランツ・ファノン(鈴木道彦・浦野衣子訳), 『地に呪われたる者』, みすず書房, 1969, 25면.

6 서지영에 따르면 1920년대 후반 대중잡지에는 '하녀' '식모' 같은 고용인이 고용주의 집에서 금품을 훔쳐 절도죄로 처벌을 받거나 자살하는 내용이 빈번하게 등장하고 있다고 한다. 이러한 현상을 서지영은 "당시 도시의 부유한 집안에 들어간 식모들이 궁핍한 농촌과는 다른 도시 중산층 문화와 자본에 노출되면서 물질적 욕망에 눈뜨게 되는 일면"이라 지적하고 있다(徐智英, 『京城のモダンガール－消費・労働・女性から見た植民地近代』, みすず書房, 2016, 257면). H 씨에게 "손버릇이 나쁘다"고 여겨졌던 조선인 고용인 역시 이 같은 도시 중산층 문화와 자본에 눈뜨게 되면서 주인집에 있는 물건에 손을 대게 된 것이 아닐까 추측하게 된다.

7 우치다 준 역시 같은 지적을 하고 있다. Uchida Jun, "A Sentimental Journey", p.710.

8 阿蘇美保子, 『生いたちの記』, 앞의 책, 122면.

9 창씨개명이란 1939년 12월 26일에 조선총독부가 「조선인의 씨명(氏名)에 관한 건」으로 공포한 뒤 1940년 2월 11일부터 8월 10일 사이에 이름을 일본 식으로 고쳐서 신고하도록 조선인에게 요구한 것으로서, 신고제라고는 했지만

사실상 강제를 동반한 것이었다(水野直樹, 『創氏改名 — 日本の朝鮮支配の中で』, 岩波新書, 2008).

10  大野美鶴(37B), 「歪んだ青春」, 『白楊』 59, 2008.10.

11  다만 이 같은 이야기에 대해서는 다음과 같은 예리한 비판이 있다. "한 일본인이 있는데 그는 자신이 조선인에 대해 어떠한 차별도 하지 않았다고 한다. 이러한 사람은 많다. 실제로는 이렇게 말하는 사람들의 표현이 그 일본인의 '우월감'을 뒷받침한다. 여기에서는 평등도 차별도 같은 역사를 가졌다는 이유로 동의어가 되어 버린다"(村松武司, 『朝鮮植民者 — ある明治人の生涯』, 三省堂, 1972, 259면).

12  池田正枝(33), 「『朝鮮』を憶う」, 『白楊』 48, 1997.10.

13  수학여행으로 내지로 간 여학생이 일본에서 일본인(내지인) 대접을 받지 못했다는 지적이 있다. 오성숙, 「재조 일본여성 '조센코' 연구 — 쓰다 세쓰코, 『녹기』 그리고 청화여숙」, 앞의 글, 728면.

14  堀内純子, 「野菊」, 『静岡新聞』, 1980.9.6(석간).

15  堀内純子, 「赤いカンナの花」, 『静岡新聞』, 1980.8.9(석간).

---

## 제5장 | 패전이 시작이었다

1  阿蘇美保子, 『生いたちの記』, 앞의 책, 126~127면. 단 조선인에 대한 백의 금지는 색복(色服) 장려운동에도 근거했다는 점을 부기해 둔다.

2  堀内純子, 「一条の光」, 『静岡新聞』, 1980.8.16(석간).

3  沢井理恵, 『母の「京城」・私のソウル』, 앞의 책, 126~128면.

4  大野美鶴, 「歪んだ青春」, 앞의 글.

5  渡部通子(제1), 「歯止め」, 『白楊』 22, 1971.10.

6  木山蔦枝(제3), 앞의 미발표문.

7  佐藤和子(38), 「38回中村智恵子様をお偲びして」, 『白楊』 53, 2002.10; 佐藤和子, 「三十八回卒業証書授与 謝辞」, 『白楊』, 54, 2003.10. 38회 졸업생은 1945년 9월 2일부로 조기 졸업했다.

8  望月春子(제1), 「終戦の日の思い出」, 『白楊』 50, 1999.10.

9  齋藤尚子, 『消えた国旗』, 岩崎書店, 1966, 202면.

10  小林聡明, 「大韓民国の八月十五日」, 川島真・貴誌俊彦編, 『資料で読む世界の8月15日』, 山川出版社, 2008, 85면. 加藤聖文, 『「大日本帝国」崩壊 — 東アジアの1945年』, 中公新書, 2009, 21~72면.

11  アレッサンドロ・ポルテッリ, 「ルイージ・トラストゥッリの死」, 『オーラルヒ

ストリーとは何か』, 水声社, 2016, 62~63면.

12 伊澤光代(38), 「昭和二十年八月十七日の学舎」, 『白楊』 53, 2002.10.

13 木山蔦枝(재3), 「第一高女最後の日」, 『白楊』 59, 2008. 10.

## 제6장 │ 인양

1 실제로 기뢰에 접촉하여 배가 침몰하는 사고가 일어났다. 1945년 10월 14일 쓰시마 이즈하라(対馬厳原) 항을 출발한 규슈의 우편선 '다마마루(珠丸)(800 톤)는 작은 범선 같은 것을 타고 조선에서 도착한 인양자나 대마도에서 출발 하는 복원병을 태우고 하카타로 향하는 도중 일본군이 설치한 기뢰에 접촉하 여 폭침했다. 희생자는 550명 이상이라는 이야기도 있었으나 정확한 숫자는 확인되지 않았다(「引揚げ港・博多を考える集い」監修, 『博多港引揚』, 図書出 版のぶ工房, 2011, 109면).

2 ケルナー東明子(재3), 「四十六年後の再会」, 『白楊』 42, 1991.10.

3 2011년 8월 2일부로 필자에게 보낸 서한. 경성일본인세화회에 대해서는 今村 勲, 『京城六カ月—私の敗戦日記』, 1981(자비출판)이 참고가 된다. 경성일본인 세화회회보는 平和祈念事業特別基金, 『資料所在調査結果報告書(別冊)資料 紹介京城日本人世話会会報第1号~第123号 昭和20年 9 月~昭和21年 2 月』, 1999.3 참조.

4 2012년 4월 필자에게 보낸 서한.

5 「대외비 제 40보병사단 사령부 APO 40작전메모 제13호」(1945.10.16)의 '군 인 및 민간인의 피난자가 일본에 이동하기 전에 취해야 할 조치에 관한 건'에 는 "일본의 민간인은 그 연령에 관계없이 1인당 1,000엔을 초과하지 않는 금 액의 통화를 가지고 돌아오는 것을 허가한다"고 되어 있다(浅野豊美監修・解 説・明田川融訳, 『故郷へ—帝国の解体・米軍が見た日本人と朝鮮人の引揚 げ』, 現代史料出版, 2005, 162면).

6 堀内純子, 「障壁」, 『静岡新聞』, 1980.10.4(석간).

7 大濱徹也, 「歴史としての引揚げ体験」, 『日本人と戦争—歴史としての戦争体 験』, 刀水書房, 2002, 179면.

8 유사한 사례에 대해 오노 미쓰루는 "길에서 만난 사람들이 모두 일본인이어서 이상한 느낌이었다. 짐수레를 끄는 사람, 봇통을 짊어진 사람이 모두 일본인이었 다. 역시 이곳은 일본이구나"라 쓰고 있다. 大野美鶴, 「歪んだ青春」, 앞의 글 참조.

9 일본이 인양자를 위해 준비할 수 있었던 함선은 겨우 132척 정도도 적었기 때 문에 1946년 미국이 리버티선, LST 등 191척을 빌려준 이후에야 인양 수송이

본궤도에 오를 수 있었다. 「引揚げ港・博多を考える集い」監修, 『博多港引揚』, 앞의 책, 88면.

10 이상은 T 씨와 필자가 주고받은 메일에 의거한 것임.

11 「スケートに生きる橋本修子さん」, 『読売新聞』, 1963.1.9(석간).

12 이 같은 위화감과 소외감을 확인하고 서로 위로하여 어려운 생활 속에서 힘을 얻는 장으로서 식민지학교의 동창회, 식민지동창회가 기능하고 있었다고 추측할 수 있다. 이 점에 대해서는 향후의 과제로 남기려 한다.

13 五木寛之, 『五木寛之こころの新書6-サンカの民と被差別の世界』, 講談社, 2005, 123~124면. 마찬가지로 인양자인 자신을 "제일 일본인" 혹은 "일본 속의 '중국인'"으로 인식한 사람들이 있다(森本哲郎, 「極限状況からの出発」, 『潮』 142, 1971.8, 110~111면).

14 三吉明, 「貧困階層としての引揚者の援護について」, 『明治学院論叢』 52(1), 1959.2.

15 堀内純子, 「おうまれは?ご実家は?」, 『静岡新聞』, 1980.8.2(석간).

16 宮林千枝子(20), 『白楊』 36, 1985.10.

---

## 제7장 | 계속되는 식민지경험

1 梶村秀樹, 「植民地朝鮮での日本人」, 앞의 글; 尹健次, 「植民地日本人の精神構造」, 앞의 글; 三宅ちさと, 「民衆とアジア-植民者としての日本人と現地民」, 『日本学報』 12, 1993.12; 高吉嬉, 『〈在朝日本人二世〉のアイデンティティ形成-旗田巍と朝鮮・日本』, 桐書房, 2001.

2 広瀬玲子, 「植民地から本国へ」, 앞의 글.

3 広瀬玲子, 「植民地支配とジェンダー」, 앞의 글; 広瀬玲子, 「朝鮮における女性植民者二世」, 앞의 글; Hirose Reiko, "The Identity of Second Generation Colonizers: Focused on Female Colonizers.", 앞의 글.

4 鈴木辰子(21), 「故郷賛歌」, 『白楊』 42, 1991.10.

5 F・デーヴィス, 間場寿一ほか訳, 『ノスタルジアの社会学』 世界思想社, 1990, 56면.

6 小林勝, 『朝鮮・明治五十二年』, 「あとがき」, 『小林勝作品集第五巻』, 白川書院, 1976, 319면; 金石範, 「解説「懐かしさ」を拒否するもの」, 『小林勝作品集 第五巻』, 白川書院, 1976, 371~379면.

7 岡本真希子, 『植民地官僚の政治史~朝鮮・台湾総督府と帝国日本』, 앞의 책.

8 2019년 1월 필자 수신의 엽서에서.

9 渡辺由利子(21), 「玄海を越えて」, 『白楊』 8, 1957.11.

10  米倉菖蒲,「三十回だより五十周年記念日に寄せて」,『白楊』第8号, 1957.11. 中島健蔵,『昭和時代』(岩波新書)는 1957년 5월부터 간행되었다.

11  『白楊』16(1965.11)에 "한국으로의 여행 여행단 모집 중(韓国の旅 旅行団募集中)"이라는 광고가 게재되었다. 『白楊』17(1966.10)에는 노스탤지어 가득한 방문기가 실렸다.

12  "'조선, 경성'이라고 하면 싫어하니까. 반드시 '한국, 서울'이라고 할 것"(岩川えい(14),「韓国旅行」,『白楊』第24号, 1973.10). "서울의 거리에는 한자가 한 자도 없고 한글뿐이다"(岡本多喜子(27),「ソウル旅行記」,『白楊』24, 1973.10).

13  井出宣子(33)「京龍白常訪韓ツアーの記」,『白楊』, 33, 1982.10.

14  川村泰子(37B),「残った光化門」,『白楊』37, 1986.10.

15  古沢伸世(27),「懐かしい友宋銀璇さん」『白楊』38, 1987.10.

16  剣持千枝子(33),「柳絮の風景 二十二回青柳緑様を偲ぶ」,『白楊』39, 1988.10.

17  渡辺由利子(21),「棕櫚の蝿叩き」,『白楊』40, 1989.10.

18  大原済(36),「ある歌に思う」,『白楊』40, 1989.10.

19  村田敏(26),「身辺雑記 思い出すままに」,『白楊』59, 2008.10.

20  齋藤尚子,『消えた国旗』, 앞의 책, 202면.

21  青柳緑,「あとがき」,『李王の刺客』,潮出版社, 1971, 283~284면.

22  青柳緑(22),「無窮花(ムグンファ)」,『白楊』33, 1982.10.

23  剣持千枝子,「柳絮の風景」, 앞의 글.

24  阿蘇美保子,『生いたちの記』, 앞의 책, 86면.

25  阿蘇美保子(37A),「韓国に留学して」,『白楊』37, 1986.10.

26  위의 글.

27  和賀君子(34),「統一目指す南北合意の動きに寄せて」,『白楊』51, 2000.10.

28  和賀君子,『残照模様』, 新風社, 2003, 117면, 124~125면.

29  高橋菊江,「残光」,『丘陵』17, 2008.

30  高橋菊江,『赤煉瓦の家』, ドメス出版, 1996.

31  高橋菊江(35),「短編小説集『赤煉瓦の家』を発刊して」,『白楊』47, 1996.10.

32  池田正枝(33),「ソウルに旅して」,『白楊』42, 1991.10.

33  池田正枝,『二つのウリナラ(わが祖国)-21世紀の子どもたちへ』, 解放出版社, 1999.

34  池田正枝(33),「身辺雑記」,『白楊』50, 1999.10.

35  池田正枝(33),「身辺雑記」,『白楊』51, 2000.10.

36  堀内純子,『はるかな鐘の音』講談社, 1982.

37  이 점에 관해서는 吉田裕『日本人の戦争観ー戦後史のなかの変容』, 앞의 책, 196면; 窓欄『勘助のかなしみ』『朝日新聞』, 2012.3.26(석간).

38 村松武司,『朝鮮植民者』, 앞의 책, 246면.

39 堀内純子,「あしあと」,『静岡新聞』, 1980.9.20(석간).

40 三宅ちさと「民衆とアジアー植民地としての日本人と現地人, 앞의 책, 63면도 같은 지적을 하고 있다.

41 堀内純子,「あとがき」,『はるかな鐘の音』, 앞의 책, 188면; 신문 게재는『静岡新聞』(夕刊) 窓辺欄. 堀内純子,「おうまれは？ご実家は？」, 앞의 글; 堀内純子,「赤いカンナの花」, 앞의 글; 堀内純子,「一条の光」, 앞의 글; 堀内純子,「セミの声」, 1980.8.23; 堀内純子,「かごめかごめ」, 1980.8.30; 堀内純子,「野菊」앞의 글; 堀内純子,「てがみ」, 1980.9.13; 堀内純子,「あしあと」, 앞의 글; 堀内純子,「幼友だち」, 1980.9.27; 堀内純子,「障壁」, 앞의 글; 堀内純子,「ロウソクの光」 1980.10.11; 堀内純子,「引き揚げの夢」1980.10.18; 堀内純子,「ふるさとがわり」, 1980.10.25.

42 堀内純子,「ふるさとがわり」, 위의 글.

43 堀内純子,「ユッコの道」,『鬼ヶ島通信』14-22・30-36, 1989.11~1993.11; 1997.11~2000.11.

44 堀内純子,「幼友だち」, 앞의 글.

45 堀内純子,『葡萄色のノート』, あかね書房, 2002.

46 堀内純子,「あとがき」,『葡萄色のノート』, 위의 책.

47 堀内純子,「あしあと」, 앞의 글.

48 咲本和子,「植民地のなかの女性教育」, 앞의 글, 44면.

49 梶村秀樹,「柳宗悦に朝鮮を紹介した林業技師の触発力に富む評伝」,『朝日ジャーナル』, 1982.9, 64면.

50 高崎宗司,『朝鮮の土となった日本人－浅川巧の生涯 増補三版』, 草風館, 2002. 281면.

51 小田実,「平和の倫理と論理」,『展望』92, 1966.8.

## 맺음말

1 泊次郎,「書評 被害体験によりかかった平和と民主主義の危うさ－吉見義明,『焼跡からのデモクラシー 草の根の占領期体験(上・下)』」,『UP』, 43(6), 2014.6.

## 해설

이 책은 히로세 레이코의『제국에 살았던 소녀들—경성제일공립고등여학교생의 식민지 경험』2019을 번역한 것이다. 저자 히로세 레이코는 여성의 전쟁 책임, 그중에서도 식민지 조선에서의 일본인 여성의 활동과 식민지 책임의 문제를 선도적으로 연구해 왔다. 2009년부터는 일본학술진흥회로부터 7년 동안 세 차례에 걸쳐 연구비를 보조받아 식민지 조선에 살았던 일본인 여성의 목소리를 모았고, 이 책은 그 결과물이다.

이 책은 전체 7장으로 구성되어 있는데, 대강의 내용을 언급하면 다음과 같다.

제1장은 식민지 조선에서 출생하고 성장한 2세들의 부모 세대가 어떠한 경위로 조선으로 이주했는지 개인의 기억을 토대로 서술하고 있다.

제2장과 제3장은 식민지 시기 고등여학교에 관한 것이다. 제2장은 경성제일고등여학교의 전신인 경성고등여학교의 출발을 당시의 사료와 신문, 잡지의 기사를 토대로 설명하고 있다. 또한 식민지의 조선인을 이끄는 종주국의 여성이 될 거라는 기대와 더불어 다른 한편으로 이주한 여자라서 특별한 식민지적 기질을 지니고 있을 거라는 편견의 시선을 받아야 했던 여학생들의 복합적인 상황이 서술되어 있다. 제3장은 여학생 시절의 기억을 통하여 학

교생활을 생생하게 복원하고 있다. 학교 수업뿐 아니라 수학여행, 소풍, 운동회 등 학교행사에 대한 기억을 재현하고 있어 당시 여학생들의 학교생활을 상상하기에 충분하다. 제4장에는 여학생들이 처했던 식민지 조선에서의 상황과 조선인들과의 교류, 접촉 등에 관한 경험을 언급하고 있다. 일상 속에서 조선인에 대한 우월의식을 느끼면서 식민지주의를 그들 스스로 내면화해가는 과정을 보여준다.

제1장에서 제4장까지가 식민지 조선을 배경으로 한 학교의 역사와 여학생들의 일상에 관한 내용이라면, 제5장과 제6장은 개개인이 맞이한 패전과 일본으로 돌아간 이후 겪어야 했던 '고난'의 삶에 대한 회고이다. 공적인 문서에는 잘 드러나지 않는, 패전을 맞이했을 당시 현장에서 느낀 감정과 그 현장을 바라보는 조선인과 일본인의 서로 다른 시각이 증언을 통해 전달된다.

제7장에서는 그들 여성 중 작가가 되어 자신의 기억에 창작을 더해 문학화한 작품들을 소개하고 있다. 소설, 에세이, 아동문학 등 다양한 장르로 남겨진 문학작품을 통해 개인에게 각인된 조선과 식민지의 표상을 분석하고 있다.

저자는 경성제일고등여학교 여학생들의 사례를 패전으로 인한 단절된 기억으로 보고 있지 않다. 오히려 '식민자' '2세' '여성'의 식민지 체험에서 비롯된 식민지 지배의 의식과 무의식을 전전戰前과 전후戰後의 연속성 속에서 다시 파악하고 있다.

저자는 이 연구의 계기가 사와이 리에의 저서인 『엄마의 '게이조', 나의 경성』과의 만남에 있다고 술회하고 있다. 경성제일고등여학교 35회 졸업생인 모친의 식민지 조선에서의 생활을 기록한 이 책을 읽은 저자는 책의 주인공인 요시오카 마리코 씨를 직접 찾아간다. 그로부터 경성제일고등여학교 동창회 네트워크를 소개받고 연구에 착수하여 설문과 인터뷰를 시작했다. 그들 여성에게 접촉할 당시 설문지에는 다음과 같은 글로 협조를 부탁하고 있다.

경성제일고등여학교 동창생 여러분, 저는 전쟁 전 조선에서 소녀시절을 보낸 여러분의 경험을 역사 속에서 의미부여 하는 연구를 하고자 합니다. 전전 조선에서 활동한 일본인에 대한 연구는 적지 않지만, 일본인 여성에 대한 연구는 거의 없습니다. 하지만 당시 많은 일본인 여성이 조선반도에서 생활했고 다양한 경험을 했습니다. 그 경험 속에는 즐거웠던 일, 슬펐던 일, 패전 후 귀국 과정에서 겪어야만 했던 험난한 체험 등 한마디로 표현할 수 없는 일들이 가득할 거라 생각합니다. 또 전후 일본을 살아가는 일도 쉽지는 않았겠지요. 실로 그 경험의 하나하나가 역사의 한 장면이고 역사를 만들었다고 저는 생각합니다.

저자가 언급한 대로 식민지 시기 조선에서 활동했던 일본인 여성에 대한 연구는 그다지 많지 않다. 이는 제국의 역사를 이해하는데 있어 여성은 '부수적'으로 고려하는 요소로 간주되었고, 특히식민지 조선에 살았던 일본인 여성은 일국중심주의적 역사, 또는 문학 연구 환경 속에서 경계에 있는 존재로서 그다지 주목받지 않았기 때문일 것이다. 또한 제국 일본여성을 연구한다 하더라도 그 내용은 주로 모성을 드러내어 아들을 전쟁터로 보내는 군국의 어머니나 성을 대상으로 하는 위안부 여성의 문제가 대부분이고, 여학생이나 미혼 여성에 대한 연구는 극히 드물다. 이러한 가운데 이 책은 일본인 여성이 식민지 조선에서 어떠한 환경에서 성장하여 교육을 받았는지, 그 과정에서 어떻게 식민의식을 키웠는지 확인할 수 있는 좋은 소재라 할 수 있다.

더욱이 이 책은 한국인으로서 좀처럼 접근하기 쉽지 않은 일본인 여성 식민자 2세의 식민지에서의 일상과 내면을 보여주고 있다. 여기에 묘사된 그들의 체험은 마치 경성제일고등여학교가 있던 광화문의 새문안로를 활보하고 다녔을 일본인 여학생의 모습이 그려질 정도로 생생하다.

노령화로 인해 동창회 모임이 공식적으로 막을 내리는 2008년, 1학년에 재학 중이던 그 마지막 세대도 이미 70대가 되어 있었다. 그나마 식민지 조선에서의 경험을 이야기해 줄 세대도 이제 저물고 있다. 저자의 말대로 식민지에서의 즐거웠던 일, 슬펐던 일의 경험은 하나의 역사가 되었다. 이 연구가 더욱 소중하게 느껴지는 이유이다.


경성제일고등여학교 동창회는 식민지 시기에 이미 조직되어 있었다. 쑥쑥 성장해 가는 조선 특유의 포플러에 비유해서 지어진

'백양회'라는 이름으로 여성을 위한 강습회, 강연회, 음악회를 개최하고, 기부금을 모아 모교를 위해 재봉틀을 사주고 2층짜리 서양식 도서관도 지었다. 게다가 제국 일본의 해외 경영에 조력하는 현모양처를 양성하라는 이 여학교에 걸었던 기대에 부응해서인지, 동창생들은 도쿄, 오사카 등 식민지 본국은 물론 대구, 나남, 회령의 한반도와 상하이, 펑티엔 등 제국의 영향이 미치는 곳에서 일본인 가정을 구현했고, 여기서의 소식을 동창회지 『백양회지』에 전했다. 동창생의 규모는 1927년 당시 회원이 2천여 명에 달했다. 경성제일고등여학교를 모체로 하면서 매년 2백여 명의 신입회원이 유입된다는 사실로도 '백양회'는 조선 제일의 여성단체가 될 거라는 기대를 받았다.『경성일보』, 1927.11.9 또 이는 어떠한 장애 없이 계속될 것 같았다.

패전 후 동창회는 일본사회에서 네트워크를 재조직했다. 처참한 패전의 잔해가 가시지 않은 1946년 도쿄 히비야 공원에 50명여 명의 졸업생이 모였다. 식민지에서 조선인 여성을 이끌어 간다는 우월의식에 명문여학교 출신의 엘리트라는 자부심 속에서 생활했던 그들은 패전 후 일본에서 식량을 축내고 일자리를 빼앗는 '기생집단'이 되어 있었다. 우월한 위치의 식민자에서 차별받는 귀환자로 전락한 삶의 낙차가, 좋았던 시절을 함께 나눌 수 있는 동창회를 중심으로 그들을 '뭉치게' 했음은 쉽게 상상할 수 있다. 개교기념일인 5월 23일에는 매년 총회를 개최했는데, 개교 80주년을 기념하는 1988년 도쿄 전국대회에는 식민지 시절 당시 재학생과 교사, 졸업생 등 1,000명이 넘는 경성제일고등여학교 출신자들이 한 자리에 모였다.

그들은 '교사校舍는 잃어버렸지만 모교母校는 건재하다'고 서로를 격려해 가며 모교의 연혁을 다시 만들고 관련 자료와 증언을 수집하여 학교의 역사를 재건했다. 학교는 이미 폐쇄되어 사라졌지만, 식민지 시절에 불렀던 교가를 동창회 모임 때마다 다시 불렀고 귀환 과정에서 배낭 바닥에 몰래 숨겨 왔다는 교기校旗를 남겨진 학교의 유일한 유산으로 맞이했다. 또 1950년부터는 매년 동창회지『백양』도 발간했다. 학급별, 기수별, 지역별 등 다양한 동창회 소모임에서의 소식뿐 아니라, 개개인이 경험했던 식민지 조선의 일상과 여학교 시절의 추억을 올려서 공유했다. 전승되는 공통의 의례와 상징물, 이야기가 쌓여서 '집단의 기억'이 만들어졌고, 이 기억은 경성제일고등여학교 동창회가 존재하는 근거가 되었다.

한일국교정상화가 된 이후에는 모교도 찾았다. 자신들이 다녔던 교사는 1945년 10월에 경기여고가 이전해 와서 이미 남의 학교가 되어 있었지만, '모교방문'이라는 이름으로 와서 식민지 시절의 흔적을 찾았다. 이는 1988년 경기여고가 강남으로 이전해 가서 교사가 철거된 이후에도 계속되었다. 공터가 되어버린 교정에 홀로 남은 홰나무에 의지해서 '모교방문'을 이어나갔다.

이해가 된다. 홰나무에, 수영장에 그들과 같은 공간의 기억을 갖고 있는 번역자로서 절절하게 그리워했을 그들의 마음이. 국적도 다르고 전혀 서로 다른 학교에서 공부했지만 같은 공간을 사용했다는 것만으로 공감이 간다.

　동창회는 2008년 개교 100주년을 기념하면서 막을 내렸다. 마지막 동창회에서는 식민지 시절 불렀던, 그리고 패전 이후 모임 때마다 불러왔던 〈개교식 노래〉와 〈교가〉가 다시 불렸다. 남산의 푸른 소나무가 색이 변하지 않는 것처럼, 한강의 맑은 물이 마르지 않는 것처럼 식민植民된 소녀들이 이 땅에서 영원히 번성하길, 또 그들의 조력으로 이 땅에서 "천황이 다스리는 나라 영광의 빛이 그 빛을 영원토록" 발하기를 노래했다.

　그들에게는 당연했겠지만, 한국인인 번역자로서는 섬찟하다. 전후 일본사회에서 함부로 말할 수 없는 감각, 억눌러 자제하고 있던 식민자의 기억을 동창회에서만큼은 마음껏 '발산'할 수 있었으리라. 진보적 역사학자인 가지무라 히데키梶村秀樹는 어디, 어느 학교의 동창회라는 식으로, 조선에 살았던 무수히 많은 일본인 모임들이 "여전히 일종의 독소를 일본사회에 방출하고 있다"고 하면서 이를 "과소평가해서는 안 된다"고 경고했다. 일본으로 귀환된 이후 오랜 세월 무자각적으로 내뿜었던 '독소'가 지금까지도 유효한 것은 아닌지, 현재 일본이 한국을 바라보는 시각에 여전히 잠재해 있는 것은 아닌지, 이 책을 통해 다시 생각해 볼 문제이다.


옮긴이 송혜경

## 역자 후기

　도쿄 신주쿠 기노쿠니야 서점의 근대사 분야 책장에서 이 책을 우연히 발견한 것은 코로나가 본격화되기 직전인 2020년 1월의 일이었다. 번역을 염두에 둔 지 3년 만에 가까스로 마무리를 짓게 되었으니, 코로나 대유행을 이 책과 함께했다고 해도 과언이 아닐 듯하다.

　10여 년 전 서울대 규장각한국학연구원에서 열린 국제 심포지엄에서 패전 이후에도 일본으로 돌아가지 않으려 했던 일군의 재조 일본인이 있었다는 사실을 알게 되었다. 일본 학자의 발표를 듣던 당시에는 이들의 식민자로서의 자기 인식의 둔감함에 대해 매우 불쾌한 느낌을 가졌었다. 그러나 재만 조선인을 다룬 김만선의 「이중국적」이나 채만식의 『소년은 자란다』 같은 소설을 읽으며 조선으로 돌아가지 않고 만주에서 뿌리내리기를 원했던 조선인들의 해방 전후에 대해 알게 되면서 생각이 복잡해졌다. 이 작품 속 조선인들은 해방된 만주 땅에서 '만인滿人'=중국인과의 공존을 기대하였건만 정작 그들을 기다리고 있던 것은 잔혹한 린치와 복수극이었다. 현지인들에게 재만 조선인은 '이등국민'을 자처하는 '일본 제국 신민'으로 간주되고 있었던 것이다. 말하자면 재만 조선인을 연구하면서 재조 일본인에 대해 '역지사지'의 관점에서 볼 수 있는 안목과 '여유'가 생긴 셈인데, 그 과정에서 이 책이 역자의 눈에 띈 것이다.

식민지 시기에 대한 주류 한국학계의 연구는 적어도 지난 세기까지는 일본 제국주의의 식민지 수탈로 인한 조선 민중의 고난, 그리고 식민지 체제에 대한 저항에 초점이 놓여 있었다. 21세기에 들어서야 비로소 글로벌 자본주의의 세계 체제의 근대성과 식민지가 분리불가결하다는 인식, 이른바 '식민지 근대성론'이 공감대를 얻기 시작하면서 식민지의 일상생활에 대한 관심이 생기기 시작했다. '식민지의 회색지대'로 표현되는, 식민지인의 일상사에 관한 연구가 역사사회학 및 문화 연구 분야에서 폭발적으로 늘어난 것도 이 즈음이었다. 반면에 식민자로서 조선에서 살았던 일본인의 경우, 주로 식민지 관료 등 엘리트colonizer를 중심으로 연구가 진행되면서 식민지 통치와는 다소 거리를 둔 일반인settler의 삶은 그다지 주목을 받지 못했다.

이런 점에서 식민자로서 조선에 살았던 평범한 일본인(여성)들의 일상생활을 조감하고 있는 이 책은 매우 흥미롭게 읽힌다. 본인의 의지와 상관없이 부모님을 따라 어린 나이에 조선으로 건너왔거나, 식민지 조선에서 태어나 조선을 자신의 고향으로 여기는 평범한 일본인(여성)들의 식민지 체험과 기억을 문서 자료는 물론 구술 자료까지 활용하여 매우 풍부하게 묘사하고 있기 때문이다. 자유분방한 기질을 지녔던 경성고녀생들이 당시 일본 사회가 요구하던 '현모양처'적인 여성상에 대해 이질감 혹은 거부감을 느끼는 장면이나, 수학여행 등을 계기로 '내지'를 방문했을 때 막노동을 하는 일본인을 보면서 혼란스러워하는 장면은 식민지 피해 경험과 서사에 익숙한 우리에게는 다소 낯선 풍경으로 다가온다. 또한 패전 이후 인양한 일본에서 이들이 겪었던 '타자'로서의 경험='재일 일본인'으로서의 자기 인식이 일부 여성들에게 식민지 지배에 대한 반성과 개안開眼을 가능하게 했다는 장면은 매우 인상적이다. '패전이 시작이었다'라는 제5장의 제목은 패전으로 인한 식민자 여성의 이 같은 존재론적 전회를 상징적으로 표현하는 듯하다.

개인적으로는 호리우치 스미코 등 일본 국가의 조선 침략과 식민지 지배에 대한 책임을 추궁하면서도 관료로서 참여한 부친의 행적을 전적으로 부정할 수 없어 고뇌하는 식민자 2세들의 갈등에 관심이 갔다. "[조선에서] 태어난 것 자체가 우리들의 죄였어" "그곳을 고향이라고 말하면 안 되지"라는 호리우치의 글을 읽으면서 이들 또한 역사로부터 깊은 상처를 받았다는 사실을 새삼 깨닫게 되었다. 자신이 시대를 선택해서 태어날 수 없는 바에는, 태어난 환경과 조건 속에서 그 나름대로 최선을 다하려고 하는 것이 우리의 삶일진대, 그 삶이 궁극적으로는 타자에게 고통을 주는 일이 될 수도 있다면 우리는 어떤 선택을 할 수 있을 것인가. 비행기 설계라는 일평생의 꿈이 가미가제神風 특공대원이 타게 될 전투기 제로센零戰 제작을 통해 실현되는 상황을 바라보며 고뇌하는 주인공을 그린 미야자키 하야오宮崎駿 감독의 애니메이션 영화 〈바람이 분다風立ちぬ〉를 보고 난 뒤의 착잡함을 이 책을 통해서도 느끼게 되었다.

다섯 번째의 번역서가 되는 이 책은 공역으로 출간하게 되었다. 오랫동안 관련 연구를 해 왔고 저자와의 친분도 있는 송혜경 선생님이 번역에 함께 참여하면서 많은 도움을 얻을 수 있었다. 작게는 번역어를 둘러싼 문제에서 크게는 번역을 바라보는 관점의 차이 등을 조정하는 과정에서 시간도 더 걸리고 에너지도 더 많이 소요된 것도 사실이지만, 공동 번역이 가진 시너지 효과를 처음으로 깨닫게 되었다. 두 사람의 공동작업으로 인해 이 책이 독자에게 좀 더 잘 읽히는 번역서가 되었으리라 믿는다. 번역의 시작과 끝을 함께 한 대학원생 장은애, 김채봉, 그리고 양서에 대한 각별한 안목을 갖고 이 책의 번역을 적극 추진해 준 소명출판 박성모 대표와 편집부에 감사드린다.

2023.1.

옮긴이 서재길